高等院校文化产业管理专业系列教材
编写委员会

顾　问　汤书昆　胡　靖　沈正赋

主　任　秦宗财

副主任　俞香云　陆　耿　张军占　赵　东

委　员（按姓氏笔画排序）
　　　　王霞霞　乔　根　刘　刚　阳光宁　吴　杰
　　　　吴嘉佑　沈喜彭　张军占　张宏梅　陆　耿
　　　　陆青霖　陈敬宇　林　燕　罗　铭　孟　方
　　　　赵　东　俞香云　秦　枫　秦宗财　袁凤琴
　　　　钱　雯　陶立明　蒋建国

普通高等教育"十二五"规划教材

高等院校文化产业管理专业系列教材

文化企业经营与管理

Operation and Management of Cultural Enterprise

主编 罗 铭 吴 杰 蒋建国

编委 （按姓氏笔画排序）

张道伟 杜红梅 沈 乐

陈建国 林 燕 徐 明

秦然然 蒋 敏

中国科学技术大学出版社

内容简介

全书共分7章,通过运用管理学、经济学、传播学、艺术学等学科理论,分别阐述了文化企业的基本概念、组织建设、经营系统、战略决策、形象塑造、经营实务和政策环境等相关理论与知识,帮助读者深入了解文化企业的范围、内容、形式,有助于提升学生文化企业项目分析、规划和流程管理的能力。本书在编写过程中坚持理论与实践紧密结合的原则,广泛借鉴了国内外文化企业研究与实践的最新成果。

本书可供普通高校新闻、广告、文化企业管理、摄影、动画、艺术设计等专业学生使用,也可供相关从业及研究人员阅读参考。

图书在版编目(CIP)数据

文化企业经营与管理/罗铭,吴杰,蒋建国主编. —合肥:中国科学技术大学出版社,2014.9(2025.1重印)
安徽省高等学校"十二五"省级规划教材
ISBN 978-7-312-03543-2

Ⅰ. 文… Ⅱ. ①罗…②吴…③蒋… Ⅲ. 文化产业—企业经营管理 Ⅳ. G114

中国版本图书馆 CIP 数据核字(2014)第 162061 号

出版 中国科学技术大学出版社
　　　安徽省合肥市金寨路96号,230026
　　　http://press.ustc.edu.cn
印刷 江苏凤凰数码印务有限公司
发行 中国科学技术大学出版社
经销 全国新华书店
开本 710 mm×960 mm　1/16
印张 17.75
字数 347千
版次 2014年9月第1版
印次 2025年1月第2次印刷
定价 45.00元

前　　言

当今中国,文化建设是中国特色社会主义建设的重要内容之一,十八大报告明确提出要推动文化产业快速发展,使之成为国民经济支柱性产业。中国文化企业迎来了快速发展的战略机遇期。

文化企业的快速发展引发了社会对文化企业经营与管理方面专业人才的需求,进而带来了对高等教育相关专业人才培养的迫切要求。我国高等教育中越来越多的文化、艺术、传媒等应用性新专业不断涌现,以适应市场人才需求,而随着新的文化体制政策、产业业态、运营机制的不断发展,加快此类人才培养的教材建设则显得更为重要和迫切。本书的编写正是为了满足这种迫切的市场需求。

本书的编写立足于高校新闻、广告、文化企业管理、摄影、动画、艺术设计等专业教学的需要,坚持理论与实践紧密结合的原则,广泛借鉴了国内外文化企业研究与实践的最新成果。全书共分 7 章,通过运用管理学、经济学、传播学、艺术学等学科理论,分别阐述了文化企业的基本概念、组织建设、经营系统、战略决策、形象塑造、经营实务和政策环境等相关理论与知识,帮助学生深入了解文化企业的范围、内容、形式,有助于提升学生文化企业项目分析、规划和流程管理的能力。本书在编写过程中着重体现以下特点:

(1) 综合运用多学科理论分析文化企业与文化市场的运营实际,运用组织结构理论分析当今文化企业经营管理的现状与问题,并尝试寻求解决策略。

(2) 注重精选文化企业典型案例,综合分析其经营管理的经验与教训,并归纳总结,从中获取新的理论或观点,满足新闻、广告、文化企业管理、摄影、动画、艺术设计等专业的教学需要。

(3) 本书涵盖了文化企业从创建到经营发展的整个过程,既有科学性、系统性,又不乏针对性,有利于相关专业大学生全面、系统、准确地掌握文化运营理论和文化市场运行规律。

(4) 本书具有时代性和实用性。本书在编写过程中得到了诸多企业家、专家学者和政府管理者的具体指导,并吸纳他们的建议和观点,本书对于文化产业政策的讲解也是最新的,富有时代特征。

参与本书编写的有:安徽师范大学的罗铭、吴杰、蒋建国、林燕、沈乐等老师,池州学院的杜红梅老师,黄山学院的秦然然老师,安徽演艺集团的陈建国先生,安徽省芜湖市地方税务局的蒋敏先生和张道伟先生,中国邮政集团安徽省公司的徐明先生。全书由罗铭、吴杰、蒋建国分别统稿,由罗铭最终定稿。

本书作为安徽省教育厅一般人文项目"徽州文化创意产业的核心价值与核心竞争力研究"(2010SK099)、安徽省高等学校省级教学研究项目"传媒与艺术类专业协同创新与实践育人模式研究"(014341362)的项目成果,在编写过程中得到了安徽师范大学王伦教授、朱家存教授、沈正赋教授和胡靖博士的悉心指导,安徽师范大学宋波老师给予了出版指导,安徽师范大学传媒学院秦宗财教授审读了本书,在此谨表衷心的感谢。

编　者

2014 年 6 月 1 日

于安徽师范大学花津河畔

目　　录

前言 /i

第一章　概述 /1
　　第一节　文化企业的基本内涵 /1
　　第二节　文化企业的基本特征 /5
　　第三节　我国文化产业现状与发展趋势 /8
　　第四节　国外文化产业发展概况及现状 /16
　　资料链接1　深圳文博会成功之路 /21

第二章　文化企业的组建 /25
　　第一节　文化企业的资金筹集 /25
　　第二节　文化企业的登记与设立 /35
　　第三节　文化企业的组织体系设计 /45
　　资料链接2　报业集团新组织模式创新 /62

第三章　文化企业经营系统 /66
　　第一节　文化企业经营概述 /66
　　第二节　文化企业经营系统的运行 /76
　　第三节　文化企业经营环境与经营要素 /80
　　第四节　文化企业经营目标与经营计划 /86
　　资料链接3　全媒体时代悄然开启 /95

第四章　文化企业经营战略 /98
　　第一节　文化企业经营战略概述 /98
　　第二节　企业总体战略 /104
　　第三节　文化企业职能战略 /109
　　第四节　文化企业联合战略 /120
　　资料链接4　独立制片商——狮门电影公司的发展模式启示 /131

第五章　文化企业形象塑造 /137
　　第一节　企业形象的内容与功能 /137

第二节　CIS 的策划与实施　/147
　　第三节　导入 CIS 的时机与战略选择　/153
　　第四节　CIS 与企业文化　/156
　　资料链接 5　迪士尼动画产品的公主情缘　/162

第六章　文化企业的经营管理实务　/166
　　第一节　文化企业的财务管理　/166
　　第二节　文化企业的税务筹划　/199
　　第三节　文化企业的人力资源开发与管理　/213
　　第四节　文化企业的无形资产管理与保护　/224
　　资料链接 6　小微文化企业的税收优惠　/227

第七章　相关政策法规与产业分析　/230
　　第一节　中国宏观经济分析　/230
　　第二节　文化产业政策的含义与文化产业政策构成　/232
　　第三节　"十二五"时期中国文化产业的主要内容和特点　/240
　　第四节　国际文化产品贸易与中国文化产品出口政策　/260
　　资料链接 7　文化体制改革中经营性文化事业单位转制为企业的规定　/268
　　资料链接 8　进一步支持文化企业发展的规定　/271

参考文献　/275

第一章　概　　述

第一节　文化企业的基本内涵

一、文化企业的含义

文化产业是伴随全球范围内工业化和现代化产生和发展起来的，它是一个集中代表了当代经济社会发展水平的全球性的新兴产业，是人类社会不可缺少的产业门类，是一个国家或地区国民经济的支柱产业和新的经济增长点。

随着世界经济格局的变化，文化产业在社会经济中的地位日益提高，越来越受到世界各国的重视。根据联合国教科文组织对文化产业内涵的界定，文化产业就是按照工业标准生产、再生产、储存以及分配文化产品和服务的一系列活动。文化产业是生产文化产品和提供文化服务以满足社会需要的行业门类的统称[1]，按照产业链的形态，我们可以将文化产业细分为五个产业板块：文化内容产业、传媒与平台产业、文化服务与文化金融服务产业、艺术授权与延伸产业、一般的文化产品制造业。它既包括满足社会精神需要的文化产业活动，也包括满足物质生产和物质生活需要的文化产业活动。

例如，日本的动漫产业，韩国的影视与流行歌曲以及著名的好莱坞电影等，都是世界发达国家文化产业的佼佼者。尤其需要指出的是美国作为文化产业的头号强国，拥有1 500多家日报、8 000多家周报、1.22万种杂志、1 965家电台、1 440家电视台，以及美国广播公司、哥伦比亚广播公司、全国广播公司等三大电视网，还有全世界最具影响力的电影生产基地。文化产业大概占美国全国GDP的10%，拥有全世界56%的广播和有线电视收入，85%的收费电视收入，55%的票房收入。美国以其强大的经济基础和科技实力为背景，很大程度上左右了世界文化产业的发展和走向。

---

[1] 陈少峰，张立波.中国文化企业报告：2012[M].北京：华文出版社，2012.

由此可见,文化产业具有重要的社会价值和经济价值。加快文化产业发展,既有利于激活文化生产力,提高文化竞争力,促进文化事业的发展,促进精神文明建设,也有利于扩大内需、增加就业和国民经济结构调整,促进国民经济发展,并成为新的经济增长点。而文化产业则是由众多的文化企业构成的。

企业是指从事生产、流通、服务等经济活动,以生产或服务满足社会需要,自主经营、独立核算、依法设立的一种营利性的经济组织。企业一般是指以营利为目的,运用各种生产要素(土地、劳动力、资本、技术和企业家才能等),向市场提供商品或服务,自主经营、自负盈亏、独立核算的具有法人资格的社会经济组织。

而文化企业就是泛指生产、经营和销售文化产品和服务的企业及其相关行为等。具体来讲,是以文化、艺术、传媒等业务及其相关服务为核心,主营业务为文化内容产生、新闻与文化传播、文化产品生产制造为主的企业;是以利润最大化为目标,以文化、创意和人力资本等无形资源为投入要素,提供文化产品和服务(准精神产品),以及运用这些精神内容获取商业利益的组织。

二、文化企业的产品特性

文化企业是实行自主经营、独立核算、依法设立的一种营利性的经济组织。文化企业生产的文化产品具有精神属性,这是区别于物质部门生产的物质产品的一个本质特征。文化产品在生产过程中,尤其是在原创阶段体现了鲜明的主体性。每一件文化产品,都是创造者主体意识的体现,有着鲜明的个性,深深打上了创造者思想、意识、能力、经历的烙印。文化产品只有经过广大文化消费者的检验、评说,才能确定自身的质量,即经过读者、听众、观众的阅读、观看、欣赏才能对作品做出判断。文化产品崇尚"内容为王"。所谓"内容",主要指文化产品所包含的信息、知识、思想性和艺术性。文化产品的"内容"主要是指知识、信息、思想、理论、观念、美感。而文化产品的功能主要指如何满足消费者的精神文化需求,增加知识,交流思想,传递信息,娱乐身心,涵养性情,丰富审美,宣泄情感等。

文化产品是与市场紧密相连的。文化产品是为广大人民群众服务的,必须满足他们日益增长的文化和精神需求。文化企业及其产品最大和最终的市场就是广大人民群众。物质性企业及其生产的产品要接受市场的检验,但它们不如文化企业及其产品那样迅速、直接地与市场见面,接受广大受众的消费和检验。某些文化产品的生产过程,在很多情况下也是消费过程。物质性企业及其产品可以试销、畅销、滞销,它们对市场的感觉和反应远没有文化产业那样直接、敏锐和快捷,如一首健康动听的歌曲可以一夜传唱全国;优美神奇的千手观音,瞬间家喻户晓;一本好书,可以一版再版,发行千百万册。

文化企业要坚持创新导向,同时也需创意支撑。文化企业生产的文化产品作为商品也具有一般商品的两个因素,即具有使用价值和价值。文化产品的使用价值具有两种形态,一种是具有物质形态,如书画、音响、影视、工艺制品等;一种是不具有物质形态,它的生产过程即人们的消费过程,边生产边消费,生产完,即消费完,如各种形式的艺术表演、娱乐活动等,它们通过人的语言、声音、肢体动作等表达某种思想、精神、观点和内心的情感,打动和感染观众、听众。但是无论文化产品是否具有物质形态,都有一个共同的特征,即它生产的产品具有不同于非文化企业的物质生产部门生产的产品的使用价值属性,物质生产部门生产的产品的使用价值,即有用性,是用它的物质属性满足消费者需求,如面包充饥、棉衣御寒、药品治病、汽车运输等。文化企业生产的文化产品的使用价值是用它内涵中的精神属性或精神要素满足消费者的需求,如听新闻传播媒介宣传报道英雄人物的先进事迹,看电影、电视,欣赏交响乐、演唱、绘画和摄影作品,读小说,休闲娱乐等。消费者接受和消费的是文化产品和文化服务中可以感觉却不可触摸的精神要素,既没有吃,也没有穿,也没有用。文化企业的产品用它的精神属性或精神要素满足消费者需求,不同于非文化企业的物质生产部门生产的物质产品。

这里需要说明的关键问题是,当代文化产业与文化市场建设的合理性并不能掩盖文化市场机制发展中的众多尖锐矛盾。比如文化产品的商品性与非商品性的矛盾,经济效益与社会效益的矛盾,市场运作方式与精神文明建设的矛盾,市场规律与文化艺术自身规律的矛盾,经济价值与文化价值的矛盾,高雅艺术与通俗艺术的矛盾等等。

同时,文化企业在竞争中谋求生存,有如逆水行舟,不进则退。只有注重使用价值和价值完美统一才是企业谋求长期、持续生存的可靠保证。因此,文化企业不能追求产品的短期利润最大化,而应该把满足消费者精神需求和企业持续发展壮大作为企业的终极目标。利润最大化并不是企业的唯一驱动力,如果将目标定得太过功利,往往会对企业的长远发展十分不利。

三、文化企业的类型

文化企业是文化产业主要的市场主体,文化产业的发展是通过具体的文化企业来实现的。文化企业不仅仅是生产文化产品和提供文化服务的经营性组织机构,更是我国社会生产力发展和文化产业发展的必然产物,是随着中国社会主义市场经济的逐步完善和现代生产方式的不断进步而发展起来的。

文化企业从事着以文化为核心内容,为直接满足人们的精神需要而进行创作、制造、传播、展示等文化产品(包括货物和服务)的生产活动;或从事着为实现文化产品生产所必需的辅助生产活动;或作为文化产品实物载体或制作(使用、传播、展示)工具的生产活动(包括制造和销售);或从事着为实现文化产品生产所需专用设备的生产活动。

依据第三产业属性和服务范围,以及国家统计局颁布的《文化及相关产业分类(2012)》标准,我们可以将文化企业主要分为文化服务企业和相关文化服务企业两大类型。具体细分如下。

（一）文化服务企业

文化服务企业主要包含：出版发行和版权服务企业,广播、电视、电影服务企业,文化艺术服务企业,网络文化服务企业,文化休闲娱乐服务企业和其他文化服务企业等。

1. 出版发行和版权服务类企业

该类企业主要从事制作、设计、复制、印刷（包括装潢印刷、食品类印刷、药品类印刷、酒包类印刷）和知识产权服务等。如图书、报纸、期刊印刷制作企业,包装装潢及其他印刷企业和图书、报纸、期刊出版发行企业,图书、报刊批发和零售企业；音像及电子出版物出版企业,音像及电子出版物复制、数据服务企业,音像及电子出版物发行企业；版权服务企业等。

2. 广播、电视、电影服务类企业

该类企业主要从事各类影视产品的制作、传播等服务。如广播、电视服务企业,有线（无线）广播、电视传输网络服务、卫星传输服务企业,电影制作与发行、放映服务企业等。

3. 文化艺术服务类企业

该类企业主要向社会公众提供文艺创作、文艺表演服务及场馆服务,文化保护和文化设施服务。如文艺创作与演出企业,经营类博物馆等。

4. 网络文化服务企业

该类企业主要通过网络向社会提供具有网络社会特征的文化活动及文化产品。如互联网新闻服务企业,互联网出版服务企业,互联网电子公告服务企业等。

5. 文化休闲娱乐服务类企业

该类企业主要向社会公众提供旅游文化服务和娱乐文化服务,获得经营性成果。如文化旅游度假服务企业,文化旅游体验服务企业和休闲健身文化服务机构,网吧等。

6. 其他文化服务类企业

主要是指具有经营性质的文化艺术商务代理服务、文化产品出租与拍卖服务、广告和会展文化服务机构等。如文化艺术经纪代理公司,模特公司,文化活动组织、策划公司,图书及音像制品出租机构,艺术品、收藏品拍卖服务机构,广告、会展公司等。

（二）相关文化服务企业

相关文化服务企业主要包括：文化用品、设备及相关文化产品的生产企业，文化用品、设备及相关文化产品的销售企业等。

1. 文化用品、设备及相关文化产品的生产企业

主要是指文化用品研发、生产，文化设备制造和相关文化产品生产企业。如乐器、玩具、游艺器材及娱乐用品制造企业，造纸企业，照相机及器材制造企业，印刷设备制造企业，广播、电影、电视器材制造企业，工艺美术品制造企业，摄影扩印服务机构等专业机构。

2. 文化用品、设备及相关文化产品的销售企业

主要是指提供文化用品销售、文化设备销售、相关文化产品销售服务等企业。如文具用品批发、零售企业，通信及广播电视设备销售企业，摄影器材零售企业，工艺品及收藏品批发零售企业等。

第二节　文化企业的基本特征

为了促进文化企业的加快发展，必须明确文化企业的基本特征，这对保证文化企业发展的正确方向具有十分重要的意义。

一、文化企业是创新型企业

创新型企业是从传统的新古典经济学视角转移到创新经济学视角而总结出的一种新的企业形态，它有别于以往的"最优化企业"。文化企业的经营与管理活动不是简单的重复性劳动，其参与市场竞争的优势主要体现在创造性思维和行为上，并且这种创造性是在不断变化和发展的，以持续创新为主要手段和模式，使企业获得持续发展。因此，创造性决定了文化企业的生存和发展，缺乏了创造力就等于缺乏了企业发展的重要动力要素。

从文化企业所提供的产品角度出发，只有那些富有创意、富有个性、风格鲜明的文化产品才会受到消费者欢迎；内容雷同、主题重复、情节老套、手法陈旧的产品就没有市场。因此，创新性是文化产品的生命力所在。结合经济学、管理学和社会学等诸多领域，我们认为文化企业的创新性特征体现在以下几方面。

首先，文化企业诞生与成长的出发点是如何识别价值，追求价值创新，这就需要企业在战略层面对进入的产业和成长的市场进行合理预期。传统的"最优化企业"追求的是利润最大化,仅仅选择那些"短期"存在"超额利润"的产业,并未考虑整个产业的演化发展以及自身进入产业后的价值链定位。文化企业需要对其市场现状及发展趋势做出准确判断,包括对市场规模、需求结构、现有的(和潜在的)市场竞争程度的分析。在本章第一节中我们谈及了文化产品所具有的不确定性,与此同时,文化企业制定的战略受制于技术、市场和竞争等因素,也具有内生的不确定性。因此,在识别产业和市场的前提下进行产业与市场定位是文化企业建立与成长的首要目标,文化企业强调在市场竞争中利用自身差异化的价值,利用其竞争优势获取各项资源和要素,从战略上明晰自身的价值主张和定位。

其次,文化企业成长的基础是组织并整合内外部资源。虽然资金投入和战略掌控对于文化企业来说是不可或缺的,但是决定企业是否成为"创新型企业"的核心因素是如何组织整合并有效实施。如文化企业在评估市场时很少受到资源能力条件的束缚,而是从新进入者的视角观察顾客认知和需求的变化,从而获得更客观、准确的信息,并及时、果断地进行资源整合,注重对市场的引导和对消费者消费习惯的培育。同时,文化企业与其他企业相比,具有完全不同的成本控制与投融资运作机制,更加主张颠覆性或开放性要素的体现。

再次,文化企业的成长离不开技术、产品(服务)的创新。文化企业成长的关键就是不断改进现有的技术或革新技术,利用自身和周边环境的优势,在产品的品种、性能、质量和服务等方面形成"差异化",也可以建立同等质量下的低价格优势。因此,无论是对技术路线的选择,还是对技术复杂性和成熟度的权衡,文化企业需要在此基础上提升技术能力以更好地进行创新。特别是对于知识密集型产业的文化企业来说,技术能力积累是文化企业追求创新的基础,是获得市场成功的关键。

最后,文化企业成长所需的社会条件(包括政策和制度)深刻影响着其动态演化过程,离开了特定的社会环境去思考文化企业的成长,是无法真正践行的。一个国家经济制度(宏观政策、就业、投资环境等因素)的变化对文化企业本身的资源配置以及所处的制度环境、生态系统都有着非常显著的影响。因此文化企业作为社会组织,其成长和发展过程必然需要应对环境系统的变化。

二、文化企业是人力资本型企业

美国经济学家舒尔茨在1960年首次提出"人力资本"这个概念,它通常被解释为:体现在劳动者身上的,通过投资形成并由劳动者的知识技能和体力所构成的资本。这种资本是人自身在经济活动中可以获得收益并不断增值的能力。经济发展依赖于人力资本的积累,人力资本就成为了人格化的知识和技术。人力资本型企业的最主要特点就是人力资本价值比重大,反映在财务上的固定资产很少,企业的运营资本投入也不多,即所谓的"轻资产"。

从劳动的投入要素方面看，服务业的基本特征就是人力资源投入系数大，货币资源投入系数相对较小，大多数文化企业在这一点上反映尤为突出。同时，人力资本最重要的特征就是"异能性"，即由人的知识、技能、体力等决定的人力资本能力的差异性。因此，人力资本型企业不能被单纯理解为劳动密集型企业，它们虽然都是以"人"为主的，但人力资本型企业"人"的可替代性差，注重在独立思考之上的团队合作，尊重人力资本贡献，让"人"发挥出最大价值，并不是简单的"1+1=2"，目前我国的很多文化企业中，拥有着大量掌握现代专业技能并懂得市场运作的复合型的优秀管理人才，这些人才都是其他人力资本所无法替代的。

以很多小型广告公司为例，所需的硬件条件很低，办公场所可以是租来的，两张办公桌、两台电脑、一部电话、一根宽带等就构成了所有的硬件资源，有些具体的、专业的工作如影视制作、市场调研、物料制作等则转包给相关专业性的公司去完成。因此是否具有一流的人才，决定了广告公司的优劣、成败。

三、文化企业是团队合作型企业

在文化企业，无论是市场调研，还是可行性论证，或是一件成功的文化产品问世，很少有某个人能够独立完成的，特别是成功的文化企业，在经营管理、研发上都有自己的规定业务流程，在这些严格的流程中，需要各个流程环节、各个工作岗位的人员紧密配合，需要员工的广泛参与和协作，才能为客户提供优秀的产品和服务。文化企业要在严酷、激烈的竞争中立于不败之地，就需要有一批而不是一个勇于拼搏、敢于迎接挑战的优秀人才，没有协作精神是很难发挥某个个体的才能和价值的。

要让员工在团队群体中工作，每一位员工都要管理和被管理。如各个项目小组，最重要的是了解自己在整个大背景中的地位、意义、作用和具体职责。在明确以上内容后，每个员工个体需要发挥自我设计、自我创造、自我优化、自我组织的功能，同时需要不断调整自己，以适应整体的需要，并与他人进行交流、相互支撑、相互配合，以便能够使其自身和整体组织以最优的方式来运转。在这种环境中，每个员工个体既要充分发挥自己的能力和创造性，又要学会充分发挥他人的能力和创造性，两者互补，形成更强的团队生产力和创造力。

文化企业需要发挥人才的作用、知识的力量，不仅要有竞争激励机制，更要提倡团队协作，以发挥知识的协同效应。同时，为了调动员工的积极性、主动性、创造性，企业内部应始终保持一定的竞争压力。很多优秀的文化企业都已打破了论资排辈的做法，在"公平、公正、公开"的基础上展开竞赛，让优秀人才脱颖而出。这就能够有效实现个人的价值观与企业的价值观的统一。

要想成为卓越的文化企业，必须培育富有特色的协作团队。要给予员工自由发挥的空间,允许员工自主决定完成任务的方式,同时配套采用以支持和协调为主的领导方式,为其提供创新活动所需要的资源,包括资金、物质上的支持,以及对人力资源的调用。员工在解决问题方面都有发言权,使他们产生对企业的归属感,其所拥有的自主权能有效地激发他们的内在动机,并最大限度地利用和发挥每一个员工个体所掌握的专业知识、技术和创造性思维的能力。

四、文化企业是知识更新型企业

进入21世纪以来,我国的社会经济环境已进入了一个市场化的竞争和快速变革的新时代。传统的常规的知识与技能已经显得捉襟见肘,跟不上时代的发展。联合国教科文组织曾经公布这样一组数据:信息通信技术带来了人类知识更新速度的加速。在18世纪时,知识更新周期为80~90年;19世纪到20世纪初,缩短为30年;20世纪60~70年代,一般学科的知识更新周期为5~10年;而到了20世纪80~90年代,许多学科的知识更新周期缩短为5年;进入21世纪时,许多学科的知识更新周期已缩短至2~3年。

知识更新速度如此之快,知识更新周期如此之短,使得集知识、人才、技术为一体的文化企业总能接触到最前沿的学科知识,因此,文化企业的知识更新永远没有尽头。一些新的技术需要不断地被运用在各类业务上,一些新的理念、方法和经验也不失时机地用在文化企业的营销推广、品质预测、成本管理和公共关系活动之中。对于文化企业的每一个员工而言,不断地学习、不断地更新知识就成为了必然,否则就会被无情淘汰。

以媒体企业为例,云计算技术是目前大力推广的新型计算技术,现行的各大门户搜索引擎均基于云计算技术。为此,很多企业实施了"云物联与数据中心"建设项目,将企业的技术部门、企划部门、市场营销部门的高端人才集中在一起,共同解急需、看长远,有的还邀请高等院校、科研院所和各地信息产业机构进行深入合作,探讨新型计算技术下的文化产业发展和文化产品研发的新思路和新办法。

第三节 我国文化产业现状与发展趋势

一、发展我国文化产业的重要意义

在经济全球化和高科技、数字化的时代,努力达到精神需求与物质需求的平衡,已成为人类社会生存和发展的迫切需要。同时,人们的精神文化需求以及由它带动的其他需求也极大地拓展了经济发展的新空间,文化产业将成为社会经济发展的巨大动力。我国的文化产业处于刚刚起步的阶段,发展我国文化产业对满足我国人民群众日益增长的精神文化需求,进行产业结构的升级,抢占国际经济文化发展制高点等方面都具有极其重要的意义。

(一)产业升级的要求

高科技对传统文化的支配和渗透,使文化本身的发展出现巨大的变化,可以说文化产业是高新技术与文化紧密结合的产物,体现了文化与经济互相渗透的特点。20世纪以来,印刷复制、录音录像、网络传输、电子排版、数字化等技术在文化领域的广泛应用,使文化艺术品可以批量生产。

高科技的发展,特别是信息产业的渗透,使文化产业呈现多种形态。最典型的就是互联网的出现使其成为第四媒体,并由此产生了网上电影、网上论坛、网上出版等一系列新的文化形态。在知识经济时代,文化产业的发展可以促进知识的传播和普及,它是知识经济时代的主导性产业,它已经成为知识、教育、审美和休闲娱乐的重要载体。

(二)抢占国际经济文化发展制高点

从国际上看,世界多极化在曲折中前进,经济全球化步伐加快,科学技术突飞猛进,综合国力竞争日趋激烈。在这个大背景下,人们对文化及其在经济和社会发展中的特殊作用表现出了极大关注,在探讨重大经济、政治、社会问题时,都要涉及文化因素,文化实力已经成为综合国力的主要内容,文化发展已经成为当今世界新的战略性课题。文化产业作为新兴的朝阳产业,在各国社会发展中的地位越来越重要,许多发达国家的文化产业已经成为国民经济的支柱产业。

随着中国加入WTO,外国的文化资本和文化产品越来越多地进入我国,国际文化交流与合作更加频繁,国际间不同文化的相互渗透和激荡更加激烈,西方发达国家力图凭借其经济实力和文化传播优势,将大量精神文化产品、价值观念、社会政治理念等输入我国,并力图占领我国的文化市场。但是,我们也应当看到中国文化的巨大优势,伟大的中华民族在人类文明发展的历史长河中,创造了博大精深的中华文明,留下了光辉灿烂的文化瑰宝,具有极大的丰富性、独特性、完整性,这是任何其他文化所无法取代的。不断壮大的经济实力、开放自由的环境和高度发达的现代化科学技术,也为中国文化产业发展,为文化产业走向世界提供了良好的条件。

(三)文化产业独具精神性、数字化、高价值、高增长的特点

在文化产业的核心产业中,与文化商品的开发、制作、生产、流通、消费等相关

的产业包括游戏、动画、卡通、音乐、出版漫画、电影、广播电视等及其他相关行业，具备以下的特点：

精神性——人类的创意与知识相融合的领域；

数字化——数码技术与媒体相结合的扩大再生产；

高价值——能够创造高附加值的服务行业的核心领域；

高增长——具备较高增长潜力。

二、我国文化产业的发展现状

由于文化部门的建设以及向产业转化方面取得了较大进步，中国文化产业已经出现了较好的发展势头。据统计，到 2010 年底，文化部主管的文化产业单位就有 20 多万个，娱乐行业、文化艺术行业、音像行业等年上缴税 20 多亿元，创值 100 多亿元，若再加上媒体、出版、培训、文化旅游等产业 1 000 多亿元的市场规模，已经具备了进一步产业化发展的基础。我国的文化产业虽然刚刚起步，但已有一些发展比较健康的成功的例子。"超女"的成功运作带来的不仅仅是巨额的经济效益，品牌和开创意识的无形资产也是不可估量的。另外一个突出的典型就是张艺谋的电影，特别在 20 世纪 90 年代末期以后，他的电影的产出与运作无不与市场结合，多采取商业化的运作模式，我们从数千万的票房收入上就能感受到这种娱乐文化在商业运作中所产生的巨大效益。尽管从严格意义上来说，它离真正的文化产业还有一段距离，但我们也可从中看出文化所创造的传奇：文化一旦成为一种产业，所产生的巨大的经济效益是其他资本所无法比拟的。

2012 年初，文化部颁布《"十二五"时期文化产业倍增计划》，提出"十二五"期间，文化产业增加值年平均增长速度高于 20%，2015 年比 2010 年至少翻一番。党的十八大报告也强调要将文化产业发展作为国民经济支柱性产业，政府的宏观政策综合反映了中国文化创意产业的发展现状。政府的政策支持和金融危机背景下产业结构调整的内在驱动，使我国的文化产业呈现蓬勃发展的态势。

2012 年 3 月 22 日，中国社会科学院文化研究中心和社会科学文献出版社联合在京发布《中国文化产业发展报告（2012～2013）》。该蓝皮书指出，中国文化产业的发展进入了实质性拐点，文化市场从总体"短缺"转向"短缺"与"过剩"并存局面。

蓝皮书认为，2011 年以来，我国文化产业发展的显著特点有：主要门类增长迅速，规模扩大；数字内容产业发展迅速，数字出版仍然保持强劲增长态势；国有文化企业和国有控股文化类公司发展良好；文化产品进出口增加，视觉艺术品出口增速最快；文化体制改革全面加速，限期完成；政府支持力度进一步加大，配套政策纷纷出台。

（一）文化产业在国内各大城市的 GDP 中所占的比例和绝对利润值快速增长

国内各大城市中,新增文化产业企业和从业人数逐年攀升,整个文化产业呈现欣欣向荣的景象。北京市 2012 年文化产业规模达到 1989.9 亿元,将近 2 000 亿元,占北京市整个国内生产总值的 12.2%,北京的文化创意产业已经成为一个重要的产业。区县规模以上的文化创意产业总收益是 8 108 亿元,2012 年前三季度文化创意产业投资已经完成 197 亿元,同比增长 36.1%。2012 年,深圳市文化创意产业保持了快速发展,全市全年文化创意产业增加值 1 150 亿元,同比增长 25%,占 GDP 的 9%。在深圳市文化创意产业中,文化软件、动漫游戏、新媒体及文化信息服务业等以数字内容为核心的产业,继续保持了快速增长,平均增速近 30%。文化创意产业的发展在一定程度上带动了整个国民经济的发展,提供了更多的就业机会。

（二）国内各大城市加大对文化产业的政策倾斜

文化产业的发展与政策的支持是分不开的。和发达国家相比,中国目前的文化企业尚处于起步阶段,规模普遍偏小。由于文化产业项目回报周期长、投资风险较大、价值难以评估,融资难已成为制约中国各地文化产业快速发展的一个障碍。因此,国内各大城市都加大了对文化产业的政策倾斜和资金扶持。2012 年,国家新闻出版总署出台《关于支持民间资本参与出版经营活动的实施细则》后,文化部也颁布了《关于鼓励和引导民间资本进入文化领域的实施意见》,民间资本进入文化创意产业取得了政策保障。除了国家部委出台的政策,各地也分别出台了相应的政策,支持文化创意产业发展。例如,北京市工商行政管理局此前推出了关于支持文化产业创新发展的 23 条工作意见,对文化企业集团的设立限制有所放宽,并扩大了文化事业单位转企改制的资金来源。

（三）文化创意产业投融资活动频频发生

文化产业经营的高风险性是制约文化创意企业融资的主要因素之一。其产品价值易受多种因素的影响。因此一直以来,文化产业的融资受到限制,围绕着这一问题,各方专家也给出解决对策。但在 2012 年,文化企业的投融资活动非常活跃。2012 年 4 月 27 日,人民网在上海证券交易所上市后,新华网、央视网、华声在线等 50 家中央、地方新闻网站也加入了改制上市的队伍。同时,2012 年下半年以来,文化产业基金再度大规模集中设立。整个 2012 年,金融资本和文化创意产业的结合进展迅速。新元文智集团发布的《文化产业与资本监测报告》称,2012 年 1～11

月,我国各地共设立了33只文化产业类基金,涵盖媒体、互联网、电影等各个领域。其中公布了基金募资规模的30只基金,共募集资金约726.52亿元,文化产业基金单只平均募资24.22亿元。与此同时,文化产业共发生了154起股权投资案例,有93起案例公布了资金规模,发生金额共计约98.67亿元,平均单笔发生金额为10 610.16万元。就是说,在资本的对接方面,我国正在积极搭建平台。可以预见的是未来在文化交易服务平台帮助、梳理和配套下,文化创意企业的价值更能得到体现。

(四)知识产权保护力度逐渐加大

文化产业的核心资产是知识产权,不受法律保护的知识产权不利于文化产业的发展。近年来,在我国政府的高度重视和大力推动下,我国知识产权工作取得了长足进步,专利、版权、商标、商业秘密、集成电路图设计等知识产权的产出量快速增长。随着文化创意企业规模的扩大,很多企业对知识产权的制度建设和能力提升的需求明显加大,行业组织知识产权自律维权意识和机制特点日益明显,企业维权意识提高且需求逐年加大(包括涉外维权),知识产权龙头企业的带动效应更加明显。最高人民法院也出台相关政策,支持各级法院加大涉及文化领域知识产权的保护力度,促进社会主义文化大发展大繁荣。虽然我国在数字出版、移动多媒体等方面仍然存在监管漏洞,但是随着相关政策的大量出台,文化创意产业的知识产权的保护力度会逐渐加大。

(五)部分城市文化产业规划同质化严重

作为信息时代和文化经济时代发展的产物,文化产业蕴藏着巨大的经济效益和社会效益。因此,很多城市都把这一产业作为支柱产业大力发展。但部分城市间产业规划和园区建设的同质化倾向比较严重。虽然国内各大城市都根据自己的特色提出了相应的发展目标,建立了大量的基地文化产业论坛、园区,但由于缺乏统一指导和规划,出现了规划和园区的构建同质化。比如几乎各大城市都在大力发展动漫和网游,北京、上海、天津、广州、深圳、杭州、南京、成都、重庆等城市都把发展动漫业和网游作为重点,一时间全国各地"群雄纷起",纷纷建立起动漫网游基地,但实际情况是国内有竞争力的动漫和网游企业屈指可数。另外,在城市文化创意园区建设方面,也出现了大批功能相同或相近的园区。我国各地的资源类型及文化内涵都有一定的区别,很多城市的领导由于考虑到短期的政绩工程和经济效益,并未结合本地实际的文化特点来制定长远战略规划。

三、我国文化产业的发展趋势

十八大的召开开启了我国文化产业的新局面。我国的文化产业已经进入拐点,出现了四个方面的重大变化:一是文化市场已经从总体"短缺"转向"短缺"与"过剩"并存,将迎来大规模洗牌和兼并重组浪潮;二是文化产业已经从分业发展走向融合发展,文化产业内各个行业主管部门主导的发展,将越来越为跨行业的融合发展所取代,甚至为文化经济普遍融合发展所取代;三是文化产业将从区域性竞争发展走向统一市场条件下的整体协调可持续发展,地方政府本位的发展模式将为国家层面的、由综合经济管理部门主导的发展模式所取代;四是文化管理体制将从行政性的行业分层管理走向面向市场的综合性大部制管理。

(一)文化产业本地特色不断显现

前文已经提到,部分城市文化创意产业规划同质化严重。比如文化创意园区首先注重的应该是个性和特色,如果缺少了个性,也就缺少了魅力,缺少了城市的竞争力。以北京为例,动漫基地在海淀区有,在石景山也有,而大兴新媒体基地也是同样的东西,这样的同质化导致了资源利用的分散与浪费。所以未来文化创意产业本地特色将不断显现。在发展路径和发展理念上将出现一定的分区。如上海市提出了"创意产业化,产业创意化"的理念。上海预计形成与古代建筑保护相结合的发展模式,使有形的高科技技术和无形人才创意相结合。而南京市提出"保护南京历史文化名城的独特风貌,传承六朝古都的历史文脉",着眼于培育创意、创新、创业的制度环境、法律保障和文化氛围。特别是在旅游景区的产业规划方面,各地应根据自己的资源禀赋和人文生活习俗等在游览观光、购物项目、休闲娱乐、餐饮等做出有特色的规划。

(二)融资领域引领企业上市风潮

从目前的文化产业发展趋势,可以看出中国文化产业的产值在不断增加,外在的环境不断优化,内生的驱动力量也逐渐增强。向好的政策驱动加上企业自身的成长,可以得出的结论就是,文化企业上市会在未来3~5年出现一个较大风潮。根据政策分析,到"十二五"末,文化产业产值可提升至8 000~9 000亿元人民币,而按照党的十八大要求,产值再翻一番,所以这个领域增长潜力巨大。据统计,2012~2014年,排队上市的文化产业公司众多,如小马奔腾、中影集团、海润影视、万达院线、星美传媒、优扬传媒、慈文影视、上海新文化传媒集团、北京新影联、长城影视、北京大唐辉煌影业等。所以只要企业做得很好,将来资本市场好的时候,这些公司一定会得到可观的收益。

(三)文化与科技的融合日趋强烈

目前我国的文化资源主要有以下几类:一是以皇城文化、王府文化、饮食文化、胡同文化为代表的传统文化资源；二是以移动多媒体、微电影、小剧场为代表的新兴文化资源；三是以动漫游戏城、文化街等为代表的创意文化资源；还有一些城市有以外资企业与机构、外国使领馆、外国留学生和游客为代表的外国文化资源。从文化资源的利用势能来看，新兴文化资源的发展最为迅速，一方面是因为新兴文化资源很好地利用了当前快速发展的互联网，在传统媒体和电商的包装下，可以利用新的商业模式快速传播，建立品牌和口碑效应。但是其他资源属于在地资源，影响的范围和辐射的产业都比较小。所以，未来文化与科技的融合方能促进文化创意产业的大发展、大繁荣。在新兴文化产业中心形成的过程中，相信会看到更多地以动漫游戏、数字出版、智能语音、影视制作等为重点的文化科技新兴企业，文化与科技的媒介融合将是未来文化创意产业的大趋势。

四、对发展我国文化产业的建议

（一）尊重文化的价值和尊严，改进领导观念和方法

文化产业需要良好的环境，应该尊重文化生产的特殊规律，尊重文化的价值和尊严，减少文化领域的领导权威和长官意志，把公开、公平、公正的原则真正贯彻到文化生产之中，把竞争机制全面引入文化生产，让广大文化工作者有充分的独立自主权利，有广阔的自由创造空间，保证一切优秀的、有创造性的产品问世。

（二）新媒体时代的知识产权立法创新

在以互联网为代表的新媒体环境下，复制变得易如反掌，"山寨现象"的出现不可阻挡，妄图把所有著作权牢牢控制在作者手中已不现实，"版权开放"不失为一种合理有益的探索。可以让渡版权作品的首次传播带来的复制权利益，通过点击率分成、二次销售、衍生产品的开发而获得相关的著作权收益。这种方法既能使复制者、山寨者获得正版授权，而且使其盈利空间也向纵深发展。电视台也可获得一个在互联网上扩大其节目影响力的途径，还会通过其提供的节目中的嵌入式广告得到不菲的收入。这种方式可以作为视频类网站与电视台等著作权人合作的重要方式加以尝试。

（三）完善社会福利制度，减少阶层收入差距，增强国内民众的文化消费能力

完善社会福利制度，减轻人民负担，减少阶层收入差距，既可以减少社会矛盾与社会冲突，促进社会和谐，又有助于增强民众的消费能力（其中也包括文化产品的消费），加快文化产业的发展。

（四）面向国外消费者优先发展特种文化产品

一是开发新型数码文化产品。应该积极发展新型数码文化产品,如网络游戏,韩国就是这方面的榜样。这种产品因为所表现的某国文化特质较少,所以更具普适性;同时所依赖的又是全球共通的计算机语言,不存在文化上的障碍。而且,此种文化产品利润丰厚,对中国物质财富的提升,对经济社会的发展极为有利。二是开发富有中国特色的文化产品。全球化时代并非强势文化一统天下的时代,而是多种文化相互竞争、相互融合的舞台。越是民族的,越是世界的。我们不妨优先发展相对易于外国人理解又极富有中国特色的文化项目,比如中华饮食、中国功夫、中华养生等。但值得注意的是,不能过度迎合外国人的偏好而任意迁就他们,那样做得不偿失。例如,中华饮食虽然遍布世界,但往往因为过于迎合外国人而失去了地道的中国口味,从而也就失去了外国人认同中国文化的机会。

（五）发展健全现代文化市场体系

《中国文化产业发展报告(2012～2013)》指出,促进文化产业繁荣发展,必须健全现代文化市场体系。

首先,转变文化产业发展方式的一个重要内容是推动文化市场由消费驱动型向创意驱动型转变。由通过满足公众基本文化消费需求,推动文化产业发展,到通过有创意的产品,刺激公众文化消费欲望,促进文化产业发展,是转变文化产业发展方式、加快文化产业发展的一个核心环节。

其次,发挥市场在文化资源配置中的基础性作用,建立健全统一、开放、竞争、有序的现代文化市场体系,是转变文化产业发展方式的一个关键环节,也是加快文化产业发展的基础性工作。

在各类细分文化市场中,应深入研究不同类型市场的特点,实行有差别、有针对性的文化产业政策,促进各类市场协调发展。在文化产品市场与文化服务市场建设中,应把培育文化服务市场作为文化市场发展的重点。

在重点发展满足中间产品需求的文化市场过程中,要大力扶持创意和设计,支持满足中间产品需求的产品的生产,同时支持其他产业与文化产业的融合,形成合作共赢。

在推进共同文化市场建设中,实现文化产业合作共赢,促进中国文化产品走向世界。最后,应不断推进文化资本市场、技术市场、文化产权交易市场的建设。

第四节　国外文化产业发展概况及现状

一、国外文化产业发展概况

当今世界,各国的综合国力不断增强,竞争日益激烈,文化越来越成为民族凝聚力和创造力的重要源泉。在经济日益全球化的今天,强大的中国发展文化产业,就必须对全世界的文化产业的发展历史、现状和特点有一个比较全面的认识和了解,研究世界文化产业发展的总体趋势,宏观上对未来中国文化产业发展战略性部署提供参考。

20世纪90年代以来,文化产业因为它独特的魅力,因为它惊人的发展速度吸引了全球的目光,越来越多的国家开始把它看做一种战略产业来加以谋划和推动。到现在,在一些发达国家,文化产业已经成为重要的支柱产业,在提升国家"软实力",提高国家综合国力方面发挥着重要作用。文化产业发展比较好、比较快的国家主要有美国、法国、英国、德国、日本、韩国。

(一) 美国

美国并不是文化产业大国,但却是文化产业强国,在尖端技术与雄厚资本的支持下,经过多年的探索,美国已经形成了一套完善的组织和管理体系,这使得它的文化产业创造出了辉煌的业绩。

如今,美国有1 500多家日报,8 000余家周报和小报,有1.22万种杂志,1 965家电台,1 440家电视台,拥有美国广播公司、哥伦比亚广播公司、全国广播公司三大电视网。美国好莱坞是世界上最大的电影生产基地,多年来垄断世界电影市场。音像也成为美国最具影响力的行业之一,并且,其出口额已超过了航天工业的出口额。有统计显示,美国文化产业的产值已占美国GDP总量的18%~25%。

另外,随着经济全球化的发展,美国的文化产业不断向世界各国渗透,成为对外扩张的重要渠道。

据美国商务部统计,1996年,美国文化产业的出口首次超过汽车、航空、农业和军火这些传统行业,位居所有出口产品之首。美国控制了世界75%的电视节目和60%的广播节目的生产与制作,每年向国外发行的电视节目总量多达30万小时。许多发展中国家播出的电视节目中美国的节目高达60%~80%,这些国家成了美国电视的转播站和美国文化的宣传站。而美国自己的电视节目中,外国节目仅占1%~2%。美国电影对全球的影响更是独一无二的。虽然美国的电影产量只占世界电影总量的6%~7%，但好莱坞电影却占据了世界电影市场份额的92.3%，好莱坞现有一半的收入来自海外市场。

美国所有这些文化产业的对外扩张，以及它对世界文化市场的霸占，都不单纯是一种经济行为，同时也是一种意识形态战略，即美国要借此把他的意识形态和文化价值观念推向全球，从思想文化上控制全球。这就是美国的"赢家通吃"战略。所以，我们在欣赏美国文化产品，享受美国文化产品带来的愉悦的同时，还要提高警惕，不要被"通吃"了。

（二）法国

法国是文化大国，基础设施齐全。法国政府非常重视文化产业资源的开发、保护和利用，民族文化产业非常发达，特别是图书出版业和电影业，在欧洲文化市场上具有重要地位。法国是图书生产、销售和出口大国，图书出版业成了法国的一种重要文化产业。法国有各类出版社1 300家，年营业额超过760万欧元的就有41家。法国的电影业久负盛名，号称"世界电影之父"。法国政府为促进本国的文化产业发展，在政策上提供了广阔的发展空间，一方面努力培育文化产业市场，鼓励民众积极参与文化活动；另一方面加快文化部门的建设和保护，提高他们的经济利用价值。法国文化产业直接从业人员已达100多万人，间接从业人员约45万人，文化产业的从业人员占全国总就业人数的5%。

（三）英国

英国的表演艺术业的产业结构多样化，形成了大型商业公司和小型团体共同发展的局面，非常丰富多彩。英国的音乐艺术产业是其文化产业的支柱产业之一。近年来，该产业每年创造的产值都不低于38亿欧元。英国在国际音乐艺术产业中的地位仅次于美国。另外，英国伦敦还是欧洲最大的文化艺术品中心，每年光顾伦敦艺术品市场的游客不下1亿人次。

（四）德国

德国政府为提高其文化产业的竞争力，从政策上和资金上给予文化产业大力支持。德国的图书出版业是其文化产业的主要支柱，德国现有出版社2 000多家，每年的营业额可达37亿欧元以上。

（五）日本

在亚洲，文化产业最发达的国家应该是日本。日本的文化产业被称为娱乐观光业,经过20世纪后期的发展,现在已成为日本国民经济的支柱产业。日本文化产业的发展极为迅速,娱乐业的年产值早在1993年就超过了汽车工业的年产值。日本游戏业号称"一兆日元产业",是世界游戏业的领头羊,日本游戏软件的销售额排世界第一。日本文化产业中最突出的还数动漫产业,日本被称为"动漫王国"。据统计,日本动漫产业2004年的年产值达到12.8万亿日元,约占当年国内生产总值的2.5%,再加上与这个产业有关的通信、印刷、信息服务、广告等,产值高达59万亿日元。截止到2004年,世界动画片版权交易总计3 000亿日元。在欧洲,日本动画片市场份额更是高达80%。目前,动漫产业已经成为日本的第三大产业,日本成为文化产业规模仅次于美国的第二大国。通过一些熟为人知的动漫形象,使人们重新认识了日本,提升了日本的国际形象。

(六) 韩国

韩国文化产业在亚洲当属后起之秀。韩国政府致力于发展文化产业。1998年,韩国政府正式提出了"文化立国"方针,随后几年,又先后制定了文化产业发展战略和中长期发展计划,推出一系列重大举措,这就使得韩国文化产业得到了跨越式的发展。韩国文化产业最突出的是网络游戏业。网络游戏也得到了韩国政府的大力支持,所以,从2000年起,韩国网络游戏业年均增长率一直保持在36.9%左右。2002年,韩国企业在亚太地区网络游戏市场所占份额达54%。2007年,韩国网络游戏业出口额达到7.81亿美元,并且已经连续5年保持贸易顺差。韩国的电影也以高水平和民族特色而被业界称之为"韩流",韩国的电视剧在国外也很有市场。

二、国外文化产业发展趋势

(一) 文化产业的规模化趋势日益明显

20世纪90年代以来,发达国家文化产业的规模化趋势日益明显,兼并、购买、联合已成为新的潮流。1994年,拥有570亿美元资产的迪斯尼公司以190亿美元收购ABC,1997年迪斯尼公司营业额近225亿美元,产业规模及盈利稳入世界企业50强中的前10强。2000年,拥有派拉蒙影片公司和一家音乐电视台的维亚通讯公司,以344.5亿美元的股票价格收购哥伦比亚广播公司(CBS),组建传媒和娱乐公司,拥尖端的电视网络、电影制片厂、有线电视频道于一身,维亚公司将本身在电影上的优势与CBS在电视方面的优势结合起来,成为美国的传媒大亨。2000年6月,欧洲最大的传媒集团成立。英国皮尔森有限公司与卢森广播电视合并,两者的总市值超过200亿美元。皮尔森公司的强项是报纸,旗下有《金融时报》《经济回声报》《国际金融》以及西班牙、葡萄牙报纸。卢森集团长于电视新闻报道与电视剧制作,有22个电视频道和18个广播频道。1920年,时代公司以《时代》周刊起家,1974年成为美国第一家资本超过10亿美元的出版公司。20世纪60年代,从事殡葬业和出租业的奇尼公司兼并华纳艺术公司,成立华纳传播公司,80年代,公司进行资产重组,出售了一些不相关的企业,仅保留了电影、唱片、有线电视与出版四大产业,1989年时代华纳成立,1995年与特纳广播公司合并,2000年,"美国连线－时代华纳公司"成立,成为集因特网服务、出版新闻、娱乐于一体的超级媒体王国。对时代华纳来说,与美国连线的合并可以一脚跨入因特网时代。

(二) 文化产业市场不断垄断化

当代世界的文化产业市场,绝大多数为以强大的经济实力为后盾的少数西方发达国家所垄断。如当今世界全球性商业传媒企业由九大传媒巨头控制,俗称"第一板块"(first rier),这九家传媒集团有五家是美国的公司,即迪斯尼(1996年购并了美国三大电视网、美国广播公司ABC)、时代华纳(2000年由美国在线公司购并)、维康(2000年购入中央广播公司CBS)、通用电器(美国三大电视网之一的全国广播公司NBC的母公司,与软件巨头微软公司合办MSNBC)、通信公司(最近由美国电报电话公司AT&T购并)。在九家传媒集团中,新闻集团、贝塔斯曼、索尼和西格拉姆等四家的总部设在美国之外,但这些公司仍然无法摆脱美国的巨大影响,如贝塔斯曼的兰登书屋、矮脚鸡(Bantam),新闻集团的20世纪福克斯公司,索尼公司的哥伦比亚唱片公司、杜布代尔(Dobleday)公司出版,西格拉姆的环球影业公司等原来都是美国的公司。九大传媒巨头具有非常雄厚的经济实力,它们均为全球五百强的名单公司——排名第一位的通用电器(NBC的母公司)、排名第76位的时代华纳、排名第103位的索尼(索尼娱乐公司的母公司)……在九大传媒巨头中,只有贝塔斯曼公司不是上市公司,但如果根据经济实力将其排名,它也可被列入全球五百强名单。总之,九大传媒巨头既为全球财团的精英,同时也是高度集中的产业,其产品在全球文化产业市场中占有相当大的份额。如世界最大的传媒集团时代华纳一年的销售额为排名第50位传媒公司的50倍。1998年时代华纳的销售额为280亿美元,1999年,排名第二的迪斯尼公司的销售额为234亿美元,排名第三的新闻集团的销售额为142.7亿美元,排名第四的贝塔斯曼集团的销售额为141.6亿美元。更重要的是,九大传媒巨头拥有全球性的分销网络,这是它们与其他传媒企业的本质区别。据统计,当今世界每天传播的国际新闻中大约80%来自占世界人口1/7的西方发达国家的美联社、法新社、路透社等大通讯社。有人在研究了91个发展中国家的广播电视业后发现,在这些国家中,进口的电视节目占全部播出节目的55%,其中美国等西方发达国家的节目又占主要部分。从媒介的数量看,西方发达国家中的欧洲、北美,无线电广播发射台的数量占全世界总数的75%,电视机总量占全世界总数的82%,而亚洲、非洲的无线电广播发射台数量仅占全世界总数的13%和11%。从社会影响看,现在覆盖全球、影响最大的卫星电视都是西方发达国家的电视台。

(三) 文化产业呈现明显的高科技化

在发达国家,以网络化、数字化技术装备起来的产业机器及各种以高科技为载体或包装的文化产品,不仅在创造全新的生活理念,而且也在刺激新的文化需求。调查报告显示,美国已经有58%的报纸和杂志拥有自己的互联网站。到2000年4月,美国31%的网站上至少有一半内容使用的是原创材料,这一数字是1996年的四倍还要多。这表明美国已经开始把互联网看成是一种独特的传播媒介,而不仅仅只是一种备用的发行系统。因特网的明显优势使它在传媒业中的地位日显重要。与传统电台相比,网络电台具有极大的自由空间,听众可以自由选择收听时间和节目,而且可以顺便经由网页中的超链选择网页提供的咨询。

伴随着数字化生存时代的到来,电影的数字化正在成为现实,进入新世纪后,这一过程将会更加迅速和向纵深化方向发展。目前,无胶片电影已开始在欧洲亮相。而到了数码网络播放时期,数码电影要上映的影片将由版权所有者通过卫星、光纤电缆或光碟直接传送或发行到影院,影院则通过一块压缩了130万个微型镜片的一平方英寸晶片向银幕射出强光,显示影像。这不仅可以提高电影的可看性,缩短制作和播放之间的时间,很好地解决盗版问题,而且也为制作、发行、播放由一方独立完成成为可能。

总之,高科技已经在发达国家文化产业中扮演领导者的角色,它带来的不仅是技术上的革命,更是思想观念上的革新。

(四) 文化产业管理和政策越来越规范化

在西方发达国家中,税收是国家财政收入的主要来源,在社会经济生活中占有重要地位。但是,发达国家在严格的征税过程中都有一个共同的特点,就是对经济领域和文化领域采取差异很大的税率标准,把政策寓于税收之中,使税收较好地发挥了调控文化产业发展的杠杆作用。英国对书籍报刊实行零增值税,将其作为与食品和儿童用品并列的不多的免增值税的商品之一。在意大利,经济企业(除食品部门之外)增值税率均为19%,而文化企业的增值税率仅有9%。在法国,所有的经济企业都要交18.6%的增值税,但是文化企业仅交7%的增值税。

一些发达国家还严格地把文化产业和公益性文化事业区分开来,并采取不同的文化经济政策。美国的大学出版社不以营利为目标,主要出版校刊、教材和学术著作,选题的取舍首先看其学术水平和社会价值,而不是其经济效益。英国政府给予一些大学出版社以"慈善机构"的地位。一些国家对公共广播、电视及非盈利性的文化团体也免征赋税。在法国,对在公众场所或沙龙中举行的有益于公民身心健康的体育聚会和文化娱乐活动,可以免税;对于一些新创作的戏目以及新编的古典名著,在演出140场之内,税收减免70%;对于某些实验性艺术活动和高雅的音乐会以及赴国外进行的艺术演出,同样也享受一定的减税优惠。在意大利,有些重点艺术团体,政府的经济投入占了相当大的比例。在一些发达国家,政府也通过立法,制定优惠政策,以吸引个人和企业对公益性文化事业进行赞助。政府鼓励把"资助"作为企业经营的一部分。如果企业决定资助文化事业,政府将陪同企业资助同一项活动,为这项活动的质量和成功打上"双保险"。政府特别鼓励"新投入",即当企业第一次资助时,政府"陪同"企业资助,其比例是1∶1;对于第二次资助,政府则对企业多出上次资助的部分实行1∶2的比例投入。

为了促进文化产业规范、有序地发展,许多发达国家还颁布了相应法规。如美国司法部根据《反垄断法》裁定,大的制片公司必须出售其拥有的电影院,不得经营放映业,强行打破了他们的垄断,使放映和制片成为两个平行的产业。事实表明,制片与放映脱钩以后,不仅使美国的放映业获得了很大的发展空间,而且也为制片业提供了新的发展动力。

版权法是另一部对文化产业发生重大影响的法律。在发达国家,如没有经过版权所有者的书面同意,对电影、CD、录像、磁带或其他任何形式知识产权的盗版侵权都将被判以重罪,受到严惩。版权所有人如发现自己被侵权,可以通过法律程序来挽回自己的经济损失。据对43个国家的统计,版权保护不力,国家的音乐出版业的收入也低,10个产权保护最为严密的国家,恰恰是从音乐出版业中获得经济利益最多的,占了全球音乐出版业总收入的90%。

资料链接1

深圳文博会成功之路

作为国内规格最高的文化产业博览交易会——中国(深圳)国际文化产业博览交易会(以下简称深圳文博)的成功举办已走过了十个年头,深圳文博会这十年不仅见证了中国文化企业的成长壮大,更见证了中国文化产业从起步到繁荣的发展历程。10年来,深圳文博会成交额节节攀升,从首届的357亿元人民币到第九届的1665亿元人民币,前后9届成交总额已突破8000亿元人民币;文化产品出口交易额已累计超过850亿元;分会场个数从当初的1个发展到现在的54个……一页页辉煌的成绩在不断地书写。

深圳文博会的成功,在一定程度上成为中国文化企业实现跨越式发展的缩影,主要表现在:

1. 为中国文化企业打造有力的载体和平台

深圳在致力营造"环境绿洲"的基础上,涵养"文化绿洲",建设"高品位的文化城市",并为此付出了巨大努力。连续举办文博会,不仅打造了文化产业的交易平台,还对我国吸收借鉴国内外先进的文化产业理念和做法营造了浓厚的文化氛围,提升了展会的文化品位,对促进文化事业的整体繁荣发展起到了不容忽视的作用。

每届文博会都组织了专项展览——数字广播电视产业展、国际动漫及卡通游戏展、中外文化精品展、中国国粹暨当代工艺美术大师精品展、国际印刷精品暨技术设备器材展、主流平面媒体形象展……十几个展览既体现了我国文化企业的创新成果,又彰显了国际化特色。

每届文博会都像打开了一扇扇窗——在展示自己文化成果的同时,也让国人在家门口就可以欣赏到一大批文化艺术精品,了解到国内甚至是国际文化产业的前沿成果,这对我国文化企业的发展无疑很有帮助。

每届文博会都带来了"信息流"——中国文化发展战略论坛、全球文化产业发展论坛、中国新兴媒体峰会、中国美术产业发展论坛、新时期党报功能与定位研讨会……近十个论坛名家云集。观点的交流,智慧的激发,思想的碰撞,必然对我国文化企业的发展,带来更新的理念。

文化繁荣发展了,文化产品要寻找更多出路,文化企业要拓展更广阔的空间,积聚的文化"能量"需要释放。同时,我国文化企业的进一步发展,也要借鉴外面更先进的做法和经验,这些都需要一个有力的载体和平台。文博会,对文化企业发展的推动作用显得越来越举足轻重。它有利于更多的科研机构、文化企业和创业者获取信息、资金和技术,创造更多的文化成果,产生更大的社会效益和经济效益。

2. 中国文化企业走向世界的步伐越发有力

近些年来,文博会对推动中国文化企业走出去和打造贸易平台越发重视。第九届文博会更是把"贸易扬帆,文化远航"设为主题。"推动中国文化产品出口"已经是文博会的两大核心任务之一。

经过多年在文博会上的经营,一批龙头文化企业在文化产品出口方面展示出强劲的上升势头。华强文化科技集团的原创动画片目前输出到海外100多个国家和地区;环球数码的动画片也出口到了美国、加拿大等多个国家……

文博会是一个广阔的平台,来自各地的文化企业与项目,都能在这个平台上抢得商机,获得成长。

遵义杂技团早期入不敷出,债台高筑,濒临倒闭边缘,经过体制改革后,逐渐走上市场化之路,首次参展第三届文博会就以一出杂技歌舞剧《依依山水情》吸引了海外投资者的注意,与美国、澳大利亚、韩国等国客商签下了多份订单。在此后的文博会上,遵义杂技团不断通过文博会的平台成功"走出去",演出场次与出国演出场次不断创下新高,让遵义杂技的品牌扬名海内外。贵州省的民俗歌舞《多彩贵州风》在第二届文博会一炮走红,获得多个"订单",之后不仅一举创下全年国内外商业巡演300场的纪录,收入上千万元,还走向海外,在俄罗斯等国展示风采。

文博会期间,中国文化产品和国际市场"联姻"的故事不胜枚举。数据显示,文博会"走出去"的步伐越来越快。在第二届文博会,海外采购商还只有3000人,第六届已高达0.85万人,第七届1.2万人,第九届文博会更是邀请到16097人。

文博会为中国文化企业打开了一扇窗,中国文化企业从这里"走出去"。依托文博会这一平台以及强大的产业力量,深圳的文化产品出口占到全国的20%,进口占到全国的18%,成为我国文化产品进出口的重要基地和主要口岸。

3. 文博会磁场引力为何如此强大

每一届文博会都是高朋如云:数万名专业观众、数百名外国文化名人、全国近百位省部级领导、多个国家文化部长……层次之高、数量之众,在国内文化展会中创了纪录。文博会的"磁场"引力如此强大,其中一个关键的因素就是展会运作机制的创新。

首届文博会从最初筹办之日起,就摒弃了由政府大包大揽的传统模式,提出"政府办会,企业办展"的新模式。在政府的强力支持下,文博会将办展交给了市场。深圳报业集团、广电集团、发行集团按6:3:1的比例,出资3000万元组建了专业化的文博会公司来承办整个展会。

自第二届文博会开始,承办文博会的会展企业走上前台,充分发挥市场主体的优势,与国内外专业会展公司、文化中介机构、行业协会等合作承办文博会项目,同时,"择优而录",将主会场的8个展馆分包给优秀的文化企业和代理机构。

2006年,文博会正式获准成为UFI(国际展览联盟)认证展会,文博会作为国际性文化产业展会的地位进一步被确定。伴随着文博会成为全国规格最高、规模最大、最具影响力的文化产业展会,深圳文化创意产业快速发展,由2004年占全市GDP的4.7%一路上升至9%。尤其是近5年来,深圳文化产业增加值年均增速超过14.83%,高于同期全市GDP增速。2012年,在国际经济大环境仍不景气的背景下,深圳文化创意产业保持了快速发展,增加值达1150亿元,同比增长25%,占GDP的9%。深圳还于2008年底率先闯入了"以文化为经济发展主要元素"的世界创意城市网络,从联合国教科文组织获得世界第六个、中国第一个"设计之都"称号。

如果将文博会视为文化产业的大观园,它所营造的,已不仅仅是各地文化产业成就的展示台,更已成为文化企业品牌孕育的孵化器。与此同时,文博会的分会场也越来越千姿百态,纳百川而容万象。文博会分会场模式不仅受到深圳本土文化企业的追捧,还发展到了海外。2008年的第四届文博会迈开了"走出去"的大步,不仅首次设立了国际文化馆,而且马来西亚吉隆坡、德国法兰克福,甚至是美国纽约都成了文博会的分会场。

文化在极具活力的发展过程中,与其他产业加速融合,催生出千姿百态的文化企业新发展。文化科技、文化旅游、文化金融、分会场的变化,顺应着层出不穷的文化产业新业态。

(资料来源:易运文,蔡侗辰,陈恒.深圳文博会 十年再回首[N].光明日报,2014-05-15.)

第二章 文化企业的组建

第一节 文化企业的资金筹集

一、文化企业筹资定义

企业的资金筹集是为进行生产建设和经营活动而筹措和集中所需资金的工作,也就是指企业通过各种方式和法定程序,从不同的资金渠道,筹措所需资金的全过程。无论其筹资的来源和方式如何,其取得途径不外乎两种:一种是接受投资者投入的资金,即企业的资本金;另一种是向债权人借入的资金,即企业的负债。

这些资金由于来源与方式的不同,其筹集的条件、筹集的成本和筹集的风险也不同。因此,公司理财中对资金筹集管理的目标就是寻找、比较和选择对公司资金筹集条件最有利、资金筹集成本最低和资金筹集风险最小的资金来源。

结合文化企业的定义与资金筹集的定义,文化企业资金筹集的定义可以概括为:为了发展从事文化产品生产和提供文化服务的营利性项目,企业需要创作或生产资金,而采取的各种各样筹集资金的行为。我们主要以文化产业与企业运行的密切关系来说明。

二、文化企业的投资特性

（一）高风险性

相对于实体企业来说,文化需求相对于人的生存需要来说是第二位的,并非生存的必需品,同时文化产品是一个体验性产品,只有在消费后,才能判断产品的好坏,而且消费者的满意度也是一个主观的问题。而实体产业的新产品都是通过对旧产品某些方面的改善之后投入市场的,新产品一般都能从一开始就判断其好坏,不需要消费之后才进行判断。另外,文化需求并不是一项必需品,相对于实体产业来说,它具有相当大的可供选择性。因而,从文化产业需求方来看,它表现出一定的随机性和选择性,很难确定消费者如何评价新推出的文化产品,其不确定因素很大。

文化产品的成功与否,也很少能够根据过去的经济发展形势判断,这使文化生产的供给和需求之间存在着较为普遍的信息不对称。例如,即使某个制片公司花大价钱进行市场调查,然后投入巨资进行拍摄、宣传,但仍有可能最终出品了一部不受市场欢迎的烂片,这种事例很多。这便是专家称为"不可预知"的特性,文化生产的需求不确定性表明文化生产企业是一个高风险的行业,而实体行业作为一项必需品相对来说风险则低得多。

(二)高收入弹性

文化产业的兴起是在工业化革命之后,随着人们收入水平的提高,为了满足人们的精神需求而产生的。文化需求是一个更高层次的需要,只有人们的物质生活达到一定的水准,精神需求足够大并达到可以支撑一个产业的发展的程度时,文化产业才能作为一个独立的产业兴起和发展起来。这就决定了文化产业是一个具有高收入弹性的产业。

(三)投资的集中性和集聚性

文化产业的项目投资相对比较集中,基础设施建设项目投资或者说初始投资所占比例很大。这种一次性大规模初始投资,规模宏大,配套性强,必须同时建成才能发挥作用,因而一开始就需要有较大规模的投资作为创始资本,而实体产业的投资则是均匀地融合于产品生产过程中。例如,要建成一个博物馆或者艺术馆,不仅要建设一个场馆,还要有充实数量相当的展览品才能对外开放,在建成开放之后只需要对其进行管理和更新。要是投资某个实体产品,如电视机的生产,生产多少台电视机就需要多少配件,不需要一次性投资所有零配件,可以先生产一批,待全部销售完之后再生产下一批。如果投资一个电影,九成以上的投资都集中在电影的现场拍摄及后期制作,之后的宣传以及电影的拷贝工作所占比例则相对很小。因此,文化企业投资必须进行投资预算,对于较大的初始投资要有足够的资金支持。

(四)投资成本的递减性

文化产业是高固定成本、低边际成本,甚至是零边际成本的产业。文化产品生产创造之初,需要投入大量固定成本,但是一旦固定成本投资形成,在追加产品生产时,边际成本迅速地下降,甚至下降为零。比如制作激光唱盘,第一张光盘的成本极高,但是大量复制后,边际成本就趋向于零。这也说明文化企业需要很大的规模经济,如果没有强大的规模经济,就难以市场化。而投资一个实体产业的时候就不需要有庞大的规模经济,比如中小企业甚至说小作坊,都可以通过小成本进行投资生产,之后再追加投资扩大生产规模。

（五）投资的公益性

文化产业投资的一个显著特点就是公益性。随着人们的物质生活逐渐得到满足,对精神文明的要求就会越来越高,文化产业正好满足了人们对精神文明的需求。文化产业中的基础项目投资（比如博物馆）本质上是一种政府行为,是对市场在公共产品领域失效的弥补,因为在该领域投资中的外部经济性较强,私人投资不愿或难以进入,理应由政府投资替代。

三、文化企业投融资的特点

（一）利润高

从融资的主体最关心的问题上来讲,文化产业融资具有利润高的特点。文化产业融资不仅收效快,而且往往有超出其他产业的高额利润。由于有利可图,文化产业已成为现代经济各部门中最具有吸引力的产业。

（二）收益快

文化产业融资具有收益快的特点。1998 年,著名的摩根·斯坦利咨询公司发表的一份全球投资报告,对几种产业建立有世界级竞争能力的大企业所需年限作了统计分析,发现大众传媒所需年限仅为 8 年,其收益远远快于医药、银行、电力、能源等其他产业。如成本不到 3 000 万元的影片《人在囧途之泰囧》上映一周,票房突破 4 亿元,上映首日即斩获 3 900 万元票房(含零点场)。

四、文化企业资金筹集的形式和方法

资金筹集是文化企业财务活动的起点,筹资活动是文化企业生存、发展的基本前提,没有资金,企业将难以生存,也不可能发展。俗语"巧媳妇难为无米之炊"便通俗而淋漓尽致地诠释了这一点。

文化企业根据创作需要或生产资金的需要,通过筹资渠道和资本市场,运用筹资方式,有效地筹集企业所需要资金的财务活动,是企业财务管理工作的起点,关系到企业能否正常开展生产经营活动,所以,企业应科学合理地进行筹资活动。

文化企业作为文化市场主体,在自主经营、参与竞争的条件下,资金的筹集将决定企业的经营状况,乃至生死存亡。

（一）筹资动机

（1）扩张：扩大规模。

（2）偿债。

（3）调整资金结构：降低资金成本和风险。

（4）混合动机：既要扩大规模，又要偿债。

（二）筹资原则

（1）规模适当原则：合理确定资金需求量，努力提高筹资效率。

（2）方式经济原则：研究投资方向，提高投资效果。

（3）筹措及时原则：适时取得资金来源，保证资金投放需要。

（4）资金结构合理原则：合理安排资本结构，保持适当的偿债能力，使风险小、成本低。

（5）来源合理原则：遵守国家有关法规，维护各方合法权益。

（三）筹资渠道

（1）国家财政资金：是国家对文化产业的直接投资或税前还贷、减免各种税款形成的。

（2）银行信贷资金：是银行对企业的各种贷款。

（3）非银行金融资金：是保险公司、证券公司、信托投资公司、租赁公司等提供的各种金融服务。

（4）其他企业资金：企业间相互投资、商业信用形成的债权、债务资金。

（5）居民个人资金：形成民间资金来源渠道。

（6）企业自留资金：企业内部形成的资金，如公积金和未分配利润。

（7）外商资金：国外商人投资国内企业所引进的国外货币。

（四）筹资方式

（1）吸收直接投资。

（2）发行股票。

（3）利用留存收益。

（4）向银行借款。

（5）利用商业信用。

（6）发行公司债券。

（7）融资租赁。

其中,前三种方式会形成权益资金,后四种方式会形成负债资金。

(五) 文化企业筹资的主要形式

1. 按筹资主体分类

(1) 公有资本投融资

在文化产业的起步阶段,国家和政府是文化产业的投资主体。一般来说,文化产业中的企业规模较小、风险较高,在筹集资金开办公司或进行业务拓展方面很容易出现困难。因此,需设立多项资助计划协助文化产业获取资金。从国内外实践来看,政府在这方面发挥了积极作用。公有资本在文化产业投资中仍然占一个很大的比例,我国文化投资仍然过分依赖政府。在教育、文化艺术和广播电影电视业中的国有资本占比超过一半,这个占比明显高于电力、煤气和水务业,科学研究和综合技术服务业,制造业,更高于一般商品批发和零售业。

(2) 民间资本投融资

民间投资是来自于民营经济所涵盖的各类主体的投资,具体包括个体投资(居民个人的生产性投资和住宅投资、城乡个体工商户经营性投资)、私营企业投资、私有资本控股的股份制企业投资以及集体企业投资。

民间融资是指出资人与受资人之间,在国家法定金融机构之外,以取得高额利息与取得资金使用权并支付约定利息为目的而采用民间借贷、民间票据融资、民间有价证券融资和社会集资等形式,暂时改变资金所有权的金融行为。

民间资本有快速、灵活的优点,但也有趋利性和盲目性的缺点。

随着文化产业逐步的发展,已经有一些民营资本投入到文化产业中来。一些省市为了拓宽文化产业融资渠道,放宽市场准入政策,鼓励民营资本以独资、合资、合作、联营、参股、特许经营等方式进入文化产业领域,参与艺术品经营、音像制品分销、大众娱乐项目的经营以及文化设施的建设、改造和经营。

(3) 国外资本投融资

国外资本的投资融资也应该是文化企业投融资的主体之一。例如,在文化产业已经成为支柱型产业的广东,已经向外资开放文化产业投资领域,扩大文化产业吸收外资的规模,从国家允许的、市场准入度高的文化产业入手,加大吸收外资的力度。

国外资本投融资的特点是:投融资目的多元化,能够体现着国家与民族利益;投融资所使用的货币既单一化又多元化;投融资环境存在着差异性;投融资风险较大。

2. 按投融资模式分类

(1) BOT 模式(Building－Operate－Transfer,建设－经营－转让)

BOT投资方式的运作过程一般要经过以下几个阶段:确定项目、准备、招标、合同谈判、建设、经营、产权转让。最典型的方式为:私人投资者组成的项目公司从项目所在国政府获取"特许权协议",负责设计、筹资和承建某项基础设施,项目公司在协议期内拥有、运营和维护这项设施,并通过收取使用费或服务费,回收投资并取得合理利润。协议期满后,这项设施的所有权无偿移交给所在国政府。因此,BOT实质上是一种债务与股权相混合的产权,有时BOT也被人们称为暂时私有化过程。

BOT方式的显著特点是所有权与经营权分离,一般只适用于那些竞争性不强,但有一定垄断性,且投资大、回收时间长的公共项目,也即只有那些能通过对用户收费取得收益的设施和服务项目。

(2) TOT模式(Transfer-Operate-Transfer,移交—经营—移交)

即投资者投资购买国家拥有的基础设施所有权,由该国政府授予特许经营权,投资者在约定的时间内拥有该基础设施的所有权及经营权。通过经营活动取得收入,收回全部投资并获得相应的利润,约定期届满,投资者将该基础设施的所有权及经营权无偿移交该国政府。TOT融资模式不涉及所有权的转让,而只是在一定期限内经营权的有偿转让,保证了政府对被转让的公共基础设施的拥有和控制权。

TOT可以看做是BOT(建设—经营—移交)的改进。虽然TOT和BOT的目的都是引入资金,但由于TOT越过了建设阶段,因此对于投资人的风险较小,投资收益也自然较BOT低。这种融资方式与BOT融资方式相比较,最大的区别在于避开了"B"(建设)中所存在的较高风险和大量矛盾,政府与投资双方往往比较容易达成一致。

TOT融资方式运作过程省去了建设环节。项目的建设已由政府完成,仅通过项目经营权移交来完成一次融通。同BOT相比较,TOT方式结构简化、时间缩短、前期准备工作减少、费用节省等优点。

(3) ABS模式(Asset-Backed-Securitization,资产抵押证券化)

以目标项目所拥有的资产为基础,以该项目资产的未来预期收益为保证,在资本市场上发行高级债券来筹集资金的一种融资方式。基础资产的收益和风险得到分离和重组,以及有可预期的稳定现金流作为发行债券的基石,是发行的资产抵押债券不同于一般固定收益债券的两大特征。

通过组建信用等级较高的SPC信托投资、担保公司等,使原本信用等级较低的项目进入国际高档证券市场,利用市场的高信用等级、债券安全和流动性高、债券利率低的特点,大幅降低筹集资金的成本。同BOT等融资方式相比,ABS方式涉及的环节少,减少了酬金、手续费等中间费用,也不影响原先项目的资产负债表,而项目资产的未来现金流量又可作为高质量的证券投资对象,分散了投资风险。

(4) PPP 模式(Public—Private—Partnership,公共部门与私人企业合作模式)

它是一种优化的项目融资与实施模式,以各参与方的"双赢"或"多赢"作为合作的基本理念,通常由政府与私营商签订长期协议,授权私营商代替政府建设、运营或管理公共基础设施并向公众提供公共服务。

2008 年北京奥运场馆的建设参考和借鉴了 PPP 模式,著名的"鸟巢"体育馆就是采取了 PPP 融资模式的产物。北京市政府和外部的投标联合体等联合出资修建体育馆,而投标联合体则获得建设完成后的 30 年特许经营权。这样通过 PPP 模式的运用,确保了政府少投入,在减少政府承担的运营风险的同时,促使合作企业市场化运作,使项目的盈利预期大大增强。

综上所述,这四种模式是国际上通用投融资模式,可以看出它们都注重的是项目实施的可行性。不同的是每一个融资模式的操作阶段和方式不同,同时给投资者带来的风险和收益也就不同。总之,无论采取哪一种融资模式,只要投资的项目获得成功,它带来的不仅是直接的经济效益,通过投资乘数作用,还可以带来巨大的连带经济效益和社会效益。

五、文化企业的投融资常用方法——以影视企业为例[①]

(一) 项目融资

项目融资是文化企业以文化产业项目本身的优质资产、预期收益或权益作抵押,取得无追索权或有限追索权的融资或贷款。如在风险较大的影视业,对于影视业来说,一部片子投资额动辄往往几千万元,不可能每部片子都做 100% 的投入,因此,项目融资便是很多电影大片常见的融资方式,这种融资模式可以降低制片方面的投资成本、分散投资风险。

例如,在电影《赤壁》中,中影集团为了分散风险,吸引了橙天娱乐、北京紫禁城影业、北京春秋鸿、日本艾回、美国狮子山等 10 多家影视企业的加入,采取共同投资、分地区销售的合作方式,总投资 6 亿元人民币拍摄完成,最终使中影几乎达到了 100% 的投资回报率。再如,电影《画皮》,吸引了国有、民营、社会资本、国际资本共 8 家共同参与制作完成。此外还有与政府资金结合的方式,在 1.2 亿元的总投资成本的《唐山大地震》,唐山市政府参与投资 6 000 万元。

在演出领域,上海文化发展基金会与上海大剧院、中国建设银行上海分行签署"百场世界经典音乐剧《狮子王》演出项目"扶持贷款合作协议;光大银行上海分行对上海城市舞蹈有限公司的杂技芭蕾《天鹅湖》国际巡演项目扶持贷款;上海时空

---

① 陈少峰,张立波.中国文化企业报告:2012[M].北京:华文出版社,2012.

之旅文化发展有限公司的舞台剧《呼唤》《梦幻西湖》获得了中国银行的2000万元授信;陕西华清池旅游有限公司的实景舞台剧《长恨歌》得到了中国银行3000万元贷款等。

(二) 私募股权融资

私募股权融资(PE)是投资人对文化企业(非上市企业)通过私募形式进行的权益性投资,通过上市、并购或管理层回购等方式,出售持股获利退出获取回报。回看国内文化企业,华谊兄弟吸引私募投资最多,次数最多,从这个角度也可了解其作为国内首家上市的影业文化企业成功的原因所在。例如,华友世纪对华谊兄弟旗下的华谊兄弟音乐公司进行超过3500万元的投资,以此获得51%的股权;分众传媒联合其他投资者向华谊兄弟注资2000万美元换取股份;信中利70万美元的注资。腾讯对华谊兄弟进行战略投资人民币近4.5亿元,成为华谊的第一大机构投资者等等。

(三) 版权质押融资

版权质押融资是指以知识产权即版权作为抵押来获得银行贷款的一种融资方式。目前版权质押融资是当前文化企业与金融业之间最为主要的合作模式,因为这种模式要求文化企业在约定的期限还本付息即可,避免了项目融资、股权融资等需要以利润分账方式分红给投资方,从而使文化企业可以独享全部利润。

如北京银行以版权质押方式为华谊兄弟提供1亿元的电视剧打包贷款,为《画皮》提供1000万元版权质押贷款,为光线传媒近40部的电影制作和发行提供2亿元人民币贷款;俏佳人传媒集团以股权质押、"俏佳人"商标专用权质押和房产抵押等方式获得中国进出口银行1225万美元贷款,如愿收购美国国际视听传播有限公司;北京银行以"版权质押+打包贷款"的方式,向《龙门飞甲》提供1亿元的贷款;《金陵十三钗》通过版权质押的方式向民生银行贷款1.5亿元,刷新了之前《唐山大地震》等4部影片获得1.2亿元贷款的记录。

(四) 担保融资

担保融资主要是由第三方融资机构提供信用担保,从而使得文化企业顺利得到银行的授权。以往由于金融机构很少参与文化企业金融事务,担保公司作为第三方主体参与文化产业的案例寥寥无几。保监会和文化部联合制定的《关于保险业支持文化产业发展有关工作的通知》政策的出台,使保险公司能作为一方主体参与文化企业融资过程。这种模式减少了文化企业与银行之间的繁琐沟通,为文化企业融资开辟了新的模式。例如,北京银行贷款给光线传媒2亿元中,其中5000

万元是由北京首创投资担保有限责任公司提供担保。

不过需要说明的是,目前,信用担保机构还不能对影视著作知识产权做出评估,最后只能用融资人的房产,甚至法人代表个人的无限连带责任作为抵押物。北京银行对保利博纳、华谊兄弟、光线传媒的贷款,也是在对公司的尽职调查、资产状况做了评估之后,不仅将版权、销售收入作为担保,还把法人代表个人的无限连带责任作为抵押才获得。《金陵十三钗》用了张伟平的房产进行担保。

(五)上市融资

上市融资是文化企业通过上市获得融资,在资本市场公开募集资金用于企业发展、扩大规模。如在影视企业中,先后有华谊兄弟、光线传媒、华策影视、橙天嘉禾、博纳影业等一批民营影视业在国内外上市,这些企业在公开市场募集了资金,用于企业下一步战略的实现。如华谊兄弟上市发行4 200万股,融资金额约6.2亿元人民币;光线传媒上市发行2 740万股,融资金额约14.4亿元人民币;华策影视上市发行1 412万股,融资金额约3.2亿元人民币;橙天嘉禾上市融资金额约为5亿港币;博纳影业上市融资约9 400万美元等。

另外,作为国家队的中影集团是中国电影文化领域体制改革和行业经营的领先者,在国家政策的扶持下,中影集团吸引歌华有线等8家国有企业参与发起设立中国电影股份有限公司,注册资本为14亿元。

(六)植入广告融资

植入广告是把产品的品牌符号融入影视剧目的一种广告方式,以达到营销的目的。植入广告是随着电影产业化的逐渐深入而产生的一种新型营销形式,是投资人回收投资成本、降低风险的有力融资手段。据悉,在电影产业运行娴熟的美国,电影业20%的收入来自票房,80%来自非银幕所得(广告、版权及后产品等)。制片公司甚至设有专门的代理机构,职责就是寻找植入电影的机会。如《唐山大地震》广告植入达1亿元,创下了中国电影广告植入的记录,中小投资成本的《杜拉拉升职记》《非诚勿扰》《天下无贼》《爱情左右》则是通过植入广告回收了大部分或全部成本。

(七)预售版权融资

预售版权融资即在电影拍摄前或拍摄中,制片方将版权出售以获得目标市场发行方的预售资金。这种模式加快了电影投资资金的周转速度,可以为电影的顺利拍摄提供资金保障。这种模式常见于一些大制作的影业中。比如电影《英雄》欧美版权卖了2 000万美元,国内音像版权拍卖了1 780万元,创了影视预售版权的记录。在新媒体视频领域,酷6网与搜狐建立的国内首个"国际影视版权联合采购基金",设立的宗旨也是为中小影视项目融资提供前期资金保障。

(八)债券融资

债券融资是文化企业资金赤字单位在市场上向资金盈余单位发售有价债券募得资金,资金盈余单位购入有价证券,获得有价证券所代表的财产所有权、收益权或债权。如在广电总局发布的《关于促进电影产业繁荣发展的指导意见》中提到:支持具备条件的电影企业通过发行企业债券、短期融资券、中期票据和利用银行贷款等多种融资手段,多方面拓宽融资渠道,扩大规模,壮大实力。

在体制改革的推动下,长期独辟蹊径借鉴好莱坞环球影城模式建设的长影世纪城是国内第一家大型电影主题公园。长影也因此获得了国家文化产业体制改革相关政策的支持,得到了2亿元国债,中央财政5 000万元和吉林省1 000万元的启动资金的支持。据了解,除公司债外,国内债券市场上的各类企业债务融资工具均已有文化企业尝试。但出于企业资质、市场影响等方面的局限,目前文化产业中涉足债券融资的企业仍停留于大型文化企业,特别是上市文化企业。

(九)信托融资

信托融资是通过金融机构的媒介,由信托公司向最后贷款人进行的融资活动。当信托公司介入后,文化公司把作品版权信托给信托公司,信托公司再以这部分信托资产做抵押物,协助申请贷款。由于在资金出现问题时,信托公司对信托资产有全权处置权,这样就降低了银行的风险,也降低了贷款的门槛。而版权交易中心在这个过程中则起到征信平台的作用,协助银行和信托公司审核企业背景,搭建银行与项目之间的对接桥梁。

如在艺术品信托领域,杭州市文化创意产业小企业集合债权基金的"宝石流霞"正式发行,此后又推出了1亿元规模的第二期文化产业信托产品"满陇桂雨",均取得了良好的效果。金融工具成功实现了艺术品资产的流动性,为收藏家、艺术家和投资人构建了一个相互融通的平台。

(十)期货融资

期货融资(也叫期货配资)是指配资公司提供期货投资账户与资金,委托客户进行交易与操作。为了确保配资公司的账户与资金安全,客户在交易前必须向配资公司提交总资金的15%~20%作为风险保证金。账户交易盈利部分全部属于客户所有,同样,客户应承担全部交易风险。客户交易如果产生亏损,则在客户向配资公司交纳的风险保证金里扣除。

由深圳世纪领军影业出品的古装动作悬疑片《大唐玄机图》创新产生了电影期货的融资模式,即拿电影未来的权益进行份额化发行融资。其资产标的物一共是两部分:一是电影的未来盈利;二是电影版权的预期盈利。这种"权益共享"的融资模式有两大亮点:一是在电影筹拍前期,已经进行过目标市场分析,就像推出一款全新消费品那样;二是这种融资模式投资者分散,不会像以往那样对出品人施加非专业影响。假设拍摄《大唐玄机图》的预算是1亿元,那么,将其拆成10万份,每份的价格是1 000元,分别由自然人、机构、出品人认购,3年内可以自由买卖。预计自然人和机构认购的份额不超过80%,剩余20%份额由出品人认购。其中,自然人和机构属于优先受益人,即影片如果达不到预期或出现亏损,将优先保证其资金安全,并优先获得收益;出品人则是一般受益人,须保证优先收益人的资金可靠安全。在整个项目结束之前,各方认购的电影收益权均可在金融资产交易所得平台进行转让。

第二节　文化企业的登记与设立

　　文化企业设立登记是企业从事经营活动的前提,非经设立登记,并领取营业执照的,不得从事商业活动。这是我国《公司法》所规定的。

　　《中华人民共和国公司法》第六条规定:"设立公司,应当依法向公司登记机关申请设立登记。符合本法规定的设立条件的,由公司登记机关分别登记为有限责任公司或者股份有限公司;不符合本法规定的设立条件的,不得登记为有限责任公司或者股份有限公司。"

　　《中华人民共和国公司法》第二百一十一条规定:"未依法登记为有限责任公司或者股份有限公司,而冒用有限责任公司或者股份有限公司名义的,或者未依法登记为有限责任公司或者股份有限公司的分公司,而冒用有限责任公司或者股份有限公司的分公司名义的,由公司登记机关责令改正或者予以取缔,并可以处十万元以下的罚款。"

　　由于国家对文化企业设立的扶持政策,放宽了出资条件。设立文化类个人独资企业、合伙企业的,允许出资零首付,不受出资数额、出资方式、出资期限等限制。降低公司注册资本最低限额,除法律、行政法规对公司注册资本最低限额另有规定的以外,设立文化类有限公司的注册资本最低限额降低为3万元,单位或个人投资10万元以上的允许设立一人有限公司,设立股份有限公司的注册资本最低限额降低为500万元。

凡国家法律法规未明确禁止的文化领域,非公有资本均可进入。积极鼓励和支持非公有资本进入文艺表演团体、演出场所、博物馆和展览馆、互联网上网服务营业场所、艺术教育与培训、文化艺术中介、旅游文化服务、文化娱乐、艺术品经营;动漫和网络游戏、广告、会展、电影电视剧制作发行、广播影视技术开发运用;文化艺术类民间组织等文化行业和领域。

一、文化企业登记所需文件和基本内容

(一)公司设立登记所要提交的文件

(1) 公司董事长或执行董事签署的《公司设立登记申请书》;
(2) 全体股东指定代表或者共同委托代理人的证明;
(3) 公司章程;
(4) 具有法定资格的验资机构出具的验资证明;
(5) 股东的法人资格证明或者自然人身份证明;
(6) 载明公司董事、监事、经理姓名、住所的文件以及有关委派、选举或者聘用的证明;
(7) 公司法定代表人的任职文件和身份证明;
(8)《企业名称预先核准通知书》;
(9) 公司住所证明。

(二)公司设立登记所涉及的基本内容

1. 名称登记

2. 出资人登记

出资人是指向商主体投资的人。

根据法律规定,可以作为公司出资人主体的有:法人、年满18岁的自然人、依法成立的职工持股会或其他类似组织、农村村民委员会、城市居委会、个人独资企业、合伙企业;依法成立的社会团体、事业单位及民办非企业单位、外商投资企业。可以作为非公司企业出资人的主体有:企业法人、事业法人、社会团体法人、自然人。可以作为外商投资企业出资人的主体有:外国(地区)公司、企业、外国公民、中国企业法人。随着中国加入世贸组织消除差别待遇,中国公民也将可以成为合资企业的出资主体。

根据法律规定,不享有出资人资格的组织和个人是:党政机关、军队、武警部队;会计、审计事务所、律师事务所、资产评估事务所;公司不得持有本公司的股份;企业法定代表人不得成为所任职企业设立的有限责任公司股东。

3. 住所登记

住所是商主体主要办事机构所在地。商主体可以有多个办公或经营地点,但在法律上只能有一个住所。住所可以是商主体自己拥有产权的房产,也可以是通过租赁而获得使用权的房产。

4. 法定代表人

法定代表人是指依照法律或商主体章程的规定代表商主体行使权利规定义务的负责人。根据法律规定,有限责任公司设董事会的,董事长是法定代表人,设执行董事的,执行董事为法定代表人;股份有限公司的董事长为法定代表人;非公司企业的总经理、厂长是法定代表人;外商投资企业的董事长担任法定代表人。

5. 注册资金登记

注册资金又称注册成本,不同形式的商主体中注册资金的概念不尽相同。公司注册资本是公司股东实缴出资;非公司企业法人注册资本是指企业法人成立时,投资各方认缴的出资总额;外资企业注册资本是指投资各方认缴的出资总额。

6. 章程登记

章程是公司行为宪章,经登记方可生效。章程必须写明法律规定应记载的事项,同时可以根据商主体经营发展目标、内部管理要求等增加具体的内容。公司章程由股东会制定;非公司企业章程由企业出资设立人制定;外资企业章程由合资者制定。后两者在报经主管部门批准后才可以成为有效提交的登记。

7. 企业的类型和经济性质

企业类型是根据企业产权形式和责任形式所作的划分。它分为有限责任公司、股份有限公司、合伙企业、个人独资企业、联营企业、企业集团、股份合作企业、中外合资经营企业、中外合作经营企业、外商独资企业等。经济性质是指企业的所有制性质,主要有全民所有制企业、集体所有制企业、私营企业、多种经营成分联营企业等。

8. 经营范围登记

经营范围是指法律授权商主体可以从事经营活动的领域或行业,即营业的主要内容、商品类别、商品品种及服务项目,它是企业行为能力的具体体现。根据法律要求,经营范围要与注册资本相适应。

需要注意的是,针对公司、非公司法人企业、非法人企业这些不同的商主体,法律规定的注册登记事项有一定差异。此外,除上述内容之外,商主体开业日期、从业人数、商主体流动营业的区域范围、商主体的印章、商店的字牌、银行的账户等也是注册登记需要记载的事项。在有的国家,甚至法定代表人的签字都属于应登记事项。

二、设立公司的流程

(一) 选择公司的形式

普通的有限责任公司,最低注册资金3万元,需要2个(或以上)股东。从2006年1月起新的《公司法》规定,允许1个股东注册有限责任公司,这种特殊的有限责任公司又称"一人有限公司"(但公司名称中不会有"一人"字样,执照上会注明"自然人独资"),最低注册资金10万元。

如果和朋友、家人合伙投资创业,可选择普通的有限公司,最低注册资金3万元;如果只有一个人作为股东,则选择一人有限公司,最低注册资金10万元。

(二) 注册公司的步骤

1. 核名

到工商局去领取一张《企业(字号)名称预先核准申请表》,填写准备注册的公司名称,由工商局上网(工商局内部网)检索是否有重名,如果没有重名,就可以使用这个名称,然后会核发一张《企业(字号)名称预先核准通知书》。

2. 租房

去专门的写字楼租一间办公室,如果自己有厂房或者办公室也可以,有的地方不允许在居民楼里办公。租房后要签订租房合同,并让房东提供房产证的复印件。

签订好租房合同后,还要到税务局去买印花税,按年租金千分之一的税率购买。例如,你的每年房租是1万元,那就要买10元钱的印花税,贴在房租合同的首页,以后凡是需要用到房租合同的地方,都需要贴了印花税的合同复印件。

3. 编写《公司章程》

可自行编写,也可到工商局网站上下载通用的"公司章程"的样本,根据公司实际情况修改一下便可。需要注意的是,章程的最后必须有所有股东的签名。

4. 刻私章

法人私章,一般是方形的。

5. 到会计师事务所领取"银行询征函"

委托正规的会计师事务所,领取"银行询征函"(必须是原件,由会计师事务所盖印章)。

6. 去银行开立公司验资户

所有股东携带公司章程、工商局发的核名通知、法人代表的私章、身份证、用于验资的资金、空白询征函表格,到银行开立公司账户,并且告诉银行是开验资户。开立好公司账户后,各个股东按照自己的出资额向公司账户中存入相应的钱。

银行会发给每个股东缴款单,并在询征函上盖银行的章。

需注意的是,公司法规定:注册公司时,投资人(股东)必须缴纳足额的资本,可以以货币形式(也就是人民币)出资,也可以以实物(如汽车)、房产、知识产权等出资。到银行办的只是货币出资这一部分,如果你有实物、房产等作为出资的,需要到会计师事务所鉴定其价值后再以其实际价值出资,这比较麻烦,因此建议直接拿钱出资。公司法不管你用什么手段拿的钱,自己的也好,借的也好,只要如数缴足出资款即可。

7. 办理验资报告

拿着银行出具的股东缴款单、银行盖章后的询征函,以及公司章程、核名通知、房租合同、房产证复印件,到会计师事务所办理验资报告。

8. 注册公司

到工商局领取公司设立登记的各种表格,包括设立登记申请表、股东(发起人)名单、董事经理监理情况、法人代表登记表、指定代表或委托代理人登记表。所有表格填好后,连同核名通知、公司章程、房屋合同、房产证复印件、验资报告一起交给工商局。之后大概3个工作日便可领取执照。

9. 刻公章

凭营业执照,到公安局指定的刻章社,去刻公章和财务章。这一点很重要,在后面的步骤中,均需用到公章或财务章。

10. 办理企业组织机构代码证

凭营业执照到技术监督局办理组织机构代码证。办这个证需要半个月,技术监督局会首先发一个预先受理代码证明文件,凭这个文件就可以办后面的税务登记证、银行基本户开户手续了。

11. 去银行开基本户

凭营业执照、组织机构代码证,去银行开立公司基本账号。最好是在之前办理验资时的银行的同一网点去办理,否则,会多收100元的验资账户费用。

开基本户需要填很多表,最好把能带齐的东西全部带上,包括营业执照正本原件、办理人和法人的身份证、组织机构代码证、公章、财务章、法人章等。

开基本户时,还需要购买一个密码器(从2005年下半年起,大多银行都有这个规定),今后公司在开支票、划款时,都需要使用密码器来生成密码。

12. 办理税务登记

领取执照后,30日内到当地税务局申请领取税务登记证。一般的公司都需要办理2种税务登记证,即国税和地税。

办理税务登记证时,须由公司会计出面,因为税务局要求提交的资料中有一项是会计资格证和身份证。

13. 申请领购发票

根据公司的具体经营范围,到当地国税和地税部门申请领购。如果你的公司是销售商品的,应该到国税部门去申领发票;如果是服务性质的公司,则到地税部门申领发票。

综上所有手续办理完成后,就可以正式营业了。需注意的是每个月要按时向税务部门申报税,即使没有开展业务不需要缴税,也要进行零申报,否则会被罚款的。

三、注册个体工商户的流程

个体工商户不需要注册资本。名称组成＝行政区域＋字号＋行业＋组织形式(例:名称可以叫作海淀区某某广告服务部)。

(一)办理个体工户应当办理的证件

个体工商户营业执照(正、副)本;组织机构代码证(正、副)本;个体工商户(公、财、私)章;国税登记证(正、副)本;地税登记证(正、副)本;设立基本户(可供选择)。

(二)办理流程

1. 申请个体工商户名称预先登记应提交的文件、证件

① 办理资料:申请人的身份证明或由申请人委托的有关证明;个体工商户名称预先登记申请书;法规、规章和政策规定应提交的其他文件、证明。② 办理时限:1个工作日。③ 办理地点:当地工商局。

2. 申请个体工商户开业登记应提交的文件、证件

① 办理资料:申请人签署的个体开业登记申请书(填写个体户申请开业登记表)。从业人员证明(本市人员经营的须提交户籍证明,含户口簿和身份证,以及离退休等各类无业人员的有关证明;外省市人员经营的须提交本人身份证、在本地暂住证,育龄妇女还须提交计划生育证明;相片一张)。经营场地证明。家庭经营的家庭人员的关系证明。名称预先核准通知书。法规、规章和政策规定应提交的有关专项证明。② 办理时限:5个工作日。③ 办理地点:当地工商局。④ 办理依据:《城乡个体工商户管理暂行条例》《城乡个体工商户管理暂行条例实施细则》。

3. 办理组织机构代码证

① 办理资料:个体工商户营业执照复印件;个体工商户户主身份证复印件。② 办理时限:3个工作日。③ 办理地点:当地技术质量监督局。

4. 刻章:单位章、私章

① 办理资料:个体工商户营业执照复印件;个体工商户户主自分证复印件。② 办理时限:2个工作日。③ 办理地点:当地公安局批准的印章公司。

5. 办理国税登记证

① 办理资料：个体工商户营业执照复印件；个体工商户户主身份证复印件；经营场地证明；组织机构代码证复印件；单位章。② 办理时限：3个工作日。③ 办理地点：当地国税局。

6. 办理地税登记证

① 办理资料：个体工商户营业执照复印件；个体工商户户主身份证复印件；经营场地证明；组织机构代码证复印件；单位章。② 办理时限：3个工作日。③ 办理地点：当地地税局。

7. 设立基本户（主要用于和公司转账用）

① 办理资料：个体工商户营业执照复印件；个体工商户户主身份证复印件；组织机构代码证复印件；国税、地税登记证复印件；单位章和私章。② 办理时限：5个工作日。③ 办理地点：就近银行。④ 办理费用：一般都不收费。

四、公司设立初期应注意事项

（一）公司制度

公司要有健全的制度，尤其是财务制度。

（二）公司的税额

1. 增值税或营业税

税务部门根据公司经营性质的不同，收取不同的税金。如文化产品制造公司，按所开发票额的4%征收增值税；提供文化服务的公司，按所开发票额的5%征收营业税。

2. 所得税

税务部门根据公司规模大小，对企业的纯利润征收18%～33%的企业所得税。小公司的利润不多，一般是18%。

3. 两种税的区别

营业税是对营业额征税，不管你赚没赚钱，只有发生了交易，开了发票，就要征税；所得税是对利润征税，利润就是营业额扣减各种成本后剩余的钱，只有赚了钱，才会征所得税。

五、注册个体户与注册公司的区别

（一）个体工商户

对注册资金实行申报制，没有最低限额的要求。

(1) 有经营能力的城镇待业人员、农村村民以及国家政策允许的其他人员,可以申请从事个体工商业经营;

(2) 申请人必须具备与经营项目相应的资金、经营场地、经营能力及业务技术。

(二) 私营独资企业

对注册资金实行申报制,没有最低限额的要求。

(1) 投资人为一个自然人;

(2) 有合法的企业名称;

(3) 有投资人申报的出资;

(4) 有固定的生产经营场所和必要的生产经营条件;

(5) 有必要的从业人员。

(三) 有限责任公司

有最低注册资本10万元人民币的基本要求。

(1) 股东符合法定人数,即由2个以上50个以下股东共同出资设立;

(2) 股东出资达到法定资本最低限额:以生产经营为主的公司需50万元人民币以上;以商品批发为主的公司需50万元人民币以上;以商品零售为主的公司需30万元人民币以上;科技开发、咨询、服务公司需10万元人民币以上等;

(3) 股东共同制定公司章程;

(4) 有公司名称,建立符合有限责任公司要求的组织机构;

(5) 有固定的生产经营场所和必要的生产经营条件。

(四) 个体户与公司的优缺点

个体户与公司相比较存在的优点有:申请手续较简单,费用少,经营起来相对更灵活。缺点有:信用度及知名度比公司低,无法以个体户营业执照的名义对外签合同,而公司可以以法人名义对外签合同。

(五) 个体户与公司的区别

(1) 个体户不享受优惠政策,没有投资风险且不需要会计做账;

(2) 在税务方面,个体户不可以做进出口业务;

(3) 税率方面,个体不可以申请17%,只有申请小规模纳税人(4%);

(4) 个体户做生意亏了本,自己要对全部债务负责;

(5) 个体户一般是税务机关根据其所在位置、规模、员工人数、销售商品等等来估算销售额,然后再给定税。也就是不论当月收入多少或有无收入都要按定税金额来交税。个体工商户或个人独资企业的征税一般采取定额定率征收;个体工商户或个人独资企业的经营所得只缴个人所得税。

（六）有限公司需要注意的几点

(1) 如果你的资金是一次性到位,可申请17%增值税率;

(2) 公司成立必须招聘一个会计为企业每月申报税务;

(3) 有限公司做生意亏了本,可向法院申请破产保护,如你注册公司时的注册资本金为50万元,而你欠别人200万元,你只需还50万元即可,且受法律保护;

(4) 有限公司则是要求企业必须核算健全,要有账,交税也是根据企业自己申报的收入来交税,有收入就交,没有就不交。有限公司的征税,营业交易环节按发票征税,经营所得环节一般采取定率或查账两种方式。有限公司的经营所得既要缴纳企业所得税,也要缴纳个人所得税。

（七）有限公司一般应交的税种

(1) 企业一般是根据企业的经济性质和经营业务来确定企业应缴纳的税种和税率;

(2) 从事生产文化和销售文化产品的企业一般要交增值税,增值税的纳税人分为一般纳税人和小规模纳税人。一般纳税人是指工业年收入能达到100万元,商业年收入能达到180万元的企业,一般纳税人的税率是17%,可以抵扣购进货物的进项税金;小规模工业企业的增值税税率为6%,商业4%。增值税在国税申报缴纳。

(3) 从事提供应税劳务(演艺、服务、广告、咨询等等)、转让无形资产或销售不动产的企业要缴纳营业税。营业税的税率根据行业不同,从3%～5%,个别的行业20%,如网吧等。营业税在地税缴纳。

(4) 企业所得税:是针对企业利润征收的一种税,基本税率是33%,另有两挡优惠税率18%、27%。应纳税所得额(即税务机关认可的利润)在10万元以上的税率为33%,3万元以下的税率为18%,3～10万元的税率为27%。

企业所得税有两种征收方式:核定征收与查账征收。查账征收是根据企业的申报的收入减去相关的成本、费用算出利润后再根据利润多少乘以相应的税率,算出应纳税金。核定征收就是不考虑你的成本费用,税务机关直接用收入乘以一个固定比率(根据行业不同),得出的数就作为你的利润,然后再根据多少,乘以相应税率。核定征收一般适合核算不健全的小型企业。2002年1月1日以后成立的企业,企业所得税在国税缴纳(个人独资企业不缴纳企业所得税,而是在地税缴纳个人所得税)。

(5) 此外企业还交纳一些附加税和小税种。城建税和教育费附加是增值税和营业税的附加税,只要交纳了后者就要用交纳数作为基数乘以相应税率缴纳附加税。城建税根据企业所在地区不同,税率分为7%(市区)、5%(县城镇)、1%(其他),教育费附加税率是3%。小税种包括印花税、房产税等,此外还要代扣员工的个人所得税等。这些附加税和小税种都是在地税交纳。

(八) 个体工商户的生产经营所得纳税

个体工商户的生产经营所得是指:

(1) 个体工商户或个人从事互联网上网服务、艺术教育与培训、文化艺术中介、旅游文化服务、文化娱乐、艺术品经营;动漫和网络游戏、广告、文化艺术类民间组织等文化行业和领域取得的所得;

(2) 个人经政府有关部门批准取得执照从事办学、医疗、咨询以及其他有偿服务活动取得的所得;

(3) 其他个人从事个体工商业生产、经营取得的所得;

(4) 上述个体工商户和个人取得的与生产、经营有关的各项应纳税所得。

个体工商户的生产、经营所得,以每一纳税年度的收入总额,减除成本、费用以及损失后的余额,为应纳税所得额。成本、费用是指纳税人从事生产、经营所发生的各项生产费用、销售费用、管理费用和财务费用;损失是指纳税人在生产、经营过程中发生的各项营业外支出。

个体工商户生产经营所得适用于5%~35%的五级超额累进税率征税。见表2.1。

表 2.1 五级超额累进税率

级数	含税级距	不含税级距	税率	速算扣除数
1	不超过5 000元的	不超过4 750元的		50
2	超过5 000元至10 000元的部分	超过4 750元至9 250元的部分	10%	250
3	超过10 000元至30 000元的部分	超过9 250元至25 250元的部分	20%	1 250
4	超过30 000元至50 000元的部分	超过25 250元至39 250元的部分	30%	4 250
5	超过50 000元的部分	超过39 250元的部分	35%	6 750

个体工商户的生产、经营所得和对企事业单位的承包经营、承租经营所得适用。

表2.1中所列含税级距与不含税级距，均为按照税法规定减除有关费用（成本、损失）后的所得额。

含税级距适用于个体工商户的生产、经营所得和由纳税人负担税款的承包经营、承租经营所得；不含税级距适用于由他人（单位）代付税款的承包经营、承租经营所得。

应纳税额计算公式如下：

应纳税所得额 ＝ 年度生产、经营收入总额 － 成本、费用、损失

应纳税额 ＝ 应纳税所得额 × 适用税率 － 速算扣除数

例1 个体工商户钱某本年度取得经营收入共50万元，成本、费用开支及损失共40万元，其应纳个人所得税额的计算方法为

应纳税所得额 ＝ 50 － 40 ＝ 10（万元）

应纳税额 ＝ 100 000 × 35％ － 6 750 ＝ 28 250（元）

例2 某个体户1月份已预缴税款136元，2月份累计应纳税所得额2 200元，该个体户2月份应预缴税款按如下办法计算：

全年应纳税所得额 ＝ 2 200 × 12/2 ＝ 13 200（元）

查表得知适用税率为20％，可得

全年应纳税额 ＝ 13 200 × 20％ － 1 250 ＝ 1 390（元）

2月份应预缴税额 ＝ 1 390 × 2/12 － 136 ＝ 95.67（元）

对账册不健全、不能正确核算应纳税所得额的业户，分别采取核定方法征税。

第三节　文化企业的组织体系设计

管理的本质是协调和平衡，且贯穿于管理的全过程。管理就是设计和维护一种环境，使身处其间的人们能够在集体内一同工作，以完成预定的使命和目标。所谓管理的职能可以分为计划职能、组织职能、人事职能、指挥职能的控制职能，这五项职能形成了一个复杂而和谐的系统。

一、组织设计的概述

组织作为一项管理职能，是根据计划要求和按照权力责任关系原则，将所必需的活动进行分解与合成，并把工作人员编排和组合成一个分工协作的管理工作系

统或管理机构体系,以便实现适应外部环境变化的内部优化组合,圆满达成预定的共同目标。

一旦确定了组织的基本目标和方向(决策),并制定了明确的实施计划和步骤之后,就必须通过组织设计为决策和计划的有效实施创造条件。

(一)组织层次和管理跨度问题

进行组织工作的理由在于使人合作得更有效率,同时,人们在管理跨度的限度的限制发现了需要有层次的理由。也就是说,管理层次的存在是因为一个主管人员能有效地加以管理起来的人数是有限的,即使这种限制情况不同而有变化。管理跨度宽造成组织层次少,管理跨度窄造成组织层次多。

首先,层次越多,费用就越多。层次越多,用于管理的精力、资金就越多,因为管理人员和协助管理的工作人员增加了,协调各部门的活动的需要增加了,再加上为这些人员的设施的费用增加了。会计人员把这种费用称为"管理费用"。完成实际文化产品的创意、制作部门或销售雇员,可把他们称为或在逻辑上把他们称为"直接劳动"。在"第一线"上面的层次的人员主要是管理人员。

其次,部门的层次使联络复杂化。一个有很多层次的企业通过组织结构向下传达目标、计划和政策要比一个最高管理人直接与雇员联系的企业困难得多。当信息按直线向下传达时便发生遗漏和曲解现象。层次也使从第一线基层向上级指挥人员的信息沟通复杂化。自下而上地沟通与自上而下地沟通是同等重要的,有句话说得好,层次是信息的"过滤器"。

第三,过多的部门和层次会使计划工作与控制复杂化。在高层可能是明确的完整的计划,经过向下一级一级布置下去,就失去协调一致和明确性了。增加层次和管理人员会使控制更加困难,与此同时,计划工作的复杂性和沟通的困难性,使得控制工作更加重要。

毋庸置疑,尽管有发展扁平型的组织结构的愿望,管理仍然受实际的和重要的约束条件所限制。尽管管理人员授权了,进行了培训,明确地制订了计划和政策,并且采用了有效地控制与沟通的方法,但他们还是可能管辖着比他们更能进行管理的下属。同样的,企业一旦发展,由于有更多的人需要管理,管理跨度的限制迫使用企业非增加层次不可。

在一定情况下,所需要的是所有相关因素之间更为恰当地平衡,在某些情况下,加宽跨度减少层次可能是个好办法;在另外情况下,相反的做法也要是正确的。人们必须对采用不同方法的一切代价进行权衡,不仅比较财务上的费用,还要比较士气、人力开发以及实现企业目标等方面的代价。在军事组织中,或许快速无误在实现目标上是最重要的,而在文化企业经营中,可能最好是通过在基层组织中加强推行首创精神和人力开发来实现长期的利润目标。

（二）完善组织管理的注意事项

1. 通过设计来避免出错

良好的组织必须确定目标并且有条理地进行规划。正如孔茨在他不朽的名著中所述的那样：（组织）缺乏设计是没有道理的，是要吃苦头的，是浪费的，无效能的。说它"是没有道理的"，是因为不管是讲述问题还是社会实践，首先应有良好的设计或规则。说它"是要吃苦头的"，是因为组织上缺乏设计的主要受害者是那些在企业中工作的个人。说它"是浪费的"，是因为排除按职能专业化的界线把各项工作结成整体，否则就无法培训新人去接替那些晋升、辞职或退休者留下的职位。说它"是无效能的"，是因为除非根据原则进行管理，否则将凭个性进行管理，而由此导致公司内部的争权夺利，因为一旦在建造时忽视了基本的设计原则时，一部机器就不会顺利运转。

2. 避免组织的僵化

组织计划工作的一个基本优点是避免组织僵化。避免组织僵化的方法层出不穷，许多企业，特别是那些经营多年的企业，已变得僵化了，无法通过有效地组织结构的第二项检验标准——具有能适应环境变化及能应付新的突发事件的能力。这种对变革的能力可以使组织的效能严重丧失。除了迫切需要重新组织的原因外，还有只是为了使组织不致成为一潭死水而进行适度和持续调整的某些需要。对于发展一种适应变革的传统还有许多理由，习惯于变革的人们往往会接受这种传统，不会在当改革的需要已发展到必须彻底变革阶段时灰心失望、丧失勇气。但另一方面，持续进行重大改组的公司会破坏士气，人们会花费大量时间去猜测组织变化将对自己有什么影响。

3. 明确责任避免冲突

组织中产生了矛盾的一个重要原因是人们不了解自己及同事的职责。一种组织结构无论把它设想得怎样完善，人们必须懂得它，以使它工作。适当地使用组织结构图、精确的职位说明、明确职权关系和信息关系，并介绍具体职位的具体目标，将大大有助于人们的理解。

4. 促进适当的组织文化

组织文化影响着计划、组织、人事、领导和控制等各项管理职能的实施方式。组织的效力也受组织文化的影响。如果可以任意选择，人们大都更愿意在具有组织文化的环境下工作，在这种环境下，人们可以参与实施的过程，评价一个人是根据他的工作业绩而是不根据他与人的交情，人们可以与各方公开交往，人们有行使很大程度的自我管理机会。在许多成功的公司中，在价值观推动下的公司，领导人起了模范带头作用。他们制定了行为的标准来激励雇员们,使自己的公司具有其特色,并且成为对外的一种象征,公司领导人创造的组织文化的观点,并会承担一些义务。此外,当人们参与决策过程并且自寻方向,进行自我控制的时候,他们也感到要对自己的计划承担义务。但是采纳的价值要看奖赏、激励、礼节、阅历、信仰活动等诸因素。

案 例

张明在一临街地段开了一家小广告公司,并雇三个人做帮手(市场、制作、安装服务)。甲做市场,乙、丙做制作和服务,张明负责市场、接待、收账并作为其他三人的补充后备。由于店小、人手少以及协调到位,广告公司效益很好。

一年后,张明扩大了公司的规模,增加了许多人手,但并没有及时调整公司的组织构架,使之适应现状,因此工作上时常出现混乱。

这时就出现了新的问题——如何调度与协调。

另一个例子,现实中与管理现状相关的词汇:

(1)各抒己见、各就各位、各司其职、各负其责、各尽其能。

(2)各执一词、各持己见、各自为政、各行其是、各个(被)击破、各奔前程。

这两类词汇,分别描述了两种不同的组织状态下的公司现状,哪一类更好,不言而喻。

通过对以上案例和实际经验的分析和总结,可以认为:

(1)组织设计关键要形成一个有效(分工、合作有效)的结构。

(2)对组织行为的追求要做到统一指挥、统一命令、统一行动、统一步调。

二、各种基本的组织结构形式

随着文化企业自身的发展和外部环境的不断变化,文化企业组织结构形式也经历了一个发展变化的过程。迄今,文化企业组织结构基本的形式有:直线制、职能制、直线-职能制、事业部制、矩阵制、控股型、网络型等等。

(一)直线制

1. 特点

直线制是一种最早也是最简单的集权式组织形式,是一种尚未进行管理分工的原始结构。它的特点是其领导关系按垂直系统建立,不设专门的职能结构(可设职能人员协助主管人工作),自上而下形同直线,下属部门只接受一个上级的指令。

2. 结构图

如图 2.1 所示的是某印刷公司的组织结构图。

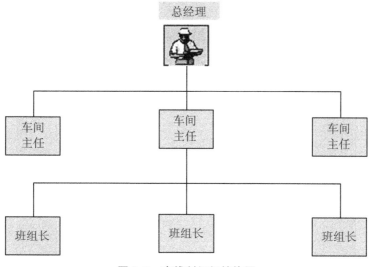

图 2.1　直线制组织结构图

3. 优点

（1）命令统一，指挥灵活；

（2）管理结构简单，管理费用低；

（3）决策迅速，管理效率高。

4. 缺点

（1）对管理人员要求很高。它要求负责人通晓多种知识和技能，亲自处理各种业务。这在业务比较复杂、企业规模比较大的情况下，把所有管理职能都集中到最高主管一人身上，显然他是难以胜任的。

（2）高度集权，不利于调动下属员工的积极性，也不利于高级管理人才的培养。

5. 适用情况

适用于规模较小，生产技术比较简单的企业。现在这种结构基本已被淘汰，被它的改进形式——直线—职能制所取代。

（二）职能制

1. 特点

职能制组织结构指企业通过设立由专业人员负责的部门来行使企业管理职权，目标是内部效率和技术专门化，各职能部门是直线管理机构，对企业高层负责。

2. 结构图

如图 2.2 所示的是某印刷公司职能制组织结构图。

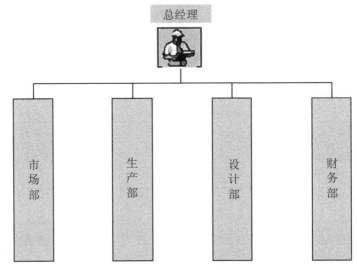

图 2.2　职能制组织结构图

3. 优点

(1) 充分发挥专业人才的作用,提高决策的科学性;
(2) 鼓励部门内规模经济,促进知识和技能的纵深发展。

4. 缺点

(1) 有时会造成多头领导,削弱统一指挥;
(2) 对环境变化反应迟缓;
(3) 部门间互争权力,不易协调,缺乏横向沟通,缺乏创新;

5. 适用情况

适用于产品或市场的数量少,规模为小型到中型,外界市场环境稳定,技术要求相对较低,不需要太多跨职能部门间协调的组织。

(三) 直线-职能制

1. 特点

直线-职能制,也叫生产区域制,或直线参谋制。它是在直线制和职能制的基础上,取长补短,吸取这两种形式的优点而建立起来的。目前,我们绝大多数企业都采用这种组织结构形式。这种组织结构形式是把企业管理机构和人员分为两类,一类是直线领导机构和人员,按命令统一原则对各级组织行使指挥权;另一类是职能机构和人员,按专业化原则,从事组织的各项职能管理工作。

例如,厂长(经理)对业务和职能部门均实行垂直式领导,各级直线管理人员在职权范围内对直线下属有指挥和命令的权利,并对此承担全部责任。职能管理部门是厂长(经理)的参谋和助手,没有直接指挥权,其职责是向上级提供信息和建议,并对业务部门实施指导和监督,因此,它与业务部门的关系只是一种指导关系,而非领导关系。

2. 结构图

图2.3是某出版集团的直线－职能制组织结构图。

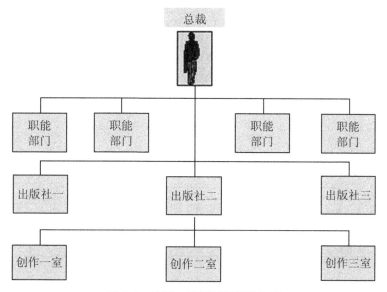

图2.3 直线－职能制组织结构图

3. 优点

(1) 保证了企业管理体系的集中统一;
(2) 可以在各级行政负责人的领导下,充分发挥各专业管理机构的作用。

4. 缺点

(1) 职能部门间仍然缺乏横向沟通,容易产生矛盾和不协调的现象;
(2) 不利于培养综合性管理人才;
(3) 职能部门授权程度较难把握,过大,易干扰直线指挥;过小,不能充分发挥其作用。
(4) 对外界环境变化反应不够灵敏。

5. 适用情况

直线－职能制适合于业务种类较为单一,规模不大,同时外部环境较稳定的企业。

(四)事业部制

1. 特点

最早由美国通用汽车公司总裁斯隆于1924年提出,也有"斯隆模型"之称。事业部制结构的显著特点是基于组织的产出来组合部门。即一个公司按地区或按产品类别分成若干个事业部,从产品的设计、原料采购、成本核算、产品制造,一直到产品销售,均由事业部及所属工厂负责,实行单独核算,独立经营,公司总部只保留人事决策、预算控制和监督大权,并通过利润等指标对事业部进行控制。

2. 结构图

如图2.4所示。

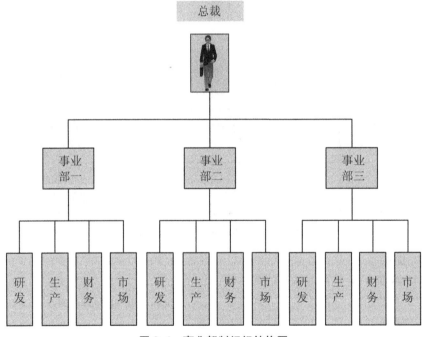

图2.4 事业部制组织结构图

3. 优点

(1)适应不确定性环境中的快速变化;

(2)实现跨职能的高度协调;

(3)总公司领导可以摆脱日常事务,集中精力考虑全局问题;

(4)更能发挥各事业单位经营管理的积极性,利于组织专业化生产和实现企业的内部协作;

(5)决策的分权化,有利于培养和训练管理人才。

4. 缺点

（1）失去了职能部门内部的规模经济；

（2）事业部实行独立核算，各事业部只考虑自身的利益，影响事业部之间的协作；

（3）使跨产品线的整合和标准化变得困难；

5. 适用情况

适用于规模庞大、品种繁多、技术复杂的大型企业，是国外较大的联合公司所采用的一种组织形式。近些年我国一些大型企业集团或公司也引进了这种结构形式，如阿里巴巴 2013 年成立了 25 个事业部，腾讯 2012 年成立了 6 个事业部。

（五）矩阵制

1. 特点

矩阵制结构是在直线—职能制基础上，再建立一套横向的组织系统，两者结合而形成一个矩阵。既有按职能划分的垂直领导系统，又有按产品（项目）划分的横向领导关系的结构，这是矩阵制的最大特点。

矩阵是横向联系的一种有力方式。它的特点表现在围绕某项专门任务成立跨职能部门的专门机构上，例如，组成一个专门的产品（项目）小组去从事新产品开发工作，在研究、设计、试验、制造各个不同阶段，由有关部门派人参加，力图做到条块结合，以协调有关部门的活动，保证任务的完成。这种组织结构形式是固定的，人员却是变动的，任务完成后就可以离开。项目小组和负责人也是临时组织和委任的，任务完成后就解散，有关人员回原单位工作。

2. 结构图

如图 2.5 所示。

3. 优点

（1）机动、灵活，可获得满足顾客双重需要所必需的协调；

（2）促进人力资源在多种产品线之间得到灵活的共享；

（3）适应不确定性环境中频繁变化和复杂决策的需要；

（4）为职能和产品两方面技能的发展提供了机会。

4. 缺点

（1）导致员工面临双重的职权关系，容易产生无所适从和混乱感；

（2）耗费时间，需要频繁开会协调及讨论冲突解决方案；

（3）需要做出很大努力来维持权利的平衡；

（4）由于项目组成人员来自各个职能部门，当任务完成以后，仍要回原单位，因而容易产生临时观念，对工作有一定影响。

5. 适用情况

适用于技术专长以及产品创新和变革都对实现组织目标有重要影响的场合。当组织发现无论职能型、事业部型等结构还是其配以横向联系手段后的结构都难以奏效时,矩阵型结构常常是解决问题的方案。

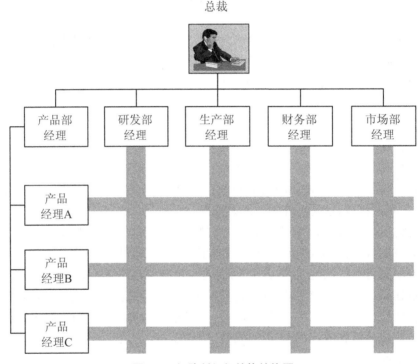

图 2.5　矩阵制组织结构结构图

(六) 控股型

1. 特点

控股型(简称 H 型)又称母子公司型。企业拥有很多不相关联的产业单元,每个产业单元都是一个利润中心或投资中心,通过多元化经营来分散风险。

母公司管理层对整个企业负责,主要工作包括:

(1) 评价,即评价每个单元的绩效;

(2) 配置,配置企业的资产,投多少资金,控多少股;

(3) 平衡,平衡投资的资产组合,分散风险。相关投资产业在相同环境下风险收益相差越大,则该投资组合越有效;

(4) 决策,即决定买与卖。

资本运作型组织结构的最大特点是:投资公司与被投资公司之间的关系是资本参与的关系,二者是以资本为纽带。

2. 结构图

如图 2.6 所示。

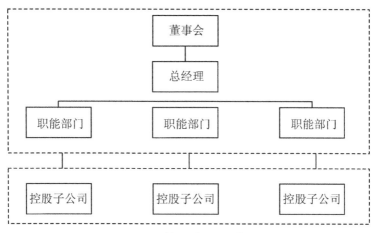

图 2.6　控股型组织结构图

3. 优点

企业可通过资本运作型结构迅速实现规模的扩大,实现超常规发展。

4. 缺点

对子公司的控制较难,管理成本较高。

5. 适用情况

适用于通过横向并购形成的企业集团。

(七) 网络型

1. 特点

网络型组织结构是一种只有很精干的中心机构,以契约关系的建立和维持为基础,依靠外部机构进行研发、制造、销售或其他重要业务经营活动的组织结构形式。它是利用现代信息技术手段而建立和发展起来的一种新型组织结构。

被联结在这一结构中的各经营单位之间并没有正式的资本所有关系和行政隶属关系,只是通过相对松散的契约(正式的协议契约书)纽带,透过一种互惠互利、相互协作、相互信任和支持的机制来进行密切的合作。

2. 结构图

如图 2.7 所示。

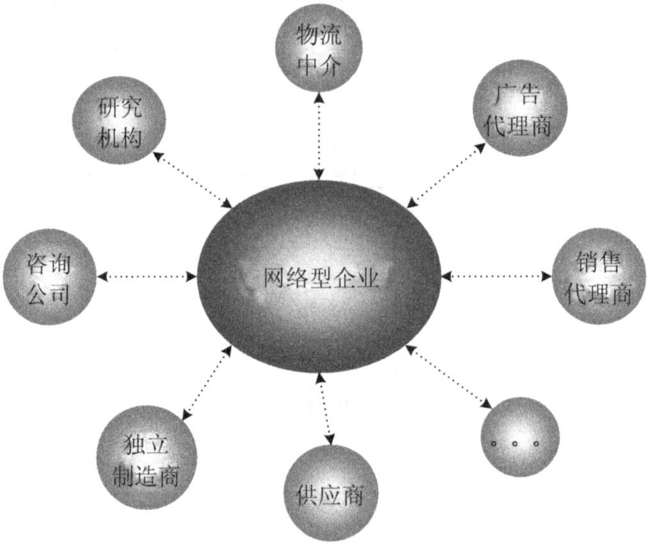

图 2.7　网络型组织结构图

3. 优点

(1) 促进分工和专业化的发展；

(2) 降低交易成本；

(3) 有助于优化资源配置。

同时这种结构对外界环境变化的应变速度也非常快。

4. 缺点

(1) 对互联网技术依赖性很大，企业必须建立完善的内外部管理网络系统，才能够很好地沟通和协调内外部工作。

(2) 在企业实力不够强大时，谈判能力不足时，强大的外部协作方有可能会对企业施加力量，制约企业的发展。

5. 适用情况

适用于经济全球化高度不确定的环境中，同时企业有强大互联网技术的支撑，企业外部的协作市场较为成熟。

三、组织设计的任务与步骤

设计组织的结构是执行组织职能的基础工作。组织设计的最终任务是提供组织结构系统图和编制职位说明书。

职位说明书要对各管理职位(部门)做出明确规定：该职位(部门)的工作内容、职责与权力，与组织中其他职位(部门)的关系，职位任职者所必须拥有的基本素质、技术知识、工作经验、处理问题的能力等任职条件。

组织设计要取得上述两项最终成果,需要按照下列步骤开展工作:

(1) 确定实现组织目标所必需的活动(简称目标活动)。

(2) 对目标活动进行分组并设计管理工作职位。

从历史上来看,职位设计经历了如下一些变迁和发展:职位专业化→职位扩大化→职位丰富化→工作团队化。

(3) 划分部门。常用的部门划分标准有如下几类:① 人数、时间、地点;② 设备、工艺阶段或工作技能;③ 产品、地区、顾客和营销渠道。

需要指出的是,任何一种划分部门的标准都有其优缺点和适用的情形,因而谈不上哪类标准最好。有必要时(如组织规模较大时),可以在组织内同时采用两种或两种以上的标准划分部门,以集合几种标准的长处。

(4) 结构形成。最后的任务就是根据各自工作的性质和内容,规定各部门、各职位之间的职责、权限和义务关系,使之形成一个严密高效的网络系统,能够协调一致地达成组织的总体目标。

四、文化公司通常管理体系

(一)公司性质

有限责任公司。

(二)组织结构

如图 2.8 所示。

(三)部门职责

1. 股东大会

股东大会的职责是:决定公司的经营方针和投资计划;选举和更换董事,决定有关董事的报酬,审议批准董事会的报告;选举和更换由股东代表出任的监事,决定有关监事的报酬事项,审议批准监事会的报告;审议批准公司的年度财务预算方案、决算方案;审议批准利润分配方案和弥补亏损方案;对公司增加或者减少注册资本、发行债券做出决议;对股东向股东以外的人转让出资做出决议;对公司合并、分立、解散和清算等事项做出决议;修改公司章程,以及公司章程规定需由股东大会决定诸事项。

2. 董事会

董事会是由公司股东及股东大会推荐的人员组成属于决策层,向股东大会负责。董事会的职责是：

负责召集股东大会；执行股东大会决议并向股东大会报告工作；决定公司的生产经营计划和投资方案；决定公司内部管理机构的设置；批准公司的基本管理制度；听取总裁的工作报告并做出决议；制订公司年度财务预、决算方案和利润分配方案、弥补亏损方案；对公司增加或减少注册资本、分立、合并、终止和清算等重大事项提出方案；聘任或解聘公司总经理、副总经理、财务部门负责人，并决定其奖惩。

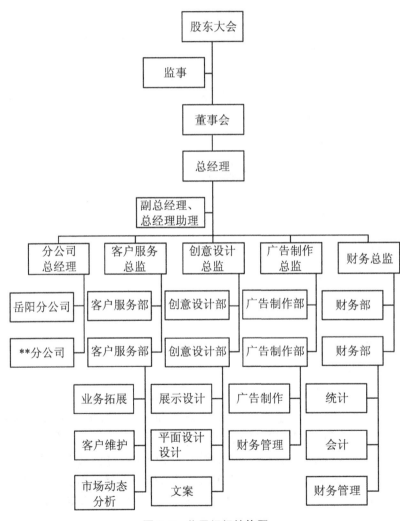

图 2.8　公司组织结构图

3. 监事

监事是由公司股东或员工选举的代表担任。

监事的主要职权是：检查公司财务；对董事、高管执行公司职务的行为进行监督，对违反法律法规及公司章程或股东决议的董事、高管提出罢免建议；依法对董事、高管提起诉讼等。

4. 总经理

总经理是公司的业务执行的最高负责人，对董事会负责。总经理的职责是：统筹编制年度的经营计划、投资计划和提出公司中长期发展规划；根据年度工作计划，做出下阶段工作部署，达到量化、细化、分类分项、按人、按时抓好布置、安排、检查和落实；根据工作实际进展状况，不断完善内部管理和运作的机制，加强对各岗位人员的阶段性工作检查考证和年中、年末的考核，加强政治思想工作，提升业务能力；定期向董事会报告财务收支情况；做好董事会交办的其他工作。

5. 客户服务部

客户服务部的职责是：根据客户需求对产品、消费者和媒介进行调查研究，为公司各部门提供真实的市场资料。提供广告计划的背景资料；进行广告检测与统计，及时进行广告、公关活动的效果评估；搜集相关媒介资料并进行分析，及时把握媒体动向；与公司内其他各部门保持密切联系，为其他需求部门提供资料支持。开拓客户并保持联络，负责接洽客户并协调广告主与公司之间的关系；对外代表广告公司的整体利益，对内代表广告客户的利益，还承担公司公共关系方面的工作。

6. 创意设计部

创意设计部的职责是：负责重要品牌的创意构思及执行；负责参与创意策略的制订、创意阐述、广告文案执行，以标新立异的创意向客户展示我们广告公司年轻、生动和环保的灵魂。通过对客户环境和需求的全面、深入分析，与客户共同研讨，确定广告定位与目标，进而提供科学、严谨、合适、有效的企划方案，以保证项目定位准确，目标设定合理，实施策略得当，整体传播高效。

7. 广告制作部

广告制作部的职责是：负责影视广告制作、形象宣传片、电视栏目包装、活动拍摄、电视购物片策划、电视剧片头、三维动画广告制作、影视后期制作。负责企业宣传画册设计印刷、多媒体演示片、报纸、杂志广告设计、宣传单页、折页设计、品牌标志设计、高档画册设计印刷、企业网站策划、网页设计、网络广告、网站推广、光盘批量压制、光盘丝印、广播级磁带复制等。

8. 财务部

对公司的财务、金融实施全面的管理、监督广告预算的执行，收取广告费用，交纳各种税收，核发人员工资，核算企业盈亏，并对广告活动费用和公司行政性开支实施控制。

(四)人事安排

各部门在总公司设总监1人、副总监1~2人和职员若干;分公司设立部门主管1人和职员若干,该部门的重心人物是总监。部门总监全权负责本部门的工作。

某广告公司组织结构范本如图2.9所示。

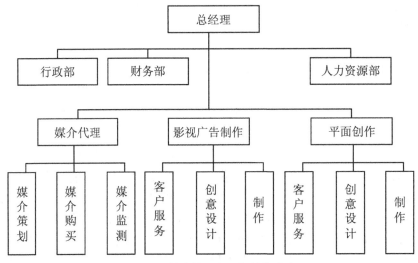

图2.9 某广告公司组织结构范本

(五)会展公司组织结构范本

会展公司的组织结构因其规模、定位、发展状况等情况的不同而有所不同,下面给出了三种规模不同的会展公司的组织结构范本。

1. 小型会展公司组织结构范本

如图2.10所示。

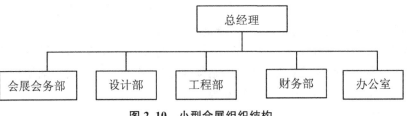

图2.10 小型会展组织结构

2. 中型会展公司组织结构范本

如图 2.11 所示。

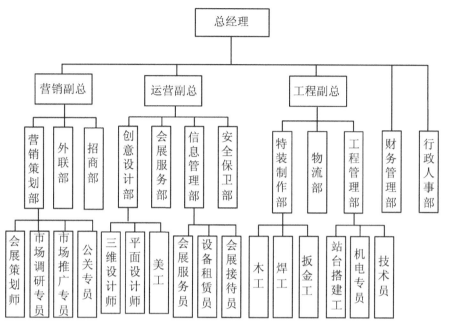

图 2.11 中型会展公司组织结构

3. 大型会展公司组织结构范本

如图 2.12 所示。

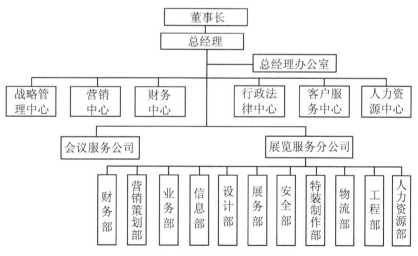

图 2.12 大型会展公司组织结构

资料链接 2

报业集团新组织模式创新

高效的组织结构是传媒企业获取和维系核心竞争力的先决条件。美国学者钱德勒提出"结构跟随战略"理论,认为当企业采取不同发展战略时,为了保证战略的成功,企业必须变革它的组织形式来适应企业战略的需要。

自1996年广州日报报业集团诞生以来,我国已经组建了49家报业集团,随着文化体制改革的深入,尤其是新闻出版总署的政策推动,近年来报业集团的跨媒体、跨行业、跨区域、跨所有制发展取得了实质性进展,开始了向综合型传媒集团的战略转型,报业集团的发展再次面临着一个新的突破关口。各地报业集团除了少数是由"报社+报社"合并而成的以外,大多是在政府主导下辅以市场手段,以党报为龙头加上若干子报、期刊以及各类多种经营公司的模式结合而成的报业联合体,这种组织方式对治理报业散滥差、提高市场集中度,加强对新闻宣传的控制与管理等起到了重要作用。

但随着市场环境,特别是报业发展战略的变化,这种"主报+子报"的组织形式的弊端也越来越突出,比如产权不明晰、内部治理结构不完善;"集而不团",资源整合不够,没有产生预期的协同效应;不利于报业的"四跨"发展。因此,创新组织结构对于报业集团实现战略目标、保障其高效运作并提高市场竞争力有着十分重要的意义。

在报业集团战略转型的过程中,需要探索与战略目标相匹配的组织结构形式。当前,报业集团整体及其所属媒体的转企改制取得重要突破,许多集团都把党报从集团分离,使之以事业部的形态与集团下属子公司等并列,实现了从报办集团到集办报的转变;同时成立集团公司,比如事业性质的南方报业传媒集团组建南方报业传媒集团公司,企业化运作,设立董事会及经理班子。还有天津日报传媒集团有限公司、新晚报传媒集团有限公司等的成立,这些都为报业集团建立党委领导与法人治理相结合的领导体制奠定了基础。

与此同时,报业集团不是报纸等许多媒体的"混搭",从分散经营到形成合力是组织变革的必然要求。比如南方报业正在实施从"多品牌战略"到"媒体聚合战略"的转变,进一步强化集团的战略管理和调控能力,以形成协同效应与核心竞争力。总体而言,报业集团组织结构的创新还在探索之中,新一轮的组织变革大致有以下几种模式:

1. 主报支撑型报业集团组织结构的创新

主报支撑型报业集团中党报不仅是集团的旗舰和龙头,而且是集团的经济支柱,各子报刊的发展相对较弱,需要党报的带动与扶持。党报在集团的资源整合中有着特殊的地位和作用,即以党报为中心优化配置各种资源,如整合新闻采编队伍,形成统一的新闻公共稿库,推进报网融合以形成宣传合力等。这种类型的报业集团的组织结构的创新具体来说又可分为两种情况:

一是整个报业集团被视为一个整体,以主报(党报)为核心整合配置各个媒体资源推动产业化经营,整体上形成以内容经营和产业经营为主体的组织架构,实施集团战略管控模式。具体做法是打破各个报刊的界限,从集团层面整合采编资源和经营资源。整合强调集团的主体地位,强调主报的主导作用,强调主业的规模意识。这种模式的缺点是各子报的自主经营受到限制,也不利于开展以资本为纽带的多元化经营。比如天津日报传媒集团以《天津日报》的两分开为基础整合资源,提高媒体管控效率。从集团层面将《天津日报》《每日新报》《城市快报》3家报纸体育部和球迷报的宣传资源及采编队伍整合为集团体育新闻中心,将4家报纸的摄影记者整合成集团的视觉新闻中心,成立津报体育文化产业发展有限公司,作为体育新闻中心的经营部门,实行企业化管理。体育、视觉两个新闻中心的组建从结构上打破了原有以报纸为单位的条块结构,结束了各报体育、摄影报道各自为政、单打独斗的局面,形成了以内容经营和产业经营为主体的"扁平事业部"模式。集团整体转企改制,成立天津日报集团传媒有限公司,整合经营资源,将所属非时政类报刊的所有权、经营权及广告、发行、印刷等经营性业务和资产剥离出来,成建制地进入企业集团。

二是以各媒体包括党报的相对独立性为前提,从决策、管理、运营三个层面完善集团组织架构,实现从"主报+子报"的行政管理向战略引导下的集团化管理的转变。比如宁波日报报业集团提出以经济责任制为基础的治理结构,按照"成本核算,预算管理,基数承包,超额分成"的基本原则实行两级管理。集团决策层包括集团党委和公司董事会,集团实行党委领导下的社长负责制,集团成立宁波日报报业集团有限公司,实行国有资产授权经营。集团党委会与集团公司董事会合一,通过采取一系列措施,强化了四大主体地位——领导决策主体、人事管理主体、资产管理主体和投资发展主体。集团在决策管理职能中更加强调战略规划、经营策划与人力资源管理。运营层包括宁波日报在内共22个独立核算单位,集团赋予各单位相应的自主权,包括经营权、用人权、经费使用权、分配权。

2. 子报支撑型报业集团组织结构的创新

子报支撑型报业集团占多数,具体又有两种情况:

一是以产权(资本)或品牌为纽带,以核心子报为中心建立多层报系子集团作为二级企业法人,推动资源整合,形成以报系(子集团)为骨干、主报单列的组织架构,主要适合于子报力量较强、业务结构复杂、规模较大的报业集团,有利于报业集团突破媒体形态、业务范围、经营区域和所有制的限制,建立以市场为导向、以资本为主要连接纽带的母子公司体制,实现向综合型传媒集团的转型;其缺点是各个报系分散经营,协同发展的难度较大,不利于形成集团整体合力与核心竞争力。

浙江日报报业集团突破原有的以单个报纸为单位的组织架构,通过若干媒体形成的二级集团来整合经营,在"一媒体一公司"的基础上重新打造以品牌媒体为龙头的子集团。2009年初成立由《钱江晚报》《今日早报》和钱江视屏新闻网组成的都市报方阵——钱江报系,这是打造党报、都市报、专业报、县市报、财经、时尚生活等6大报系子集团的开始。这种子报系架构既符合做大做强《钱江晚报》的战略目标,又有利于通过受众市场细分,确立各媒体错位发展的清晰定位,变同质化的内部竞争为协同作战。最早建立报系的南方报业传媒集团对报系实行公司化改制,南方周末报系已经基本完成公司化改造,实现了以一个报系控股公司依靠资本纽带管理下属媒体的管理模式。而黑龙江日报报业集团则以品牌为纽带打造一批二级子集团,比如以旗下《生活报》为核心联合省内8个城市的地市报作为生活报的地方版,成立生活报传媒集团,又以旗下《农村报》为核心成立黑龙江农村传媒集团。

二是以产权为纽带建立母子报刊法人治理结构,就是把核心子报建设成为集团的全资或控股子公司,宣传上加强舆论导向把关,经营上完全按照产权制度规范管理,这种治理结构可以使报业集团作为母公司(控股公司)按市场机制配置子报资源,不但实现了都市类媒体"事转企",也为子公司进一步跨媒体、跨区域、跨行业的拓展和融资并发展为报系子集团打下了基础。比如大众报业集团成立半岛传媒有限公司作为大众报业的独资公司,把半岛都市报社的资产全部装入该公司,半岛都市报社经营广告、发行等业务的专业公司,作为半岛传媒的子公司;又引进战略投资者,成立了半岛传媒股份有限公司,大众报业集团按照控股股东的法律规定来行使权力和履行义务;还将一些较弱的子报划归半岛传媒。大众报业集团与临沂日报报业集团合作,双方以产权为纽带,共同出资组建山东沂蒙晚报传媒有限公司和山东鲁南商报传媒有限公司,分别经营《沂蒙晚报》和《鲁南商报》。

3. 以资本平台为依托推动组织结构的重塑

资本市场在报业集团加速其跨媒体、跨区域、跨行业布局,建立综合型传媒集团的过程中将发挥越来越重要的作用。依托融资平台,推动体制机制改革,加大资源整合步伐,实现转型升级是许多报业集团的优先选择,这种发展模式通过资本运作构建产业链,能够打破各种资源分割,形成以资本为纽带、各类媒体融合发展的综合型传媒集团的组织架构。这种组织模式主要适合于那些已经拥有资本平台的传媒集团,有利于促进报业集团经营业务尽快实现向建立以法人治理结构为核心的现代企业制度的转变。但它的局限性主要是:按照目前政策,报业无法整体上市,不利于媒体上市公司的整体发展,以及由此带来的与母公司之间的关联交易等问题。

以成都传媒集团为例,它是由成都日报报业集团和成都广电集团合并而成的。

上市公司博瑞传播以及母公司博瑞投资控股集团成为成都传媒集团的投资平台、融资平台和经营管理平台。集团依托融资平台，进行改制创新，以《成都商报》为核心，充分整合集团内部的各种资源，打破内部媒介间的屏障，将集团旗下报纸、广播、电视、有线网络、期刊、网站等媒体连动运作，形成了一个布局比较完整，形态比较优化，载体丰富运转有效的媒体集群。具体做法是：集团各组成单位彻底地企业化改制，并在此基础上打造集团公司的市场主体地位。按照采编经营两分开的原则把报业、广电、网络等各媒体可以分开的经营性资产和资源，全部进行剥离装入博瑞投资控股集团。日报、商报、晚报大部分的广告，还有所有发行、印务，集团所有媒体的后勤、物业等也全部改造成公司，成为市场主体。这些资源全部交给博瑞投资运营。博瑞投资迅速获得传统媒体很多经营资源，迅速做大，其中一部分优质资源整合到上市公司。此外广州日报报业集团通过资产注入粤传媒，实现了集团与控股上市公司关系的突破，从某种意义上实现了全资产上市。

4. 以报业流程再造推动全媒体组织结构的变革

互联网的崛起打破了各类传媒的界限，为报业整合新媒体向综合性传媒集团转型提供了契机，从集团层面推动组织结构的变革以适应媒介融合的趋势势在必行。借助新媒体再造报业流程，探索报业集团全媒体式组织结构是报业集团必然的选择，这从许多报业集团更名为"传媒集团"可见一斑。

比如烟台日报传媒集团通过成立全媒体新闻采编中心，打通集团内部各个报纸等媒体之间的界限，再造采编流程，以实现新闻信息"一次采写，多次传播，不断增值"的需求。并对集团及其媒体的组织结构进行相应调整，即全媒体中心与各系列报（实为编辑部）并列，中心记者以多媒体方式采集新闻，并通过网站、手机报、传统报纸、数字报刊，以及多媒体视屏实现多级发布。

目前不少报业集团都建立了多媒体的数字化平台，目的就是通过平台实现新闻资源在不同媒介间的共享与整合。比如宁波日报报业集团建设集新闻内容采编分发、经营管理于一体的全媒体的数字技术平台。还有南方报业传媒集团成立南方报业新媒体有限公司，以整体之力加快新媒体建设步伐，全力向全媒体集团转型，初步形成了覆盖报刊、网络、手机报、广电、户外传播全媒体发展的战略布局。

报纸的影响力和市场竞争力随着广播电视、互联网等对报纸传媒功能的替代效应而出现下降的趋势。为了适应电子媒体的竞争，报纸的改革内容上从"新闻纸"向"观点纸""服务纸"转变，形态上除了发行印刷报纸外还出版网络报纸、手机报纸等，尤其是iPad等移动阅读终端以版面的形式呈现报纸，使报纸的采编流程包括排版模式乃至经营模式得以保存和延续，报业凭借全媒体形态将继续发挥大众传播的功能与作用。

（资料来源：钱晓文.新时期报业集团组织结构创新的几种模式[J].传媒，2011(3).）

第三章　文化企业经营系统

　　文化企业是文化产业的核心载体,直接承担着提升我国文化产业在全球的地位和竞争力的重要责任,并推动实现我国传统文化的产业化和国际化。文化企业既是一个追求利润最大化的行为主体,又是传承文化的物质载体,具有双重性质。随着经济全球化的发展和市场经济的进一步完善,文化企业成为了一个循环投入并转化为产出的组织,以追求利润最大化为目的,这不仅和社会主义文化的发展相统一,还将大大有利于我国文化软实力的增强。

第一节　文化企业经营概述

　　文化企业经营是一个极具针对性和目标性的交流和发展工程,同时又是整个社会经济技术系统的子系统,它直接或间接地受到社会经济环境与指标的影响。文化企业经营需遵从"投入—产出"的系统关系运动法则,从而实现企业经营目标、经营要素和环境要素之间的动态平衡关系。企业通过精心全面的策划,再利用行之有效的营销与管理手段加以实施和控制,让文化产品创造、文化产品生产、文化产品市场流通、文化商品消费等一系列活动循环运行起来,不断扩大市场占有率,增加市场竞争,提升企业经济等各项实力。

　　从普遍意义上说,经营活动是一切企业活动的中心,企业的一切活动都是围绕并实现既定目标而展开的。在实施过程中,常常会遇到各种困难和问题,这就需要正确处理好与市场、信息、政策、受众、竞争等方面的关系,从而在一定程度上保障经营企业活动的顺利开展和企业经营效率的提高。

一、文化企业经营的概念

　　经营是商品所特有的范畴。马克思的再生产理论这样阐述道:在商品经济条件下,社会生产过程是直接生产过程与流通过程的统一。商品(服务)生产者或提供者不仅要通过生产过程把物质或精神产品生产出来,形成商品的使用价值和价值,而且还要进入市场,通过流通过程把产品销售出去,转移到消费者手中,商品的使用价值和价值才能实现,生产过程中的物化劳动与活动的消耗才能够得到补偿,再生产过程才能继续进行。就一般意义而言,从生产过程来看,经营是商品经济的产物;就应用范围而言,经营只适用于企业;就达到的目的来看,经营是以提高经济效益为目标的。经营活动的根本出发点是"为什么而经营"。

文化企业经营是指企业的经济系统在利用外部环境所提供的机会和条件的基础上,发挥内部的优势和特长,为实现特定目标而进行的集成化活动。在文化企业特定经营环境下围绕利润目标对文化资源进行合理配置,能够满足文化市场需求和文化产业政策要求的持续性文化产品和服务供给。

文化企业区别于一般企业之处在于它提供的文化产品涉及意识形态、文化主权和文化安全,具有较强的社会外部性;文化企业面临的管制环境较为特殊,生产资源具有价格模糊性、非标准化和人性化等特征。

依据产业链的结构和形态等因素,当前我国的文化企业可以大致分为五种类型,即文化内容企业、传媒与平台企业、文化服务企业、艺术授权与延伸产品企业和一般的文化产品制造企业。其中,前三种类型是我国发展文化产业需要关注的重点部分。文化内容企业主要存在于影视、动漫、音乐、游戏、图书、报刊、文化艺术等知识产权创造领域;传媒与平台企业则存在于广播电视等平台媒介、各类传媒载体的传播服务、相关信息服务等传播渠道与传输平台领域;文化服务企业包括经纪代理、广告、会展、文化金融服务艺术品拍卖、网络文化服务、文化休闲娱乐等文化综合服务领域。[①]

二、文化企业的经济系统

文化企业经济系统通常由设计部、财务部、人力资源部、营销部等若干部门、科室组成,部门或科室内又分为若干个班组。本书第二章中关于此部分内容已做详尽阐述,这里不再过多涉及。从这一点来看,文化企业经济系统具有层次性,在该系统中又有上游系统和下游系统或者子系统之分。从企业内部来看,各部门或科室相对该企业而言就是子系统,而对于整个国民经济来说,企业又是国民经济的系统,且这个子系统一定是开放的。因为企业的经营活动是受外部环境的影响和制约的,同时与外部环境是相互作用的。要充分利用外部环境提供的机会和条件。文化企业的经营系统既然是一个开放的系统,就必然受到直接环境和间接环境的影响,企业自身要善于捕捉市场机遇和外部环境提供的优良条件,才能在激烈的竞争中求得生存和发展。通过环境分析,文化企业的创办者能够明确经营什么以及

---

① 陈少峰,张立波.中国文化企业报告:2012[M].北京:华文出版社,2012:95.

怎样经营。如：竞争者、受众、自然、人文、科技等环境的分析，文化企业必须提供文化产品和文化服务，通过市场化和产业化的组织形态，进行可持续的简单再生产和扩大再生产。

文化企业要发挥自身优势和特长，文化企业对自身的生存与发展要有清醒、充分的认识和分析。在经营活动中合理地利用人力、财力、物力、技术、信息等内部资源，充分发挥自身的优势和特长，扬长避短，以提高企业的竞争能力和应变能力。

文化企业要为实现既定目标而开展集成化活动企业的经营目标是多元的，既有战略目标，也有成长性、稳定性、竞争性的战术性目标。但基本目标多为一致，即实现向社会提供适销对路的产品或服务。同时须实现增值，获得经济效益的同时实现社会效益，文化企业必须以追求利润最大化为核心，在提升企业竞争力的过程中，不断开发富有特点的文化产品和文化服务，提高文化生产和经营的效益，创造大量的文化财富，这样才能使自身"消化系统""血液系统""呼吸系统""淋巴系统"实现良性循环，以便减少盲目性，是企业决策层保持清醒头脑，把压力变成动力。

文化企业除具有一般企业实现投入到产出的过程从而获得经济效益的盈利性特征外，相比较其他产业类型的企业来说，由于文化产业对物质资源的依赖性较低，文化企业实现目的的途径主要在于增强对所占有的文化资源的转换能力。因此，文化企业必须通过分工协作，使文化资源价值转化为文化商业价值，又以商业价值的实现过程促成文化价值的传播。

三、文化企业经营观念

经营观念是指企业开展市场活动时所坚持的基本指导思想，是由一系列观点或概念构成的对经营过程中发生的各种关系的认知的总和。从某种程度上也可以被称为企业的"经营哲学"。它包括了企业的经营态度和思维方式，其核心是：以什么为中心来开展企业生产经营活动。经营观念作为企业经营的一种思维方式、一种向导，它规定和支配着企业的经营实践活动及其结果，其正确与否决定着企业营销的成败、企业的兴衰。因此，科学的经营观念就是一股巨大的动力，没有这股动力，文化企业的发展也难以实现。

从本质上说，市场是企业的生存空间，市场是企业实现商品价值的场所，是消费者对文化商品服务、理念有所期待和需求的营销场所，是文化产品流通的主要渠道。文化企业在这个空间内以商品交换形式向社会提供了文化产品和有偿服务。

企业是市场空间构成中的一个个因子，市场观念便成为了每一个企业最基本的经营观念，因此，市场观念是企业经营思想的核心。树立市场观念，就是要求文化企业能以市场为导向，面向市场，适应市场，扬长避短，发挥优势，创造需求，培养市场，最终达到引领潮流的更高境界，取得更好的经济效益，这成为了当今经济大潮下绝大多数文化企业所尊崇的基本经营思想。

从当今我国文化企业发展现状和趋势来看，转变观念是提升文化企业核心竞争力的基础和条件。只有这样，才能有助于我们找到政策层面及整体产业链上的不足，使我国的文化产业发展系统化、科学化、明确化。培育市场主体是提升文化企业核心竞争力的前提，所以，企业开展活动应首先解决观念问题，并且不断更新，使之适应社会经济和市场发展的要求，为企业经营的正确性和企业的可持续发展提供首要前提。

鉴于上述内容，文化企业经营还应牢固树立以下的观念：

（一）用户观念

企业研究市场和消费者的需求，是为了赢得用户，用户是实现购买行为的消费者，文化企业的经营始终是受意识自觉支配，有明确目的目标，面向用户，面向社会大众的对象性活动。用户数量的多少直接决定着企业的命运，如果文化企业经营得法，用户便会不断增加。一个没有用户的企业，也就失去了生存的条件。用户观念要求企业学会站在用户的立场想问题，树立用户至上观念，即"用户就是上帝"，始终把用户需求和用户利益放在第一位。用户观念最直接的体现就是为用户提供最适宜的产品和最人性化的服务。这对文化企业来说是至关重要的，文化经营的主要目的就是使用户从产品的使用和被服务的过程中享受到精神和物质满足感。

根据对企业使命的分析，我们知道企业的存在不仅仅是为了盈利，利润目标不是企业的第一目标，更不是唯一的目标。文化企业价值观的核心是服务至上和追求卓越。服务至上是目的，追求卓越是手段。一方面是以优质产品和服务满足社会的需要，为提高全社会物质、精神世界的水平做出贡献，为全体职工提供良好的劳动环境和满意的收入，使其生活的更快乐、更满意、更有意义。另一方面还要为社会投资者提供更多的财富积累，从而吸引投资，更新技术，扩大企业规模。没有卓越超群的经营能力，服务至上只是一种愿望。例如，近年来很多文化企业不惜投入巨资建立客户关系管理系统（CRM），及时了解客户的需求；有些企业为了满足不同顾客的差异化需求，改进研发生产和服务流程，由以往提供大批量标准化产品转向为个性化服务。

必须根据用户的喜好进行选择定位、设计。因为文化消费的形式多种多样，消费者也因为自己的文化程度而去选择消费，比如说，意大利歌剧、四小天鹅芭蕾舞、莫扎特交响乐等，都是文化程度较高的人喜欢的；而像越剧、吕剧、山东梆子等地方戏曲、时下流行的歌曲、郭德纲相声等都是一些大众所喜欢的。同时，还与消费者的消费水平、年龄结构有关。如打高尔夫球、都市保龄球、高级商务会所等都是高收入的人所喜好的；打乒乓球、羽毛球、下象棋、围棋、逛公园、街头广场篮球等都是收入不高的人所爱好的，毕竟这些都不需要花费很多的钱，便可以进行娱乐；打太极、写毛笔字、钓鱼、抖空竹、听京剧等都是中老年人喜欢做的事情，而网游、足球、排球、攀登等都是年轻一代喜欢做的；动漫、游戏机、卡片机、各种各样的变形金刚玩具、小人书等都是小孩子热衷喜好的。所有的这些在进行产品设计时，都必须考虑周全，设计出的产品才能满足不同消费者的需要。如《马云正传》一书的出版就抓住了很多消费者的心，与当下马云创业成功的背景紧密相连，好多创业还未成功的消费者就会被深深地吸引，而没有创业的消费者就想知道马云是如何创办阿里巴巴，到淘宝，又到支付宝的，给我们以多大的启示与思考。在包装印刷上，为了满足不同的需要，而制定了阅读版本与精装版本，以满足消费者平时看与收藏的目的，在宣传上偏重于电视媒体及平时阅读的报纸杂志等，以马云的创业历程为特色，偏重于高校或创业人群为市场。类似这样的定位，就能非常圆满地把产品设计出来，非常成功，并满足人们的需要。①

（二）竞争观念

竞争行为产生的根本原因是由于市场竞争压力存在。假如某种文化产品只由一个企业生产、销售，从而占有垄断地位，便没有竞争的产生，随着生产同类和相关文化产品的企业慢慢多起来，加之市场总需求量一定的时候，企业间的竞争行为就会产生。即便是某家企业第一个研发并进入市场的销售产品，但随着模仿者和超越者的出现，相对的垄断地位也必定消失，属于这家企业原有的市场空间也会被挤占。新媒体市场的竞争状态就充分反映了这一点。因此，文化企业要在产品的生产、价格、促销、服务方面下足工夫，从而获得更大的市场占有，满足更多的社会消费需求，提高消费者对文化企业或文化品牌的忠诚度和满意度。

每个文化企业都应牢固树立质量观念，服务观念，提供优质的产品和服务，在各方面不断进步，不断自我超越和超越他人。竞争观念应被理解为敢于竞争和善于竞争两大方面，正所谓"酒香不怕巷子深"。竞争一定要以提高市场占有率、用户满意度以及开辟新市场为目标。

一般来说，文化产品市场存在两种类型的竞争。首先是同一类文化产品间的竞争，例如，不同城市、不同地区或者同一地区的某一时间段，不同展览馆提供了近似的展览项目，就会产生会展业之间的市场竞争；其次，不同种类的文化产品间的竞争。例如，一场演唱会和一场魔术表演、一场杂技等之间存在着竞争。归根结底，竞争体现在企业素质和经营结构与方法上。文化企业的素质核心在于人才、技

---

① 胡燕.文化企业的营销创新策略之路[J].中国市场，2011(26).

术、管理三个方面,有了一流的人才、一流的技术、一流的管理的驱动,就会创造出一流的经营方式和优质产品,为社会提供更多的使用价值,满足人们日益增长的物质和精神需要,帮助企业提高竞争能力。

（三）创新观念

文化企业的创新是全方位的,具体是指在产品设计、产业链整合、营销与服务等方面的创新能力,同时还包括文化的创新、技术的创新、管理的创新、产品的创新、制度的创新等。树立创新观念就是要在企业内外建立起创新体制,并为创新建立良好的发展环境和资源保证。创新要有科学的思想,这个思想就是充分发挥人的主观能动性,运用科学的思维方法进行创造,永不满足,不断超越,正因如此,企业的生命力就在于它的创新能力。创新所要具备的基本条件,便是拥有一批立足已知事实,根据已知规律,勇于探索,富于创造的人才,不断提出新理论、新技术、新用途、新材料、新方法,不断改革经营战略和经营方法,推动企业的进步和文化的发展。

针对文化企业而言,创新是其提升文化企业核心竞争能力的关键。其中,内容创新是提升文化企业核心竞争力的动力,管理创新是提升文化企业核心竞争力的保证。利用内容创新,掌握文化企业的核心资源;通过管理创新,协调企业内各种资源、能力,将其进行有效整合,从而比竞争者更有效地提升企业竞争能力。

企业要想具有活力,就必须要坚持创新,进一步改革文化体制,对文化企业的运营方式、机制进行创新,要摆脱束缚企业文化发展的教条式的思维,适应全球经济发展的大形势,积极地加入到市场竞争中,不断创造出新的产品。在长期的历史发展过程中,企业文化资源得以积累,但是,它也是组成现代生活的一部分。所以,创造的文化产品既能够反映出历史,但不能生搬硬套历史,通过创新,来使产品能够将传统历史得以继承,又具有新的内容、含义,用不同的形式体现出来。如现在一些旅游景点中的历史古迹,通过现代的多媒体技术,将当时的历史面貌实时展现给消费者,极具吸引力。因此,无论是在表现形式、内容还是在表现手法上,文化产品都有很大的发展空间,有很好的前景。[1]

山西省平遥县拥有丰富的文化资源,境内文物遗存丰富,平遥古城是全国历史文化名城、世界文化遗产。经过多年努力,平遥的文化资源开发能力取得了显著加强,文化产品生产取得了丰硕成果,涌现出如《又见平遥》印象演出项目和《梦回平遥》常态化演艺项目等一批有代表性的传统与创新结合的文化产品。在文化产品生产创新的路径选择上,平遥及有关企业努力探索实践将文化资源转化为文化产

---

[1] 胡燕.文化企业的营销创新策略之路[J].中国市场,2011(26).

品的模式,走出了一条以创意技术推动文化产品创新,以科技融合促进文化产品创新,以品牌创新战略带动文化产品创新和以组合创新拓宽产品创新外延的路子。《又见平遥》是平遥县九成文化投资有限公司与北京观印象艺术发展有限公司共同打造的一部印象演出项目,项目借助平遥古城这一文化资源,充分挖掘和利用地段的人文、历史和自然的环境资源,在规划与单体设计手法上创新,既体现新颖、前卫,又不失纯朴、归真,既体现传统与现代,又实现浪漫与现实完美结合,为项目带来了高附加值,形成鲜明的特色建筑区,使得创意在文化资源转化为文化产品过程中发挥了举足轻重的作用。拥有体验性品牌的《又见平遥》大型实景演出项目的成功打造,必将成为山西省新的文化名片,将全面提升山西省在全国乃至全球的文化知名度和品牌影响力。①

可见文化产业与文化企业的发展最终都将落到文化产品的创新上来,同时文化产品创新程度也是文化产业与文化企业发展程度的标志。

（四）效益观念

提高经济效益是企业经营活动的中心,保证企业生产经营活动能够取得良好的经济效益便成为了企业经营管理的中心任务,但这些并不意味着盈利。因为评价一个文化企业的经济效益,首先要看它是否有利于提高社会综合经济效益,给社会和消费者带来直接和间接的利益;其次才看它的盈利多少,把企业经济效益和社会效益结合起来,把当前利益和长远利益结合起来才是文化企业应树立的正确效益观念。文化企业倘若只顾自身经济效益,就会偏离社会主义方向,不仅会损害国家和人民的利益,还会影响企业形象;只顾眼前利益的思维方式,就会急功近利,搞短期行为,使企业失去后劲,导致灭亡。

据媒体资料报道,国内动漫年产量已高达20万分钟,取代日本成为世界第一,但相对于其他行业而言,目前中国原创动画虽有较大进步,但缺乏与国际同步的成熟商业模式。全国已有2/3以上的省份出台了专门的动漫产业扶持政策,而多数政策仍以播出补贴制度为主。在这样的政策下,不少急功近利的企业利用政策漏洞大做文章,因为他们的买单方不是市场而是政府。②

文化企业固然需要注重盈利,但是除了实现其经济利益以外,还更需要重视企业的社会责任。产权理论中,利益相关者的重要表现就是企业的社会责任。企业的社会责任包括经济责任、公共责任和社会反应三个方面,而文化作为上层建筑其社会责任更为明显。企业在社会中担当着一个类似道德机构的角色,其行为最终体现为对某种社会认同价值的遵循或者强化。从某种程度上说,文化企业主要生

---

① 雷甫.平遥:以产品创新为突破口加快文化产业发展[N].晋中日报,2013-06-18.
② 段菁菁.千万"巨制"动漫烂片:《戚继光英雄传》遭网友集体炮轰[EB/OL].新华网,2012-06-06.

产的是精神产品。因此,一定要增强文化企业的社会责任感,坚守文化企业的道德底线和行为准则,并把这种责任感转化为自觉的行为和内在的动力,形成有自身特点的企业文化,使我们生产的每一个产品和提供的每一项服务都是健康有益的,从而充分发挥骨干文化企业在引领先进文化方向上的表率作用。

文化企业要响应党的号召,顺应大众的呼声。坚持以人为本,以实现人的全面发展为目标,不断满足人民群众日益增长的物质文化、精神文化的需要;弘扬民族精神和时代精神,贴近实际、贴近生活、贴近群众,努力为构建和谐企业、构建和谐社会贡献自己的力量。

（五）优化整合观念

在科学技术日新月异的时代,要求文化企业具有能反映当代发达的文化商品生产和文化商品交换要求的经营思想。企业不但要生产社会所需的文化产品,还要通过运用现代化组织管理技术提高产品的质量;科学技术的发展和交通的发达,使得文化企业经济技术系统越来越密切,诸多资源通过网络平台进行开放式的系统整合,使分工与交易活动复杂化,使产业价值由在不同部门之间的分割转变为在不同产业链节点上的分割。一些中小城市在发展文化旅游休闲产业时,常有一些企业的负责人这样认为:规划不够前,名气不够大,招牌不够亮,特色不够显。这些现状的确在一定程度上阻碍了当地文化产业乃至整个旅游业的合理化和多元化发展。于是出现了依托当地丰富的自然生态和人文景观资源优势,编制规划,有目的的选择文化的旅游产品推广点和服务延伸点,适时搞旅游节庆系列、特色餐饮系列等集中推广活动,完善网络推介平台和对外宣传平台的建设工作,用影音文图等多媒体形式展示出来,并加强与其他地区4A级以上旅游景区网站的链接,同时,不断提高文化旅游的硬件设施建设。这些都是深入优化整合旅游资源,推进文化产业又好又快发展的有力举措。

我们可以这样认为,文化企业为社会提供了一个开放的沟通平台,其创新效应保证了文化企业技术创新的方向性与持续性,也保证了文化企业对文化市场的需求变化做出快速的反应。企业要通过调整,优化相关企业关系使其协同行动,提高整个产业链的运作效能,有利于企业成本的降低,创新氛围的形成,打造品牌优势,最终提升企业竞争优势。

（六）全球化观念

我国的文化企业应努力实现经营国际化,使企业的业务、产品符合国际标准,通过从"走出去"到"走进去"战略思想的转变,使产品逐步走向国际市场,获得国际市场的广泛认同,并在更大的范围内利用国外的资源、资金、技术、信息、人才来发展自身。

以我国的纪录片产品出口为例,从1980年中国与日本联合拍摄纪录片《丝绸之路》开始,央视迈出了纪录片国际合作的第一步。从20世纪80年代的《话说长江》《望长城》,一直到近年来的《故宫》《大国崛起》《公司的力量》《华尔街》等,有影响力的中国纪录片越来越凸显国际化色彩。进入21世纪,纪录片和电视剧、动画片一起成为中国主要出口节目类型。央视制作的许多纪录片,在中国的港澳台地区和日本、新加坡、泰国、俄罗斯及澳大利亚等50多个国家和地区有着良好的销售发行传统。但是,中国影视文化产品在国际市场上的比例和中国在全球贸易市场中的地位有着极大差距,中国纪录片在国际市场仍有极大的市场开拓潜力,纪录片这一文化产品已初步实现了实现内容资源的国际化、传播方式的国际化、人才资源的国际化。2012年,在中国大热的纪录片《舌尖上的中国》发行到东南亚、欧美27个国家和地区,单片首轮海外销售即达到35万美元,创造了近年来中国纪录片海外发行的最好成绩。据统计,2012年中国广播电影电视节目交易中心的海外销售总额中,纪录片的比重达到17%,创历史最佳。但文化的差异、技术标准等差别仍是中西影视文化交流中难以回避的问题。①

当代国际文化竞争和文化传播的主要途径是在政府的支持下依靠文化企业来实现,文化企业可以通过参与国际文化市场的竞争输出和引进文化产品。当前,我国文化企业在良好的发展机遇中,面临风险和挑战,着重培育具有中国特色的文化品牌和文化企业,积极通过国际运营渠道,投资、收购、兼并国外企业,关注全球市场,注重品质提升,以符合国际市场规律的方式在异国生根。

除此之外,文化企业还应确立全局观念、人才观念、应变观念、安全观念等。

企业无论是否认识到,还是自觉不自觉,客观上都存在着自己独有的经营观念。正确的经营观念能使人们以正确的思维方式认识和对待经营过程中发生的一切变化和关系。诸如:稳定与变化、兴旺与衰退、风险与机会、强者与弱者、成功与失败、进攻与撤退、长远利益与短期利益、整体利益与个体利益等,都是一种在对立统一关系中矛盾相互转化的关系。风险中潜藏着机会,机会孕育着风险,久盛防衰,弱生于强,退一步可进两步。有了这样的经营哲学,可以使经营者保持清醒的头脑,处于顺境而不迷,处于逆境而不惑。

四、现代文化企业制度

(一)建立现代文化企业制度的客观原因

市场经济条件下,企业是市场主体的一种标准组织形式。市场经济下的文化

---

① 马海燕.中国纪录片2012年国际出口2200万美元[EB/OL].中国新闻网,2012-12-27.

企业必须具备以下条件:其一是企业必须是真正独立的法人。要成为真正的市场主体,企业必须具备真正的独立法人资格,具备独立的人格,独立的财产权及独立的责任。企业法人能完全占有和支配出资和负债形成的全部法人财产,且企业能以自己的全部财产,而不是部分财产对企业的债务承担责任。其二是企业应该是资本企业。要建立符合市场经济要求的企业,需要正确认识资本的作用。资本和负债共同作为资金来源形成企业全部资产供企业经营和运作,资本决定了企业的存在和存续,决定了企业的经营目标,是企业承担运营风险、承担债务的财产基础。文化企业同样如此。只有具备以上条件的文化企业才能成为合格的文化市场主体。

公司制是现代企业制度最主要的组织形式。公司制又可分为有限责任制度和股份有限制度。从原来的国有或非国有公司,以及《公司法》正式实施前设立的公司等,转变成按照《公司法》规定设立有限责任公司、股份有限公司的过程称为企业股份制改造。现代企业制度的公司制改造其实质是对企业进行股份制改造。[①]

随着文化体制改革的推进,一大批文化产业集团和由文化事业单位分离经营性文化资产而组建成的文化企业涌现出来。然而,无论是文化产业集团还是经营性文化企业都因其并不明确的性质定位(部分文化产业集团仍是事业性集团),并不具备完整的法人财产权,不具备资本的运作能力,从而无法成为独立的市场主体。以新闻出版领域为例,由中央确定改革试点的8家报纸所进行的改制,都限于经营领域即媒体的经营性业务。改制主体本身没有出版权和媒体所有权,仅是委托经营主体。出版权和媒体所有权由报纸的主管单位拥有。《关于进一步规范新闻出版单位出版合作和融资行为的通知》重申:只有经国家批准并获得出版许可证的新闻出版单位才拥有合法出版权,其他任何单位和个人都不得从事出版物的出版业务;出版权是国家赋予新闻出版单位的专有权利,新闻出版企业在合作或融资活动中不得出让或变相转移,不得为小团体、个人牟利而出售或变相出售;新闻出版企业不得以合作等名义让出资方、合作方或个人承包或变相承包本单位的编辑部门。而这种法人财产权的不完整则直接影响到文化企业在资本市场上的融资等资本运作。[②]

(二)现代文化企业制度的特征

现代文化企业制度是能够适应市场经济体制要求的文化企业的产权制度、文化企业组织制度、文化管理制度、文化企业法律制度以及处理这一系列制度和在这种制度下企业与各方面关系的行为规范、行为方式、行为准则的统称。公司制是其

---

① 巩玉丽,夏青云.国有文化企业现代企业制度的公司制改造[J].怀化学院学报,2008,27(2).
② 谭小雨.现行传媒转制上市的若干问题[J].传媒,2004(9).

最主要的组织形式。其特征具体表现为:产权关系明晰,出资者享有企业的产权,企业拥有企业法人财产权;法人权责健全,使企业法人有权有责,出资者的财产一旦投资于企业,就成为企业法人财产,企业法人财产权也随之确立,这部分法人财产归企业运用,企业以其全部法人财产,依法自主经营,自负盈亏,照章纳税,但同时企业要对出资者负责,承担资产保值增值的责任,形成法人权责的统一。

现代文化企业是有限责任的企业。出资者以其投资比例参与企业利益的分配,并以其投资比例对企业积累所形成的新增资产拥有所有权。当企业亏损以至破产时,出资者最多以其全部投入的资产额来承担责任,即只负有限责任。

现代文化企业是政企职责分开的企业。政府和企业的关系体现为法律关系。政府依法管理企业,企业依法经营,不受政府部门直接干预。政府调控企业主要用财政金融手段或法律手段,而不用行政干预。

现代文化企业是一种组织管理科学的企业。科学的组织管理体制由两部分构成:科学的组织制度。现代企业应有一套科学、完整的组织机构,它通过规范的组织制度,使企业的权力机构、监督机构、决策和执行机构之间职责明确,并形成制约关系,按照现代企业制度建立的现代企业,是符合市场经济要求的企业,同时也是具有市场主体资格的企业。①

第二节 文化企业经营系统的运行

一、文化企业经营系统的基本模型

企业系统是相互联系、相互作用的各部分组成的具有特定功能的有机整体。企业既是一个整体、开放的系统,同时还是一个投入—产出的系统。文化企业把各种环境因素所提供的文化资源和其他供给进行科学合理的配置,经过调整、配合、组织,进行有效的生产经营运转的投入产出系统,即实现由投入、转换、产出和反馈四个环节有机结合并循环运转。如图 3.1 所示。文化产业产生的外部经济效应尤为明显,由于文化产业是以创意为核心的产业形态,其文化产品和文化服务有着自身独特的性质,因此更加加大了知识外溢的力度和深度。

投入,是企业把外部环境所提供的资源进行组织与配合,送入转换过程,我们称之为供给系统。长期以来,由于中国文化部门作为宣传事业单位的定性,文化产

---

① 黄速建.现代企业管理:变革的观点[M].北京:经济管理出版社,2005:2.

品(服务)一直由国家供给,文化资源由政府进行配置,随着国家相关文化产业规制的放松,跨行业跨地区的企业竞争、兼并与联合的加剧,高新技术的大量应用,使文化企业组织本身发生着深刻的变化。①

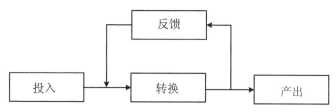

图 3.1　文化企业经营系统的基本模型

转换,指企业的生产过程,我们称之为生产系统。如艺术创作者通过艺术创作,创造出艺术作品,通过配套的生产主体进行加工或施行批量化生产,将艺术作品转变为艺术产品。

产出,指广义的经营成果,包括产品、服务、盈利等的输出,并分配给环境主体,我们称之为分配系统。如文化企业可以通过观察消费者在文化市场中的消费行为,总结出该类特定文化消费者的消费需要、消费方式、消费习惯等,对所经营的文化商品进行相对应的调整,以便多方位、全面满足文化消费需求,提高自身所获得的经济效益并进行系统分配,以利于企业再生产、调动员工积极性,从而获得持续发展。

反馈,是提高从投入到产出的效率而采取的全部措施的总和,我们称之为管理系统。反馈是根据计划的要求,控制实际脱离计划的差距,查明原因,制定出改进的措施。它包含了执行前期、执行中期、执行后期的反馈。如在会展企业开展的会展项目中,质量管理就主要考察项目能否按照设计者规定的要求完成,以及该会展项目的所有功能、设施、活动能否按照原有计划及目标实施和顺畅与否,为项目的控制和评估奠定基础。

二、企业经营系统的构成

从整体上对企业进行分析,是为了进一步认识企业经营体系的时间结构、空间结构和整体结构。

(一)经营过程的时间结构

按时间分解,经营由许多具体过程组成,每个过程都有一定的职能。现以企业的经济生产过程为例进行说明。如图 3.2 所示。

---

① 左惠.文化产品供给论[M].北京:经济科学出版社,2009:57.

设计、生产过程是按时间顺序进行的,而且是周而复始不断循环的。各阶段的职能分别是:资金投入阶段表现为资金的筹措、运用和分配等;资源转换为劳动资料的职能表现为原材料采购供应、机器设备、验收、发放和安装等;资源转换为劳动力的职能表现为人力资源管理,包括人员的录用、选拔和岗位配备等;设计生产阶段的职能是设计方案产生、生产技术准备、加工制造、质量检验等;销售推广阶段的职能是产品或服务的营销,包括产品售前、售中售后服务,促销和市场推广等。

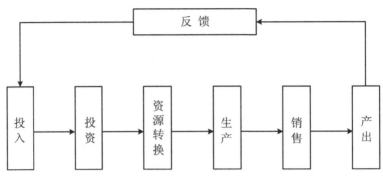

图 3.2　企业生产经营过程示意图

上述职能都有顺序的要求,因此,过程的计划、编制和运转节点的选择,应由时间来决定。过程结构的区分,不仅推动了职能的细分,而且有助于促进各种辅助职能的管理。整个过程的状况应是生产的节奏性和连续性的统一。

(二) 经营过程的空间结构

为了实现经营目的,在企业经营管理中有两方面的职能表现:一是管理职能:为使企业有效的运转,提高劳动效率。二是经营职能:为了适应环境的变化,要创新。企业规模的扩大往往分为三个层次,即:经营职能主要在于创新;管理职能主要在于效率;作业职能主要在于执行。如图 3.3 所示。

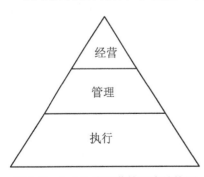

图 3.3　企业生产经营的层次结构图

(三) 整体结构

如前所述,企业是投入—产出的循环运动过程,现对这个过程的整体结构进行分析:

(1) 在文化企业生产经营运动中,企业所处的外部环境提供的各种文化资源配置必须在数量、质量、时间上形成一个集合,并且转入转换过程。这种科学的配合,有组织的集合,可作为企业的贡献系统,其主要内容有：来自市场方面的、来自金融机构的、协作单位的、社会的，以及国家或地方行政机关的等。

（2）文化企业生产经营过程产生的成果是相互影响，相互制约的。主要表现为：有的相辅相成，有的此长彼消，构成了企业的分配系统。其主要内容有：有形的经济产物，如：产品、盈利等；有形的非经济产物，如：废品；无形的经济产物，如专利技术、外观专利等；无形的非经济产物，如：人与人的关系、人的主观能动性等。产出的分配有两种形式：一是人为分配，是指产品、盈利等经营成果，经济产物是人为分配的核心；二是自然分配，如人与人的关系、企业信誉等，非经济产物的分配是自然分配的核心。经营者要注意两者的互相影响，随时调整两者的关系，以保证经济效益的最优化。

（3）投入是产出的原因，由于产出的分配决定了产品或服务提供者的满足程度，从而可以想象下一个循环过程环境主体的贡献内容，这里产出的分配又作为一宗贡献的诱因而存在，是互为因果的。因此，经营者应该掌握贡献与诱因的相互关系。

三、文化企业经营系统的运动

文化企业经营系统的运动是指文化企业内部文化产品创造、文化商品流通、文化消费等各个环节之间的不断过渡和转化，同时也是文化企业与环境之间的相互过渡和转化。文化创造与文化消费的产生是文化企业经营的前提条件，文化流通将文化产品转换为文化商品，在文化市场中流通，实现文化产品的使用价值，满足文化消费需求。文化企业的竞争优势来源于企业在设计、生产、营销等过程及辅助过程中所进行的许多相互分离的价值活动。文化企业通过比竞争对手更廉价或更出色地开展这些重要的战略活动来创造和增强竞争优势，没有这些过渡和转化，就没有企业经济系统的运动。

文化创造是运用一定的创作方式，通过对现实的观察、体验、研究、分析、选择、加工、塑造文化形象、研发文化产品的创造性劳动。文化企业创造的目的是为社会提供文化产品和利益。文化创作是从特定的审美出发，按照美的规律，最终构成内容美与形式美的产品。

文化流通是指在不同时间、不同空间，以货币为媒介的文化商品交换和流动过程。它是以文化商品为流通客体，以文化商品交换为核心内容，以文化市场为载体的文化经济运动过程，它连通了文化创作与文化消费，满足了文化市场的供与求。

文化消费是人类特有的以满足精神审美需要为目的，以文化产品为对象的审美实践活动。对消费主体而言，文化消费是通过欣赏文化产品和参加文化活动，不断强化审美意识，扩大视野，积累丰富经验。用文化的方式掌握世界的能力，不断丰富并构建内心世界,使情感得以升华,从中吸取巨大的精神力量,实现文化产品的使用价值,丰富人的素质结构,优化生活质量,促进人的全面发展。

总之,研发、生产、销售、消费、再生产构成了文化企业经营系统往复不断的运动,不断地进行物质和信息的交换,将"投入"转化为"产出"的转化器。不论企业的产出的是实物(如书籍、电子产品)还是服务,都必须有一个投入转化为产出的构成。在这样一个过程中,还必须有一个反馈回路以便对投入量进行调整。企业系统这样一种新陈代谢的构成,也就是企业的生产经营运动过程。因此,了解文化企业经营系统的运动过程有助于我们认识推动文化企业发展的动力所在,有助于我们了解如何调动相关人员的积极性,有助于我们探究如何实现社会效益与经济效益的统一。

第三节 文化企业经营环境与经营要素

党的十六届四中全会提出了发展文化生产力的理念,强调了人是生产力的主体。培养和发挥人的各方面能力需要,有效整合文化资本、社会资本、人力资本,实现与产业环境的和谐共生,形成文化企业的核心特长,推出风格鲜明、具有自主知识产权和国际竞争力的文化产品和服务。创立什么样的文化企业,不仅取决于企业所有者自身的意愿,更是由企业所处的外部环境和内部的经营要素决定的。通过企业所处的外部环境和企业内部经营要素分析,我们可以了解市场机会与威胁,认清企业自身的优势和劣势。

一、文化企业经营环境分析

文化企业外部经营环境是指影响企业经营活动的各种外部因素的总称,包括市场因素以及对商品市场发生间接影响的其他因素。通过环境分析,企业创办者能够明确企业可以经营什么以及应当经营什么。

影响企业经营环境的因素是多方面的。按影响因素的性质不同,可分为直接环境因素和间接环境因素两类。如图3.4所示。

(一)直接环境因素

企业的直接环境又称为企业的微观环境变量,是指企业经营活动参与者的总称。企业经营的主要参与者是指供应商、中间商、顾客、竞争对手、社会公众。下面以这几类参与者进行分析:

1. 供应商

指原材料和商品的供应者,有时我们也称之为生产者。以广告加工制作工厂为例,包括写真、喷绘、雕刻机等设备供应商、喷绘布、写真纸、LED 灯供应商等。

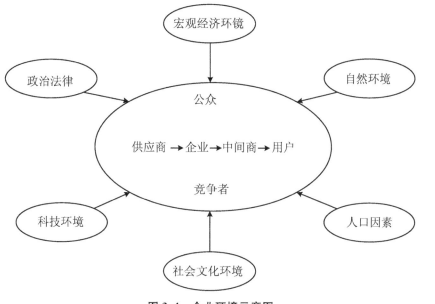

图 3.4　企业环境示意图

2. 中间者

指在分销渠道里的各环节中,提供中介、经纪服务的机构,包括经销商、代理商和经纪人等,有时我们也称之为经销商。他们创造时间、地点及所有权效用,购买各种文化产品或服务来转售给终端客户(顾客)。中间者为其服务的客户扮演交易代理人的角色。在跨国公司和全球经济迅速发展的时代,如果没有中间者,文化产品由研发、生产企业直接销售给终端消费者,工作将非常繁杂,而且工作量特别大。对消费者来说,没有中间者也要使购买的时间成本等增加。同时也不符合社会分工的精细化。例如,以电影、电视剧制作企业为例,包括经纪人公司、发行单位、网络机构等,从制片厂、经纪人公司、发行单位、电影院、电视台,到观众。这里的"制片厂"是生产商,"经纪人公司、发行单位"是中间者,"电影院、电视台"是经销商,"观众"是客户。

3. 用户

用户是指某一种技术、产品、有偿服务的使用者,既可以指个人也可以指某个组织或机构。如我们登陆某家网络内容供应商 ICP(互联网企业)推出的网站时,系统会需要你输入用户名和密码,那么你也就成为了这家企业或这项信息服务的用户对象。同时,用户具有相对性,对写真、喷绘机等设备供应商而言,广告加工制作工厂是用户;对广告加工制作工厂而言,广告代理、广告策划公司是用户;对广告策划、广告代理公司而言,广告主是用户。不论对象多么复杂和多变,归根结底,真正的用户是最终消费者。

值得强调的是,用户可以是个人,也可以是单位。政府机构和非营利组织也是用户,我们称之为社会集团购买力。例如,2013年7月31日国务院总理李克强同志主持召开国务院常务会议,研究推进政府向社会力量购买公共服务。会议明确指出了创新方式、加快文化等服务业发展、提供更好的公共服务,惠及人民群众、引导有效需求,深化社会领域改革,将适合市场化方式提供的公共服务事项,交由具备条件、信誉良好的社会组织、机构和企业等承担。这为文化企业参与政府招标采购市场和文化企业的良性发展起到了良好的政策推动作用。

4. 竞争者

它是指生产或经营同类产品(服务)的企业,或指那些与本企业提供的产品或服务相似,并且所服务的目标顾客也相似的其他企业。对竞争者进行分析的目的是为了准确判断竞争对手的定位和方向,在此基础上预测双方或多方的竞争状态,估计竞争对手的优势和劣势,以便准确评价竞争对手对自身经营行为的反应可能性。对竞争状况的分析常从以下几个方面进行:

(1) 行业中竞争对手的数量及规模分析。包括地区以及全国范围内等,必要时需对国际市场的竞争对手进行分析。

(2) 竞争者的地位分析。包括市场领导者、挑战者、追随者、拾遗补缺者,主要指标是看市场占有率。

(3) 竞争的手段分析。竞争的主要手段有"成本领先""别具一格"。成本领先是价格竞争,通过规模生产,降低产品的生产价格取得竞争优势。别具一格是非价格竞争,包括产品、渠道和促销等方面的竞争。

(4) 替代品、潜在进入文化行业者的竞争分析。替代品指能带给消费者近似的满足度的几种商品间具有能够相互替代的性质。替代品的竞争威胁主要指三个方面:一是替代品在价格上具有相对或绝对的竞争力;二是用户转向替代品的认知程度和可能性;三是替代品的质量和性能带给用户带来的满意程度。替代品对企业不仅有威胁,也可能带来机会。如果文化企业的技术创新能力持续增强,在市场中率先推出性价比较高的新产品,就可以在竞争中保持领先优势。同时,当一个行业增长力非常高的时候,行业的吸引力很高,就会有很多企业或投资者想进入到里面,这就是潜在的进入者。对于该行业中现有的企业而言,就构成了潜在的进入者竞争威胁。如近年来的游戏市场繁荣,吸引了大量的投资者与企业的进入。

竞争者的变化会不断产生新的威胁,产生新的机会。通过对竞争者调查,了解竞争对手优势,取长补短,扬长避短,与竞争者在目标市场选择、产品档次、价格、服务策略上有所差别,与竞争对手形成良好的互补经营结构。竞争环境调查,认识本企业的市场地位,制定扬长避短的有效策略,取得较高的市场占有率。总之,企业不是以单独的个体而存在这个市场上,良性的竞争环境可以刺激企业的竞争力。①

5. 公众

它是指对企业利益和行为产生实际或潜在利益关系影响的群体或个人。公众的意愿和公众的反映,对企业的生产经营活动将带来直接或间接的影响。公众主要包括:

(1) 融资公众。主要是指银行和保险公司及证券公司等金融机构。

(2) 媒体公众。主要指广播、电视、报纸、杂志等新闻媒体单位及工作人员。媒体公众是具有双重性格,它既是文化企业赖以实现经营目标的重要媒介,又是文化企业必须尽量争取的重要公众,新闻媒体传递信息迅速、影响力大,可以影响社会舆论,对企业的经营环境的变化具有不容忽视的作用。

(3) 政府公众。主要指工商、税务等部门。任何企业都必须接受政府的管理和制约,这是所有传播沟通对象中最具权威性的。

(4) 公民团体。主要指消费者协会、慈善团体、非政府组织、社区组织、专业协会、工会等。

(二) 间接环境因素

间接环境因素又称为企业的宏观环境变量,是指对企业的经营带来间接影响的环境因素的总称。间接环境变量主要包括:

1. 人口因素

主要指人口数量、质量、构成、发展、分布等各种因素的一个综合体。如人口的数量及增减趋势;人口的结构,包括年龄结构和城乡居民结构;家庭的数量及规模等。人口因素是社会经济、生活的必要条件,对企业的经营起到了影响和制约作用。

2. 宏观经济因素

主要指国家或地方经济的发展阶段和发展水平、经济制度与市场体系结构、居民收入水平、政府财政预算、贸易与国际收支状况等。如经济体制改革,税率、利率和汇率调整,国家产业政策,价格政策调整等。

3. 自然地理环境

指企业所处的地理位置及其自然资源状况,根据其受人类社会的冲击和干扰的程度不同,又可分为天然环境(原生态环境)和人为环境。如大气、水、植物、动

---

① 陈冰洁,李敏,吴敏. 从价值链角度分析文化企业竞争力[J]. 市场周刊,2012(1).

物、土壤、气候、温度、湿度等,这一因素对文化旅游企业来说至关重要。

4. 科技环境

指当前的科技发展状况,是对企业的经营与管理有着极为重要影响的因素。如新技术、新材料、新产品的开发、推广和应用状况,工艺革新和先进程度等。

5. 政治法律环境

指企业所处于某个国家或地区的政治制度、方针政策、法律法规等方面关系的总称。如《公司法》《税收法》《知识产权保护法》等,这些环境常常制约和影响着企业的经营与发展。在这里值得强调,企业很难去预测政治环境的变化趋势,因而政治法律环境会影响企业的长期投资行为。

回顾这几年,全国各地,无论是西瓜节、草莓节等旅游节,还是经洽会、秋交会等交易会,总要举办一台晚会才算圆满。所谓"文化搭台,经贸唱戏"。党的十八大成功召开之后,晚会业务大幅缩水,让我们看到了中央倡导节俭之风后的现实效应的同时,也让我们看到文化企业面对的政策影响。主要为各类晚会提供舞台灯光艺术布置的文化公司,前几年单子做不完,这次却一再感慨"生意越来越不好做了",有的企业甚至考虑公司是否需要转型。①

6. 社会文化环境

指企业所面对的社会结构、消费习惯、伦理道德规范、审美观念、行为规范、生活方式、文化传统、人口规模与教育状况等文化水平和价值观的总称。在企业面临的诸多环境中,社会文化环境是较为特殊的。例如,由于不同地域民风习俗、礼仪交往等方面的差异,往往影响到广告投放的内容与形式等等。

二、文化企业经营要素分析

通过上述对企业的外部环境分析,我们可以明确企业的发展机会。而要做到扬长避短,发挥自身优势,就必须分析企业具体的经营要素。文化企业经营要素主要包括以下几方面:

(一)文化生产要素条件

文化生产要素条件包括:文化资源、人力资源、资本资源等。

文化资源是从事文化生产所必需的前提,其特征充分显示在精神层面。广义上的文化资源泛指人们从事一切与文化活动有关的生产和生活内容的总称,狭义上的文化资源是指能够产生直接和间接经济利益的精神文化内容,文化资源的丰富程度和质量高低会对文化企业的经营产生多重作用。

---

① 徐宁.演出市场刮起节俭风,某灯光公司利润缩水 900 万[N].新华日报,2013-03-27.

人力资源是企业的成功之本，只有拥有一支素质较高且相对稳定的员工队伍，企业才能稳健快速发展。企业员工饱满的精神状态，过硬的业务技能，是文化企业经营成功的基础。文化企业对有形资源的依赖有限，对人才的依赖程度较大，文化企业之间的竞争最终是人才的竞争。

资本资源是企业现有资本状况及其筹措资金的能力。按照我国公司法（2006年版）规定，创办文化传播公司注册资金最低为3万元人民币。一人注册文化传播公司，最低注册资本为10万元人民币。文化传播公司经营产品销售，需开增值税发票时，必须申请一般纳税人资格，则最低注册资本要求为50万元人民币，如果企业自身无土地或不动产，只有购买土地使用权或者租用必要的经营场地，这就必须考虑到租金的支付能力等。同时制作设备的优劣，会影响到完成工作的质量。

（二）文化产业的微观基础

文化产业的微观基础是由文化产业中的相关主体构成，包括文化生产环节和文化消费环节。确切地说，就是相关的文化生产与服务企业以及市场中的全体消费者。如果将文化生产要素比作树根的话，那么文化产业的微观基础就是树叶，根基扎实，叶茂才繁盛，文化生产要素为文化产业的微观基础提供了必要的养分，文化生产环节通过构思创造并传达到相应物质载体上，使之审美化、情感化、商品化，让文化产品生产与价值形成有机统一的过程；文化消费是文化运营的最终环节，文化消费是文化生产的动因，文化消费为文化企业带来经济效益，文化消费不仅刺激消费而且引领消费，只有不断的消费，文化企业才有利益可言，获得足够的经济保障，推动企业、社会共同进步和发展。

（三）相关支撑产业条件

相关支撑产业条件是指该产业集群的前项联系产业和后项联系产业的发展状况。全球经济发展重心正在向东南亚转移，它为我国的文化企业提供强大动力的同时，也对我国的文化产业发展提出了新的要求，即实现高技术和高附加值。如我国的演艺企业正在走向成熟，经营模式由粗放型向集约型转变，这在一定程度上就催生了经纪公司稳定成熟的商业模式拓展；LED显示屏凭借其亮度高、工作电压低、功耗小、大型化、寿命长、耐冲击和性能稳定等特点使户外传媒企业的传播载体和广告信息传播形式发生了革命性的变化，随着技术的日趋成熟、成本降低和工艺突破，使得户外广告企业间的价格竞争日趋激烈；电信运营商的IT业务支撑系统经历了"以网络为中心"到"以客户为中心"的变化，随着新的市场竞争格局和移动互联网商业运营模式的到来，IT支撑的范畴已经扩大为eTOM的三大管理域，实现了一种新的开放式数字生态系统。

(四) 制度条件

从制度环境的角度来看,文化企业的建立和发展,与当地产业政策及其连续性有重要关系。在文化产业集群化发展过程中,政府有着不可或缺的作用,具体表现在制定吸引投资的一系列优惠措施、提供良好的基础设施、优质高效的公共服务、建立公平严肃的法律环境等方面。特别是建立完善的知识产权保护体系,对文化企业的发展尤为重要。管理水平的高低是企业经营成败的关键,涉及健全的管理制度、科学的管理方法、合理的组织结构等方面。如国家和地方都制定了与文化相关的市场准入制度、市场管理制度等,规定经营者、消费者的权利与义务,细化文化娱乐和文化艺术管理,从而加强文化市场管理,繁荣文化事业,活跃群众文化生活。

第四节 文化企业经营目标与经营计划

一、文化企业经营目标

(一) 文化企业经营目标的概念与作用

经营目标是指在一定时期内,文化企业在分析企业外部环境和企业内部环境的基础上,对企业的生产经营活动所要达到的预期目的,也就是企业期望达到的某种理想。它是企业生产经营活动目的性的反映与体现,一般用时间、数量、数字或项目来表示,将企业的目标和任务转化为目标,能够指明企业在一定时期内的经营方向和奋斗目标,使企业全部生产经营活动重点突出,并成为评价经营成果的一个标准,这就需要文化企业经营决策者在制定经营目标的过程中须严格遵循整体性和客观性的原则。

文化企业经营目标既有经济目标又有非经济目标,既有主要目标,又有从属目标。它们之间相互联系,形成一个完整的目标体系。如客户的忠诚度与满意度、行业领导地位、持续增长率、团队执行力的提升和社会责任。

经营目标对文化企业有着极其重要的作用:

(1) 指导企业资源的合理配置,实现各环节和节点的价值增值。有了明确而清晰的目标和方向,企业才能做到优化整合,合理利用各种资源,降低各种不必要的消耗,提高各项效率和整体效益。

(2) 目标可以激发、调动职工的积极性与潜在力量,并组织全体员工为完成共同目标而一致努力。

（3）目标可以衡量经营的成效。由于经营目标是具体的，而多数是用数字、数量来表示的，将企业经营总体目标逐层转化到基层岗位目标，有利于检查和考核个体绩效，以评估员工各自工作的努力程度和贡献大小。

（4）目标还可以创造企业的良好声誉。

（二）类别与内容

文化企业的经营目标可分为整体目标与个体目标，在企业经营中整体目标是为实现企业目的而制定的，而个体目标是由企业的各个部门及工作场所为满足其各种需要而产生的。

1. 文化企业的整体目标

文化企业的整体目标包括：社会经济目标和业务范围目标。社会经济目标是指社会和国家的要求；业务范围目标是指国内外市场的开拓，相关新产品的开发，多种经营的创办，特殊质量、效率、服务、利润、工作环境、行为规范等水平的提高，或产品的整顿、淘汰等等。

2. 文化企业的个体目标

文化企业的个体目标包括：销售额及销售增长率、利润额、利润率及投资回收率、市场占有率、劳动生产率、资金结构及比率、产品的项目、人力资源的配置与利用、组织结构的变动、工作环境的改善等。如企业根据实际情况和自身发展需求而制定的产品开发目标、人员扩充目标、技术开发与创新目标、深化改革和组织结构调整的目标、市场开发计划与营销网络建设目标、国际化经营的目标。

3. 社会主义文化企业的经营目标

除上述两部分内容，社会主义文化企业的经营目标还应该是多元的，具体包括：

（1）目标贡献。企业对社会的贡献，是通过其创造的使用价值表现的。

（2）发展目标。表示企业经营的良性循环得到社会的广泛承认，具体表现为生产规模扩大，固定资产的增加，流动资金、物耗和成本的降低，经济联合的发展，生产能力、科技水平的进一步提高等。

（3）市场目标。市场目标包括新市场的开发、传统市场的纵向渗透、市场占有率的增长，以及创造条件走向国际市场等。

（4）利益目标。这是企业经营活动的内在动力，直接表现为利润总额。利润率以及奖励与福利基金的多少等。[①]

[①] 尹丽萍,肖霞. 现代企业经营管理[M]. 北京:首都经济贸易大学出版社,2008.

（三）文化企业经营目标体系

企业的整体目标要通过各部门、各环节的生产经营活动去实现。因此，企业各部门、各环节都要围绕整体目标制定出本部门的目标，整合各级、各项目标，形成一个完整的目标体系，由整体目标到中间目标，再由中间目标到具体目标。一个企业的目标体系的建立不仅意味着各项目标的设立，同时也应表明各项之间的内在联系。这种目标体系的具体结构是：

第一层，基本目标。它是经营思想的具体化，包括销量增长率、销售额增长、资金有效利润率、资金总额及构成形式等。

第二层，市场目标。是指企业向社会提供的产品和服务，包括产品结构、新产品的研发、市场占有率等。

第三层，经营结构目标。企业为了实现产品市场战略而相应设置的经营结构，包括设备投资限额、科研投入费用、人员配备目标等。

第四层，生产目标。主要是指生产活动的目标，包括劳动生产率、资金周转率等。[①]

二、文化企业经营计划

（一）文化企业经营计划的概念

我国古代就有"凡事预则立，不预则废"的思想。企业的经营业务内容、关系越是复杂，参与实施计划的行为主体和涉及的环节就越多，需要在实施之前要有强烈计划性。文化企业要围绕市场，努力实现经济效益、社会效益和文化效益的最佳结合，就必须通过科学决策和规划，为实现自身经营目标进行的具体规划、安排和组织实施，做到科学有序，坚持可持续发展。文化企业经营计划是按照经营决策所确定的方向和目标，对企业生产经营活动及其所需各种资源做出的具体统筹安排。它贯穿于企业经营活动的全过程，是企业经营活动的导向和指引。在制订计划时企业要遵从系统性、灵活性、效益性和平衡性的原则。因此，企业经营计划的重要性体现在：成为实际决策过程中的认知基础、一系列有效应变的防御措施、实施统一经营的保障体系、产生行之有效的控制手段。

（二）文化企业经营计划的类型

1. 从时间跨度上，可将计划分为长期计划、中期计划和短期计划

一般把五年以上的计划称为长期计划；二年以上五年之内的计划称为中期计

---

① 伊丽萍，肖霞. 现代企业管理[M]. 北京：首都经济贸易大学出版社，2008.

划;时间跨度在一年及一年以内的计划称为短期计划,也可以称之为年度计划。

长期计划主要是文化企业长期目标和发展方向是什么,怎样达到企业的长远目标。它的任务是选择调整企业的业务领域,确定实现目标的最佳途径和方法。它具有明确的指导性和方向性,同时能够统率企业经营管理工作的全局,扩大和提升企业的各项实力。从这一点看,我们普遍认为这是一种规定组织较长时期的目标及实现目标的战略性规划,关系到企业的发展远景。

中期计划来自长期计划,只是比长期计划更为具体和详细,它以国民经济、社会发展和企业自身的战略目标、步骤为根据,对长期计划的所规定的各项目标和计划,给以一定时间和数量方面的要求,并设计出达到长期计划所要求的有效途径和手段。长期计划以目标为中心,中期计划则以时间为中心,具体说明各年应达到的目标和应开展的工作。因此,它要起协调长期计划和短期计划之间关系的作用。例如,文化企业在制定中期计划时都要涉及:企业经济发展速度和结构比例,市场、融资、人力资源等方面的平衡关系,企业向社会提供的产品或服务的增值能力,企业固定资产投资的规模、方向、效益,大、中型建设项目和配套项目的建设规划,文化资源综合利用率等指标。

短期计划比中期计划更为具体、细致和详尽,更具现实操作性。它主要说明计划期内必须达到的目标以及具体的工作要求,是为实现企业经营的短期目标而制定的具体行动方案,要求能够直接指导各项工作的开展,并能把工作任务分解到企业的每一个成员身上,有效利用组织已经具有的各种能力,取得预期效果。因此,它成为了中期计划与现实中具体经营活动之间的纽带。企业中的年度利润计划、销售计划等都是短期计划的例子。这里需要说明的是,主要在部门、公司和基层企业编制的季度、月度计划或更短时限的计划,也属于短期计划。

2. 从空间构成上,可将计划分为业务计划、财务计划和人事计划等

业务活动是企业生产经营的主要活动,业务计划成为了企业的主要计划,其思路、方法以及其充分性、有效性将对企业的工作方向及效率产生直接的影响。长期业务计划主要涉及业务方面的调整或业务规模的发展。短期业务计划则主要涉及业务活动的具体安排,并要求在规定的时间必须完成或达到。业务计划主要有营销计划、产品开发计划等。这里值得强调一点,业务计划是以企业盈利为终极目的,重点是要通过明确目标期、目标质、目标量和成本,关注企业所获得的利润。

财务计划是指企业如何以货币形式预计计划期内的各项经营收支、资金获得与使用等计划,也可以说是研究如何从资金的提供和利用上促进企业的发展。它是企业经营计划的重要组成部分,其目的是通过确立财务目标,使企业各项经营活动有计划、有保障的协调进行,挖掘企业增值潜力,提高其经济效益。企业常涉及的财务计划有:现金流量计划、资本支出计划、利润计划、资产负债计划。

人事计划也可称为人力资源计划,它是指为保证企业的生存和发展,分析如何为企业经营活动的正常开展提供人力资源的保证。企业为配合其业务的发展,对未来所需人力必须事前妥善规划,制定人力资源计划:例如,文化企业常因新技术、新设备的引进,需要引进新人员;由于企业经营的多元化或国际化的需要,必须对现有人员加以调整或补充,来改变原有人力已不能配合业务的现状;由于项目的变更或设备的自动化生产的需要,企业应加以调整或减员,以达到降低人力资源成本的目的。

3. 从计划内容上,计划可分为综合计划和专业计划

综合计划是综合反映整个企业的经营活动计划,它并不具体制定每一个产品品种、每一个经营项目的数量、时间、人员等具体工作任务,而是根据企业所拥有的经营能力和对发展的需求,预测对企业未来较长一段时间内的投融资、产出内容、产出量、人力资源水平等问题所做的大致性描述。例如,按照产品的特性、所需专业技术人员和专业设备上的相似性等,将产品综合为几大系列,以系列为单位来制定综合计划,影视公司可根据受众对象的不同和产品、服务的不同需求特性划分为企业或组织机构宣传片和个人微电影等几大系列。

专业计划是反映某部门某项经营活动的计划,如原材料采购计划、利润计划、资金占用计划、销售计划、新产品研发计划、设备维修计划等。

(三)文化企业经营计划的编制

一般企业是以中期计划为中心,以年度计划为执行计划,因此,企业编制的大多为年度计划。

1. 文化企业经营计划编制的原则和要求

编制企业经营计划最基本的要求是要在科学、客观认识现实的基础上,通过市场调查和预测,充分考虑企业的优势,认真贯彻国家有关法律政策,发展有特色、有竞争力的产品。

其一是遵循可行性与创造性相结合的原则,企业本身以及内外环境之间都存在着许多客观规律性,虽然企业的经营计划必须以提高经济和社会效益为中心,但是经营计划要对企业生产经营的各个方面产生推动和影响,就必须考虑企业内部各部门、各环节的矛盾或条件,分析企业内外各种数据资料及它们对企业产生的影响。据此进行相关协调,最大限度的发挥创造性,提出可行性方案,使之保持科学、合理的利益关系。

其二是坚持长期计划与短期计划相结合的原则,企业在制订计划时一定要坚持系统性原则,衔接长期、中期计划对年度计划提出的任务,不但考虑到短期计划的可操作性,还要从整个系统的角度出发制订长期计划,要认识到企业的长期计划与短期计划逻辑性。如果不考虑长期计划,只顾短期计划,一旦环境发生变化,企业将会陷入被动局面;如果不考虑短期计划,只顾长期计划,就没有详细、具体的经营计划,经营计划就失去了对实际经营活动的控制作用,肯定会受到惩罚。

其三是坚持稳定性与灵活性相结合的原则,经营计划虽然在科学调研和预测的基础上规定了企业未来的目标和行动,具有相对的稳定性,但未来却充满众多的不确定性,再科学的计划也会难免存在偏差,因此计划的制订就要保持一定的灵活性,即有一定的余地,而不能绝对强调计划的稳定。在计划执行过程中,更要注意不确定因素的出现,及时发现偏差、分析偏差和纠正偏差,对原计划做出必要的调整或修改。

2. 文化企业经营计划的内容

一项完整的计划,通常包括做什么、为什么做、何时做、何地做、谁去做和怎样做几方面的内容,如表3.1所示。

表3.1 经营计划的内容

项目	具体内容
做什么?	即需要什么样的行动。这是要明确所进行的活动及其要求,如:生产计划就要明确生产的品种、数量、进度、费用等,以保证充分利用企业的生产能力,按质、按量、按期完成生产计划,并提供考核依据
为什么做?	即为什么需要这项行动。这是要明确计划的目的和原因,使计划执行者了解、接受和支持这项计划,把"要我做"变为"我要做",以充分发挥下属的积极性、主动性和创造性,实现预期目标
何时做?	即何时行动。这是要规定计划中各项工作的开始和结束时间,以便进行有效的控制,并对组织的资源进行平衡
何地做?	即在何处采取这项行动。这是要规定计划地点或场所,了解计划实施的环境条件及限制因素,以便合理地安排计划实施的空间
谁去做?	即谁应该为这项行动负责。这需要划分各部门的组织单位的任务,规定由哪些部门和人员负责实施计划,包括每一阶段的责任者、协助者,各阶段交接时由谁鉴定、审核等
怎样做?	即如何行动。这需要制定实现计划的措施以及相应的政策、规则,对资源进行合理分配和集中使用,对生产能力进行平衡,对各种派生计划进行综合平衡

资料来源:汪永太.经营理论与实务[M].合肥:中国科学技术大学出版社,2008.

在制定经营计划时,要使用SWOT等战略工具进行分析,确定公司在整个行业中所处的水平,识别公司的劣势和优势,找出差距,抓住机会,进行有效的风险预警管理,提升企业各项能力,持续发展。

以动漫游戏公司为例,文化企业的经营计划具体内容可围绕以下结构体系展开。

(1) 综述方面:项目概况、市场机会、适合的游戏产品战略等。

(2) 市场分析及产品战略:市场概况、目标市场、产品战略等。

(3) 竞争状态分析:现有及潜在的竞争对手、当前及预期的产品竞争状态、市场占有率、市场定位及战略等。

(4) 产品概况:优先及独特的产品需求、技术需求及对策、公用平台使用率及基础模块、独特的内部需求、系统规格摘要等。

(5) 渠道伙伴及产品研发计划:渠道伙伴策略、线上测试、网络运营商分析、研发策略等。

(6) 行销计划:需求生成计划、销售计划、销售收入预测、客户计划。

(7) 客户服务与支持计划:客户服务交付件、增值服务收入预测、线上培训计划、后台支持计划、技术实施计划等。

(8) 项目进度及各项资源需求计划:项目进度概要图、开发进度、开发团队和外包项目团队、人员总体需求、资金总体需求、预算和分配、基于活动的人力成本分析和营销成本分析。

(9) 风险评估及风险管理:项目风险、意外事件处理计划。

(10) 财务概述:项目或产品财务目标、详细的财务分析、财务假设等。

(11) 建议:可能的选择及建议、项目偏差限度。

3. 文化企业经营计划编制步骤

通常情况下,文化企业经营计划的编制步骤要经历以下几个过程:

(1) 调查机会,确定目标。企业在制订计划前进行相关调查,是编制企业经营计划的首要任务,要用客观、科学的探究态度对企业外部环境和企业自生条件进行逐一分析,明确企业发展的优势与劣势,寻找差距与不足,对未来不确定的因素做出理性的判断,也就是我们常说的"未雨绸缪",将各种假设在某种程度上变为可能。需要强调的是,在收集资料进行分析的同时,千万不要忘记认真总结上期计划执行的经验和教训。企业只有在充分调研的基础上,才能实现确定具有可行性的目标,即为整个企业及各个部门确定经营计划的目标。

(2) 统筹安排,明确指标。企业的总目标为其所有的主要计划指明了方向,而这些计划又以反映这些目标的方式规定一些部门的具体目标。主要目标又控制着所属下级的部门的目标,做到逐级分解,落实到"户"。其间,必须保持多级目标之间存在的联系和制约关系的协调、统一,使多重目标之间形成一个有机的整体。

(3) 设计方案,比较优选。目标确定后,就需要探寻实现这些目标的可行性方案,可以采用不同的方法,制定出不同的可供选择的方案。按照所具有的条件和前面设定的预期目标来权衡各方面因素,对供选择的方案进行全面比较和优化整合,确定最佳行动方案,同时可保留一些次选方案作为预备方案,当限制条件突发变化时,以备企业不时之需,减少损失。

（4）综合平衡,确定计划。当企业选定最佳执行方案后,必须通过效用与费用的比较,衡量经营计划的价值,这些计划相互联系,实际上是同时进行的,所以企业必须通过预算的调控,使各个目标之间形成平衡有序的状态,使各项任务的适应和衔接程度最大化,保证各项计划的落实和经营活动有条不紊的开展。

4. 文化企业经营计划的编制方法

企业借助一定的方法,把计划任务、目标和原则转化为指导实际行动的具体指标,在具体的经营业务中得以体现。科学的编制计划的方法是提高计划水平的重要保证。

（1）滚动计划法

简单地说,滚动计划法就是制订计划时采取近细远粗的办法,逐年逐期往前推进,连续编制,并根据执行情况逐年对计划进行修订,使计划既保持严肃性,又有适应性和现实性。这样,有利于保持后期工作的衔接协调,也可以使经营计划能够适应市场的变化,增强对其外部环境的适应能力。其形式如图 3.5 所示。

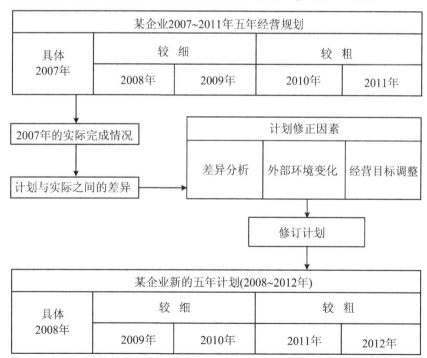

图 3.5　滚动计划法示意图

在编制计划时,一般难以对未来一个时期多种影响计划实现的因素做出准确的预测,因而制定出来的计划往往不能完全符合未来的实际而须进行主动调整。滚动计划法就是一种连续、灵活、有弹性地根据一定时期计划执行情况,通过定期的调整,依次将计划时期顺延,再确定计划的内容的编制方法。滚动计划期可长可短,若是年度计划则按季滚动,若是中、长期计划则按年滚动。采用滚动计划法可以使计划在遇到环境变化时具有相对的灵活性,通过适时、适当的调整,使不利因素降至最低,各个不同周期的计划前后衔接,充分做到企业与市场的无缝衔接。

(2) PDCA 循环法

PDCA 循环法,就是按照计划(Plan)、执行(Do)、检查(Check)和处理(Action)四个阶段的顺序,周而复始地循环进行计划管理的一种工作方法。这种方法的主要内容是:在计划阶段确定企业经营方针、目标,制定经营计划,并把经营计划的目标和措施项目落实到企业各部门、各环节。在执行阶段将制定的各项目具体计划,按各部门、各环节进行组织实施。在检查阶段要根据检查的结果,采取措施,修正偏差,并转入新的一个循环。每一次循环都有新的内容和要求,完成一个循环就应解决一些问题,使计划水平有进一步提高。企业各个层次的计划都实行 PDCA 的循环,可以使计划的编制、执行、控制有机结合起来,提高企业计划实效。其形式如图 3.6 所示。

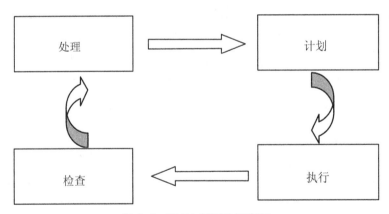

图 3.6 PDCA 循环法示意图

(3) 综合平衡法

综合平衡法是计划工作的基本方法。该方法研究如何正确确定企业生产经营活动中的一些主要比例关系,并使这些关系协调一致。如资源分配关系,包括人、财、物力的分配,保证与计划任务相平衡;投入—产出关系,即生产与投入、消耗与成果、费用与效益的关系;整体与局部关系,指企业整体发展与各部门、各环节平衡协调关系及供给与需求、收入与支出之间的关系等。

企业综合平衡的任务,就是在企业生产经营活动的复杂联系中寻求最优比例,并在此基础上确定最优的发展速度、最优的经济效果,把比例、速度、效果三者统一起来。这需要综合考虑影响企业生产经营活动的各项因素,通过反复测算制定科学计划,对企业经营活动进行指导、监督、控制和协调,从而实现企业综合平衡的要求,取得最佳经济效益。①

5. 文化企业经营计划的执行和控制

经营计划的执行,最重要的有两项工作,一是将经营总目标层层分解、落实下去,做到层层有对策、计划,对与执行计划有关的部门、岗位提出具体要求,并形成相互联系,具有主次和隶属关系的目标责任体系;二是对计划执行进行修订和调整实行常态化。

要保证计划的实施,必须在计划执行过程中加强控制,也就是按预定的目标、标准来控制和检查计划的执行情况,及时发现偏差,分析偏差和纠正偏差,迅速予以正确解决。控制包括事前控制和事后控制。

为此,首先要制定各种科学的标准,如企业经营计划的指标、各种技术经济定额、技术要求等;其次要健全企业信息反馈系统来测定经营计划的执行结果。现代文化企业应加强信息管理,可以通过将统计报表和原始记录等资料录入信息系统,将测定的执行结果与预期目标进行自动比较、分析,发现问题。同时,可增设相应的预警系统,看执行结果是否与预期目标发生偏差,一旦发现执行结果与预期目标发生偏差,该系统将警示执行者。若经营计划的执行结果始终脱离预期目标,则可更具实际情况修正预期目标。

资料链接 3

全媒体时代悄然开启

近年来,飞速发展的三网融合催动着传统电视广播技术上的调整,更带来传播理念的更新。人们对广电节目的接受渠道更多、接触时间更长、接受速度更快。

2010年1月13日,时任国务院总理温家宝同志主持召开国务院常务会议,会议决定加快推进电信网、广播电视网和互联网三网融合。同年6月底,三网融合12个试点城市名单和试点方案正式公布。由此,我国三网融合进入实质性推进。2014年4月24日,中宣部新闻局副局长葛玮在题为《舆论引导与新媒体》的讲座上提到:我国媒体的规模、结构、影响力迅速扩大,网络、手机等新兴媒体异军突起,博

---

① 尹丽萍,肖霞.现代企业经营管理[M].北京:首都经济贸易大学出版社,2008.

客、微博等自媒体使个体对社会舆论的影响更加深远,应当树立信息化条件下的新型传播理论。"

这有力的说明,我国政府重视并强调发展新媒体。作为传统的广电传媒企业,敏锐地认识到这种趋势,将重心有意识地从传统业务领域向新媒体扩展,是顺应我国文化发展的需要。

从互联网用户的使用习惯来看,多数倾向于选择1至2个熟悉度高的视频网站观看各类节目。相关数据统计表明,视频网站转播某个节目的用户流量之和,远远大于官网流量。于是产生了一个不争的事实:视频网站和互联网电视在分流了部分电视受众后,正逐渐侵蚀电视媒体原有的渠道,甚至会取代原有电视媒体通过有线网络传输的渠道。

2013年底,湖南卫视携旗下的视频网站——芒果TV实施"芒果独播战略",称《花儿与少年》《唱战记》和《变形记》等几档新节目已不再对外销售互联网版权,只在视频网站芒果TV独播。与之同时,安徽卫视亦宣布,旗下节目《我为歌狂2》版权归安徽广播电视台所有,各网站不得擅自播出。

视频网站对电视节目的依赖性很强,需要海量内容来填充,电视台版权不再出售,会给视频网站带来巨大冲击。但仅有湖南卫视和安徽卫视的几档节目停止供应,对视频网站还构不成太大威胁。但不将这些节目版权出售,卫视方会损失相当可观的收益,靠自己的视频网站弥补,短期内几乎是不可能的。如果各家卫视齐齐不再向视频网站出售节目版权,显而易见会对视频网站造成打击。可以预期,几大一线广电集团将凭借自己的独家节目,分流受众,与视频网站巨头们一较高下。

对于整个行业来说,湖南卫视和安徽卫视已经率先"站出",打破了长久以来视频网站和各大卫视传统的"我制作、你传播"的格局。这也传递出来了一个信号,即广电传媒企业开始重新审视线上平台的价值,积极实现转型,抢占线上平台受众,寻求新媒体的发展。

在三网融合的信息发展背景下,广电传媒企业未来的经营将更加多元,从原来的守好电视机终端,变为抢占线上平台受众资源,说明全媒体时代已经悄然开启。

三网融合的技术发展,政府的引导方向都可视为广电传媒企业转型的外部因素,更为重要的是内因——强大的资金支撑提供了保障。

2013年,湖南广播电视台实现创收183.4亿元;江苏广电总台经济总量达123亿元,同比增长11.8%;浙江广电集团总营收约102亿元;北京广电和上海广电收入也都超过100亿元。五家一线广电集团齐齐进入百亿军团,大家都"不差钱"。这带来了底气。光是《花儿与少年》一档节目,就曾经有多家视频网站开出过超千万元的版权价格。2015年保守估计,版权上的销售损失将会超过4亿元。可以预计,安徽卫视不出售《我为歌狂2》版权,也损失了一笔可观版权收益。

同时，受到互联网冲击的广电传媒企业通过跨界经营寻找新的盈利点，传统广电业务逐渐不再是其唯一的重心。发展多元产业，进而发展成为综合传媒集团这已然是大势所趋。广电传媒企业的"跨界经营"不止于发展自家线上平台，也尝试向游戏、电影等产业渗透。湖南卫视就趁《爸爸去哪儿》真人秀节目大热之势，推出了《爸爸去哪儿》大电影，票房超7亿元，位列华语影坛第八位。江苏卫视《一站到底》播出后收视率节节攀升，江苏卫视随即推出《一站到底》线上游戏，一度冲上下载热门榜单前十位。

各家跨界之举不一而足。虽然目前来说这类跨界经营是锦上添花之举，但其未来发展价值大于短期收益。当下文化产业突出特点和独特价值之一就是由一点向周边衍生产业链，这会日益成为一种主流的盈利模式。所以可以预见未来，围绕自身节目衍生出的周围产品，会成为广电集团业务重要组成部分。

（资料来源：崔铭泳. 广电集团"涉水"网站　全媒体时代悄然开启[N]. 中国产经新闻报，2014-05-28.）

第四章　文化企业经营战略

近几年,我国文化产业正在持续发生着变化,并在已有的基础上加快了发展速度,科学技术不断进步,消费者从对文化产品的趋同性需求向个性化、多样化需求转变,需求由低层次向中高层次转化,可谓机会与挑战并存。在这种环境下:文化企业之间的竞争加剧,企业资源整合和并购加速,数字文化企业数量和质量在文化企业整体中所占比例有较大幅度提升,平台企业进一步壮大,两极化将更加分明等现象的产生,这些都与文化企业的经营战略有着密不可分的关系。

第一节　文化企业经营战略概述

一、文化企业经营战略的概念与特征

(一)文化企业经营战略的概念

企业经营战略,是指企业在市场经济激烈竞争的环境中,面对激烈变化的环境,严峻挑战的竞争,在总结历史经验、调查现状、预测未来的基础上,为谋求生存和发展,做出的带有长远性、全局性的谋划。战略关系到生存问题,至关重要,其实质是外部环境、战略目标和企业实力之间关系的统一。企业经营战略最基本的作用就是让企业根据自身的经营环境,实现资源利用的最优化。

具体来说,文化企业经营战略是运用人的智能,在符合和保证实现企业使命的前提下,充分利用环境中存在的各种机会和创造新机会,通过环境关系的梳理和定位,合理地调整企业结构和分配企业的各项资源,确定企业所要从事的业务范围、成长方向和竞争对策。

同时,文化企业经营战略是一种功利性较强的人类智能活动,它的活动基础是准确的市场数据的获取与分析整理,抓住文化市场在一定时间的发展规律,预测文化消费行情、近期走势,有针对性、有目的性地去满足社会的文化需求和审美需要,

直接产生社会效益和经济效益,不断赢得市场,造就竞争优势,形成一定的核心能力。面对文化产业内容为王越来越凸显的趋势,内容与渠道的全产业链逐渐成为主流,数字信息技术和文化内容进一步融合,与资本相结合的商业模式的文化产业创新走向和特点。因此,广大文化企业的经营者在经营战略的选择上,主要着眼于如何增强自身的核心竞争力。

(二)文化企业经营战略的特征

文化企业经营战略具有全局性、长远性、纲领性、竞争性、合作性和稳定性六大基本特征。

1. 全局性

是指根据企业总体的发展而制定的,以企业的全局为对象来确定企业的总体目标,通过对企业各种资源的优化配置,发挥出企业的整体优势,最大限度地追求企业的总体效益。从这一点来看,如何发挥企业的整体效能至关重要。例如,网络企业研发新技术、新的网络平台、新的系统,如何推出适应市场需求的文化产品等问题,直接关系到企业命运,应站在全局的高度解决这些问题。

2. 长远性

是指对企业未来一定时期生存和发展的统筹谋划,着眼未来,谋求企业的长远利益,规定企业的奋斗目标,从而影响和决定未来较长的时期。实现这些目标需要较长时间,少则三年,多则十年或以上。因此,文化企业要谋求长远的发展,就必须制定长远规划,并细化后分阶段实施。

3. 纲领性

是指企业总体的长远的目标、发展方向、经营重点、前进道路,以及基本的行动方针、重大措施和基本步骤。这些原则性的规定,具有行动纲领的意义,尤其是经营战略中的战略目标更是全体职工的奋斗纲领。这些战略目标、战略方针必须通过展开、分解和落实等过程,才能变为具有的行动计划。①

4. 竞争性

竞争性又可称为抗争性,是指企业在激烈的竞争中为了壮大自己的实力与对手相抗衡的行动方略,使本企业获得市场、资源,占有相对优势。针对来自国内外各方面的对手的冲击、压力、威胁和困难的挑战,所制定的是迎接挑战的行动方案。因此,经营战略必须体现竞争性,扬长避短,取得优势地位,从而战胜对手,保护自己。

5. 合作性

是指在竞争的基础上,在一定条件下实现与竞争对手的合作,通过竞争走向合

---

① 刘仲康.企业管理概论[M].武汉:武汉大学出版社,2005.

作,共谋发展。例如,2012年3月12日,优酷股份有限公司(优酷网)和土豆股份有限公司(土豆网)双方共同宣布于2012年3月11日签订最终协议,优酷和土豆将以100%换股的方式合并。2012年8月20日,经营网络视频业务的优酷土豆合并方案获批准通过,优酷土豆股份有限公司正式成立。优酷的美国存托凭证将继续在纽约证券交易所交易,而土豆网则退出股市。双方从以往实力相当的竞争对手变成了如今的亲兄弟,充分证明了企业之间不一定要拼个你死我活,各方可以联合起来,面对共同的市场,实现双赢。土豆网则从配合集团整体发展战略的角度出发,放弃一些目标人群和市场领域,以专注年轻人品牌区别于优酷,同时要与优酷作为一个整体去和市场上其他视频网站竞争。

6. 稳定性

是指战略实施的环境即使有些变化,也是在预料之中的,那么企业经营战略中所确定的战略目标、战略方针、战略重点、战略步骤等应保持相对稳定。在处理某些具体问题时,也应该有相对的灵活性。

全球经济一体化,使市场竞争更加残酷,企业只有不断的变革创新,适应外部环境的变化,才能生存并获取竞争优势。2011~2012年,在政策、资本、创新的推动下,中国的文化企业交出了一份又一份闪亮的答卷。比如,光线传媒、凤凰新媒体、凤凰出版传媒集团、人人网、易车网、浙报传媒、中文传媒、优酷网、土豆网等企业通过IPO或重组成功登陆资本市场;华策影视、盛大网络、华谊兄弟、腾讯、电广传媒、蓝色光标、顺网科技等上市企业纷纷展开并购,实现了外延式扩张。这些成绩单的背后均潜藏着文化企业对经营战略的大胆而又稳健的实践、探索和创新。

二、文化企业经营战略的内容与类型

(一)文化企业经营战略的内容

文化企业经营战略的内容一般包括六个部分:战略思想、战略目标、战略重点、战略方针、战略阶段、战略对策。

战略思想是经营战略制定和实施的基本指导思想,是企业经营管理者和员工在经营过程中发生的各种重大关系和重大问题的认识和态度,是贯穿战略管理始终的思维过程,关乎企业的长远发展方向。因其是企业制定和实施经营战略的基本思路和观念,所以被称为企业的导向性纲领,在进行战略部署和战略决策时起着统率和指导作用。

战略目标是指企业以战略思想为指导,根据对企业外部环境和自身实力的分析和研究,是在一定时期内对经营活动取得的主要成果的期望值。它是企业经营战略的核心和实质,明确了企业在较长一段时期的奋斗目标,是评价和选择经营战略方案的基本依据,指引全体员工有机统一的开展各项工作。例如,自土豆和优酷合并以来,一直受限于内容重叠度过高的困扰。2013年4月,优酷土豆集团提出"优酷更优酷,土豆更土豆"的发展战略。土豆网鉴于其品牌定位于青春、个性、自主、有趣,制定了只专注于年轻人的品牌的战略目标。

战略重点是指那些对于实现战略目标具有关键性作用项目、环节或部门,它是为了保证战略目标的实现而制定的,是实现战略目标的关键因素。企业资金、人力和技术投入都是战略重点,企业应集中主要资源,全力进行攻关,保证战略目标的实现。

战略方针是指企业为贯彻战略思想和实现战略目标所确定的基本准则、指导规范和行动方略,是企业从事经营活动的指南。

战略阶段是根据战略目标的要求,在规定的战略期内划分出的若干阶段。由于企业所面临的各种环境会发生变化,企业的发展阶段也会有所差别,战略的实施过程也会有快有慢,因此要正确划分战略阶段和认清自身所处的战略阶段,做到稳扎稳打,步步为营。

战略对策又称经营策略,是指为实现战略目标而采取的措施和手段,用来指导企业合理分配资源,它具有阶段性、针对性、灵活性、多重性的特点,从而支持和保证战略目标的实现。

(二)文化企业经营战略的类型

文化企业经营战略由总体战略和职能战略两部分构成。总体战略是企业战略体系的主体,它奠定了企业战略体系的基础,起着规定企业的使命和目标,定义企业的价值,统率全局的作用;它决定了企业主要的业务范围和发展方向,确定需要获取的资源和资源转换的能力,保证企业各种业务层之间关系的协调和优化整合。该层次战略注重整体性与长期性,代表了企业未来的发展方向。

总体战略通常是由公司高层管理者在把握企业外部环境的变化和企业内部各种资源制定的,重点研究企业要"去哪儿"和企业应该怎样经营才能使企业利益达到最大化。关于总体战略的详细内容,本章的第二节将具体论述。

职能战略又称为职能支持战略,是按照总体战略对企业内各方面职能活动进行的落实和具体化。如研发战略、营销战略、投资战略、技术战略等,它服务于总体战略并受总体战略的制约,使总体战略更加具体,更加精确,描述了在执行战略过程中,企业中的每一职能部门所采用的方法和手段。关于职能战略的详细内容,本章的第三节将具体论述。

三、文化企业经营战略的制定

（一）建立战略规划组织

文化企业的战略规划过程和步骤与其他的企业从本质上没有什么不同，文化企业的产品更多提供的是精神产品，相比传统企业更具灵活性的特点，容易借助新的机遇调整经营战略，因此在战略规划过程中，要考虑更多的变量，战略管理更复杂，需要相应的组织和人员保证，所以企业应设置专门从事战略规划的部门负责这项工作。其任务是：预测和研究企业经营环境的变化以及各种环境因素对企业经营的影响；研究企业经营目标，发现各种战略问题，并拟定出经营战略；评价企业提出的各项战略，研究和评估各种可替代的战略方案，并根据环境的变化，适时进行经营战略的实现和完善。

（二）科学制定战略规划

正确的战略规划需要经历科学的规划程序。概括来说，确定战略目标的主要程序是：识别经营领域、环境资源分析、制订战略行动、得到目标成果。首先，要了解企业的主要经营领域。一般来说，经营领域由行业和市场两部分组成，即要先弄清楚企业所在的行业以及所处市场的环境和特征；确定了经营领域之后，需要考虑企业在该领域的优势和劣势是什么以及如何保持企业的优势；在分析经营领域和企业优势之后，找出差距，以便采取相应的战略行动，制订方案；战略的目标成果是企业期望得到的目标结果，可能是公司效益的提高和规模的扩大，也可能是公司在市场上所处的某种地位等。如图 4.1 所示。

具体来说，经营战略制定的程序包括如下几个步骤：树立正确的战略思想；进行战略环境分析；确定战略宗旨；规定战略目标；划分战略阶段；明确战略重点；制定战略对策；战略规划平衡；进行可行性论证；审定批准战略规划；组织战略规划实施并在实战中检查修正。文化企业经营战略在制定过程中，各个程序之间要不断地进行反馈。

四、企业经营战略的实施

（一）建立战略实施组织机构

经营战略正确是否必须通过实施才能得到评价和验证，需要明确相应的责任和权力的组织机构来实施，建立监控系统和评价系统，管理日常活动。同时，经营战略的组织机构必须具备三个基本条件：一是明确目标，二是授权合理，三是协调一致。

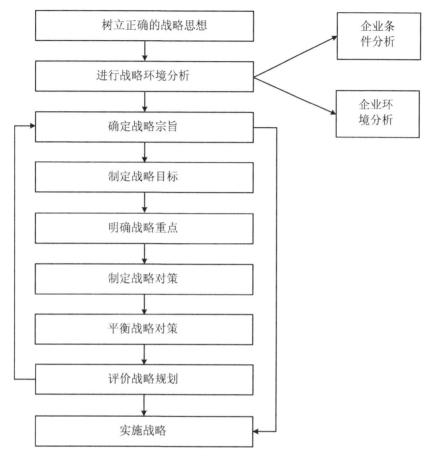

图 4.1　经营战略制定流程图

（二）经营战略的实施

首先，将战略的内容层层分解，分解可从两个方面进行，一是进行空间上的分解，即将战略方案按层次进行分解，制定出一系列实施性分战略。空间上的分解有三层：第一层次是分解给高层管理人员，第二层次分解给中层管理人员，第三层次分解到基层岗位和个人；二是进行时间上的分解，即将企业战略规划的总目标按时间分解为各阶段目标。

其次，是要以战略目标为中心建立企业内部经济责任制，它遵循责、权、利相结合的基本原则，将各项管理工作围绕战略目标组织起来，形成一个整体。这项工作可以从两方面着手，即以企业战略为目标，形成责任制的动态责任系统和静态责任系统。动态责任,就是随着时间变化而变化的责任。静态责任,就是按照战略要求来设计和改革各项综合管理和专业管理,通过业务分解法,层层分解部门、岗位和个人。①

（三）经营战略的控制

所谓战略的控制是指管理者将预定的目标或标准与经过反馈回来的实际成效进行比较,评价实施企业战略后的企业绩效,发现偏差,并采取措施进行纠正,使企业与当前所处的内外环境、企业目标协调一致。控制过程可分为三个步骤：一是确定企业绩效标准,评价工作成果的规范,作为战略控制的参照,用来确定是否达到战略目标和怎样达到战略目标；二是衡量成效,进行偏差分析与评估,将实施成果与预定目标或标准进行比较,找出两者之间的差距及其产生的原因；三是纠正偏差,保证企业战略的圆满实施。对通过衡量成效时发现的问题,必须对产生的原因采取相应的纠正措施,才能真正达到战略控制的目的。

第二节　企业总体战略

随着新技术革命的深入,市场竞争日益激烈,文化企业面临一个极不稳定、复杂多变的外部环境,如何在这种条件下获得企业生存的一席之地,需要积极地、谨慎地选择适合自身的战略类型。由于思考问题的出发点不同,每个文化企业具有各自外部环境的不同,内在特质、层面的不同,企业决策者会在不同的条件下选择不同的战略。总体战略一般可分为：

一、发展型战略

发展型战略又称进攻性战略、扩张型战略,即在企业现有战略的基础上,向更深、更高层面发展。从本质上说,追求发展是企业的本性,只有发展型战略才能持续扩大企业规模,使企业从竞争力弱小发展成为竞争力强大的企业,任何企业都要经历时间长短不一的增长型战略实施期。

发展型战略的主要特点是：企业不断增加投资,不断研发新产品、新工艺和开拓新市场,管理模式上力求具有竞争优势,不断扩大产销规模,提高产品的市场占有率,引导企业去适应市场,通过创新去引导消费和创造消费。企业在面临竞争战

---

① 汪永太.经营理论与实务[M].合肥：中国科学技术大学出版社,2007.

略的选择时,主要考虑两个问题:一是为企业寻找或创造一个具有巨大发展潜力和规模的行业;二是为企业在行业内能占据相对有利的市场地位。目前在我国,如动漫游戏业、艺术品交易业、文化经纪业、信息网络业、艺术教育与培训均具有广阔的市场前景和巨大的发展空间,需要文化企业积极参与其中,以适应经济、社会发展的需要。

企业为获取相对的竞争优势,按发展的方式不同可以选择成本领先、差别化和重点集中三种战略。由于这三种战略具有应用的基础性和广泛性的特点,又称为三种基本竞争战略。企业获得竞争优势,一般主要通过两个途径:一是在行业中成为成本最低的生产者;二是在产品和服务上形成与众不同的特色。

(一) 成本领先战略

成本领先战略是指企业通过在内部加强成本控制,在研究开发、营销、服务上把成本降到最低,借成本优势,成为行业中的成本领先者的战略。低成本战略适用于在市场价格竞争中占主导地位的行业。在这些行业中,企业提供的都是标准化产品,产品差异度小,因而价格竞争成为市场竞争的主要手段。如同一媒体的不同广告代理公司能在人员工资、发布费或上交的版面费、广告位的租赁费等方面打通和整合渠道资源,必定会带来成本的下降,获得相对的竞争优势。

企业采取成本领先战略,可以给潜在进入者形成一定障碍,增强自身参与价格竞争的能力,降低替代品的威胁,保持领先的竞争地位。这种战略的核心是在追求规模经济的基础上降低成本,并以此获得比竞争对手更好的市场占有率,使企业盈利处于领先地位。在理想产业环境中,企业最明智的做法就是要尽可能地利用一切资源选择总成本领先战略,通过投融资或横向一体化式的兼并重组战略快速扩大自身的经营规模,占领行业制高点。纵观全球文化产业的发展路径,我们会惊奇地发现,我们耳熟能详的一些企业翘楚、知名公司从柔弱到变强无不是走过相同的发展道路。[1]

(二) 差异化战略

差异化战略又称别具一格战略,是指企业提供与众不同的产品和服务,满足顾客的特殊需求,形成在全产业范围中具有独特性的竞争战略优势。如面对规模小、产业链不完整的文化企业,突出特色品牌,实行规模化经营和专业化协作,可使文化企业竞争能力增强。

差异化战略的核心是特色,可以在产品的外观设计、品牌形象、客户服务、促销

---

[1] 霍华. 中小企业战略选择路径分析[J]. 商业经济,2012(11).

手段各个方面赢得顾客忠诚。这种特色使消费者对企业产品情有独钟,由此对产品价格的敏感度下降,愿意为其支付较高的价格。这样,企业可以抵御现有竞争者的攻击;由于产品独一无二的特点使其难以被替代,也使新进入者很难对其构成威胁;在与经销商和供应商的讨价还价中,由于它的某种特色能帮它从消费者那里获得较高利润,企业也处于比较有利的地位,有较大的回旋余地。

福建文化底蕴深厚,海洋性格鲜明,在全国文化版图中具有独特的地位。近年来,福建省在强化对文化产业政策扶持的同时,通过整合各地文化特色和资源优势,明确发展定位,着力探寻区域文化产业差异化发展的新路径,有力促进了文化与创意、旅游、高新技术等产业深度融合。通过整合各地文化特色和资源优势,明确发展定位,着力探寻区域文化产业差异化发展的新路径,有力促进了文化与创意、旅游、高新技术等产业深度融合。"妈祖"这个具有不可替代性的历史文化资源,让当地文化企业发展找到了很好的切入点和提升空间。①

为了使现有产品实现差别化,文化企业可以通过转变销售方式、加强售后服务、增强产品的附加值、增加产品的品种规格等手段来进行。如力求品牌的优异化,力求品质的优异化,力求专利的优异化,力求创新的优异化,力求服务的优异化等,做到"人无我有,人有我精"。

(三)重点集中战略

重点集中战略是指企业通过满足特定的消费群体需要,或者服务于某一有限区域市场,建立企业的竞争优势的战略。

重点集中战略的核心点是细分市场,即该企业所确定的目标市场与行业中其他细分市场之间具有明显的差异性。重点集中战略的关键点是选好战略目标,企业一般需要明确购买群体在需求上存在的差异,同时,企业在目标市场内,针对市场容量、成长速度、获利能力、竞争强度方面均具有相对的可行性。重点集中战略要求企业尽可能地去选择那些竞争对手最薄弱的目标市场,避免与实力强大的竞争者发生正面冲突,与成本领先战略与差异化战略不同的是:重点集中战略是围绕某一特定的目标进行密集型的经营活动。

应当指出,在相对稳定的环境下,这种战略最适合没有足够的资源和能力进入整个市场中更多细分市场的中小企业;但在环境不稳定时,如遇国家政策变化、技术趋势发生变化、替代品的出现、价值观念的更新等,原本的成本优势受到冲击,产品差异化被抵消,企业实施重点集中战略的相对优势会被削弱。

---

① 陆牧.福建省着力文化产业差异化发展新路径[EB/OL].中国经济网,2012-01-10.

二、稳定型战略

稳定型战略又称防御型战略，即企业通过投入少量或中等程度的资源，维持现有市场占有率、产销规模或总体利润水平，保持现有的竞争地位。其突出特点是：巩固成果，维持现状，经营安全。

采用稳定型战略一般适用于以下情况：当企业对过去的经营业绩表示满意，决定追求既定的或与过去相似的经营目标时；当企业在战略规划期间追求的绩效按小比例递增时；当企业资源不充分，如资金不足，研发力量较差或人力资源有缺陷而无法满足增长性战略的要求时；当企业的外部环境出现不利于企业发展的因素，企业本身又找不到进一步发展机会时。但从长远来看，如果一味实行稳定型战略既不能充分发挥内部潜力，还可能由于过于保守，使企业错失发展良机。所以，企业应根据情况，适当地通过增加投资，增加产品品种，增加员工的办法，来扩大生产经营规模，发挥自身优势，谋求企业更大规模、更快速度的发展。

稳定型战略风险是相对较小的，针对曾经在一个处于上升趋势的行业和一个相对环境变化不大的企业是适合的。在资源分配和经营状况基本保持在目前状态和水平的条件下，依靠企业内部改革，挖掘潜力，合理运用经营要素，采取适当的经营组合，使企业的产品结构、组织结构及其他各项工作合理化，从而提高企业的经济效益。

三、紧缩型战略

紧缩型战略又叫退却型战略，是指在市场需求下降的情况下，企业在原有的经营领域已处于不利的地位，自己又无能力改变这种情况，只能从目前的经营领域和基础水平收缩和撤退，以至收回资金，将战略重点转移到对企业更有利的经营领域一种消极的发展战略。其精髓是：有进有退、以退为进、以守为攻、张弛有度。

很多文化企业管理者正在被"做大"情绪所影响，往往盲目做出战略选择。"低成本扩张""多元化经营""品牌延伸"成了企业家们进行战略决策的圣经。经济学家郎咸平曾认为：做大做强似乎是中国企业家的共同口号，但是很少看到有企业能够通过做大而做强的。著名风险投资家威廉·J·林克(美国)认为："退出战略是一个企业创业时需要考虑的最重要问题之一，因为它能够让你心中清楚自己的创业途有一个怎样的终点和底线。另外，它还能使你和你的团队以及投资者沟通的时候，能够清晰地解释你的目标和期望。"[1]

市场信息和环境随时都在发生变化，企业需要适时地调整有限的资源，做出战

---

[1] 林艳新.论企业的市场退出战略[J].沈阳建筑工程学院学报，2004,6(1).

略性放弃。尽管每个企业所面临的抉择都大不相同,然而做出战略性放弃的基础都必须建立在对企业价值进行理性判断的基础上。企业资源是统一于市场还是统一于技术,走大众化路线还是差异化经营,是成本领先还是技术领先,是区域深入还是全面推进等,企业需要对自身资源、能力和市场环境进行科学分析。在这基础之上,企业才能进行战略性放弃,学会"有所为有所不为",果断放弃那些尽管充满诱惑但却背离企业价值取向的业务。①

这种战略常用在经济不景气、需求紧缩、资源有限、产品滞销等情况下,选择退却需要勇气和胆识,需要毅力和智慧。因此,紧缩型战略应基于企业可持续发展全局的高度做出价值判断。紧缩型战略一般有以退为进、适当抛弃和完全退出三种形式。

(一) 以退为进战略

当企业环境恶化、利润持续下降、财务状况变差时,企业先暂时从现有的地位和水平后退,渡过难关,等到条件成熟后再大踏步前进。这种形式的紧缩一般通过降低费用开支来实现。企业通过削减开支标准、退出新项目的投入等办法,将有限的人力、物力、财力用于强化自身的独特的经营能力,理顺各种关系,减少内耗,改善财务状况,为采用新的战略方案做好准备工作。选择战略性放弃并不是消极后退,也不意味着企业的巨大失败,而是调整思路,集中资源,通过重新关注核心业务的竞争力来获得盈利。

(二) 适当抛弃战略

适当抛弃的战略即为维持企业整体的生存,放弃一部分生产经营项目。以现金回收为出发点,对企业还涉及的夕阳产品经营或项目,不再进行任何新的投资,收缩产品的销售渠道等。当企业先前的经营规模超过了自身能力,造成财务状况恶化,企业资金紧张,资金来源出现问题,企业内部的某些经营单位较差等情况时,企业可以考虑采取适当抛弃战略。但这种战略不适合高科技、高投资行业的文化企业,也不适合经营领域依赖性很强的企业,因为这些企业中,放弃某些经营领域或项目可能导致更大的损失。②

(三) 完全退出战略

当企业遇到很大困难或在产品寿命周期的衰退期时,无论采用以退为进还是抛弃战略,都不足以应付其面临的危机时,完全退出战略便是唯一的选择。这种战

---

① 文倩.以退为进的智慧,战略性放弃:为企业做减法[N].佛山日报,2012-08-27.
② 汪永太.经营理论与实务[M].合肥:中国科学技术大学出版社,2007.

略是指企业完全放弃了先前所有的经营领域，不再继续生存，大致可分为主动退出、被动退出和自然退出三种类型，企业完全退出战略的重点应是主动退出。从积极意义上理解，它是企业的一种战略转移，也是企业资源再分配的战略行动。

采用退出型战略的关键在于退出时机的选择，适当的时机能使企业既有多种退出的机会，又不失掉可能生存的机会，减少损失。一般来讲，退出时机越迟，企业的选择性越小，在毫无希望再恢复经营时，早退出比晚退出更有利。但退出会存在体制、成本、心理上的障碍，因此，在考虑退出时，企业要妥善处理与突出障碍相关的事宜。例如，一旦企业选择完全退出战略就会面临下岗职工的安置、生活保障，意味着投资的损失或预期收益的丧失，往往被认为是经营失败等问题。

太多的经验教训告诉我们：成功的企业是不断地理性放弃才获得了成功，而失败的企业则因不能理性放弃才导致了失败。企业在选择退出时为减少损失，需要根据企业自身的情况采用合适的方式退出，兼并或出售是企业实施紧缩型战略常采取的低成本运作方式，本章第四节将具体进行阐述。

第三节　文化企业职能战略

职能战略是企业总体战略在某一局部或某一领域的细致设计和具体落实，是指导各职能部门的职能活动，将战略目标和任务落到实处，检验其是否正确、可行，保证总体战略实施的专业性分战略。职能战略是为贯彻、实施和支持公司总体战略而在企业特定的职能管理领域制定的战略，其重点是提高企业资源的利用率，使企业资源的利用最大化。

与总体战略相比，职能战略跨越的时间短、专业性强，它着重于为企业发展指明行动的导向性，规定具体的保证行动。根据文化企业所涉及的领域不同，战略主要分为技术战略、投资战略、营销战略、人力资源战略、研究与开发战略等。

职能战略与企业总体战略必须相辅相成。职能战略是为企业总体战略和业务战略服务的，所以必须与企业总体战略和业务战略相统一。例如，企业战略确立了差异化的发展方向，要在创新上培养核心竞争力，企业的人力资源战略就必须体现对创新的鼓励，在理想激励、目标激励、榜样激励、培训激励、组织激励、制度激励、物质利益激励、荣誉激励、绩效激励等方面要重点体现。

一、技术战略

文化企业是技术创新的主体，在市场经济中，技术不仅是影响文化企业总体战略和经营战略的重要因子,更是文化企业提升自主创新能力的重要途径。经济学理论认为,技术进步是经济增长的重要因素,技术进步提高了资本的劳动生产率,能够补偿生产要素的产量,从而能够实现报酬递增。

技术进步对文化产业发展的作用表现为以下几个方面:一是技术进步为文化产业的发展、升级提供技术支持。传统文化产品的制作方式以个体创作、个量生产为特征,其传播速度慢、手段单一,技术进步使文化产品可以像其他产业部门一样以工业化生产方式进行批量生产,从而使文化产品的生产具有了产业特征。每一次新的技术进步都产生了一种新的动力,推动着文化产业达到新的更高的水平。二是技术进步延伸了文化产业的产业链,提高了文化产业的利润水平。由于文化产品具有投入成本高、复制成本低的特性,在投入大量成本生产出文化商品后,以此商品为核心,衍生创造出更多的不同种类、不同形式的文化商品与文化服务,从而提高文化产业的盈利水平。三是技术进步正在逐步改变文化产业的运作模式。表现最为突出的就是通信、出版和广播电视这三个行业,原来彼此独立的价值链和业务边界出现了融合。现代文化企业之间的竞争在很大程度上表现为技术进步的竞争,只有不断推出新的文化产品和新技术的文化企业,才能获得迅速扩张的市场,并且保持稳定的市场占有率。①

发达国家十分重视高新技术与文化产业的融合,更注重把高新技术运用于文化产品的创作、生产、传播等各个环节。20 世纪 90 年代,美国的图书出版公司、各大报业集团和音像出版公司就开始将网络技术应用于产品的营销,极大地方便了消费者的选购,推动了图书和音像产业的创新和发展。美国的文化产业在对传统文化资源的利用上也绝不放过任何一个有市场价值的题材,传统的文化资源通过美国文化产业的创新、市场运作和商业包装,既获得了新的生命,同时也使美国的文化产业获得了新的价值增长点。电影《泰坦尼克号》取材于世人皆知的海难悲剧,然而美国的电影制片企业对这个故事进行了重新的包装和市场运作,不仅赚取了 18 亿美元的门票收入,而且还间接地从附加产品中收入了 53 亿美元。美国的文化企业以中国传统故事《花木兰》为素材,进行创新加工,并把它投放中国市场,获得了极高的收视率和巨大的票房利润。②

但是,由于技术日益复杂,科研开发的成本越来越高,获得新技术和新产品的投入越来越大。因此,小规模的文化企业难以持续地为技术创新作大量投入,而大型文化企业集团则拥有专业科研中心,聚集了大量高素质人才,有较强的科研能力。同时,大型文化企业集团获得的科研成果投入大规模生产后,单位产品分摊的技术成本就会大大降低。技术开发的规模效应为大型文化企业集团的市场竞争提

---

① 王乾厚. 文化产业规模经济与文化企业重组并购行为[J]. 河南大学学报,2009,49(6).
② 王乾厚. 文化产业规模经济与文化企业重组并购行为[J]. 河南大学学报,2009,49(6).

供了有力的技术支持。①

技术战略是企业总体战略的一部分,是通过积累、开发、利用技术资源和技术能力,使企业在市场竞争中持续保持优势,有效提高企业核心竞争力的方式。由于技术战略的效果最后要体现在产品和服务中,因此,也必须要保持与其他职能战略的协调关系。技术战略主要包括技术发展角色战略和技术来源战略等。

(一) 技术发展角色战略

技术发展角色战略是指企业在行业技术发展中扮演何种角色。它一般有领先型、尾随型、模仿型三种战略类型可供选择。

1. 领先型

领先型指企业在本行业的技术发展保持领先地位,这种类型需要较多的投资,一般都是实力较雄厚的企业,他们提供独立研究、协作开发、技术引进等多种方法,力求采用最新技术,通过技术的领先求得市场占有率的领先。苹果公司在市场研究和产品开发方面投入巨大,自公司推出 iPod 以后,便树立了一个核心产品及技术,形成了一种新兴产品市场领域,承袭并发展公司核心的产品和服务,还通过收购等手段迅速进入相关产品或地区。

领先企业在市场研究和产品开发方面投入巨大,能够进行产品定制,拉近与客户的距离。这些深耕细作的能力让竞争对手难以模仿。公司要么拥有专有的技术能力,要么能够提供优质的产品或有特色的服务。②

2. 尾随型

尾随型即企业紧紧追随在领先企业后面采用新技术。主要对别人已采用的新技术加以改进与提高,并在降低成本和扩展市场销售方面多下工夫。这种企业虽具有一定的研发力量,但不是着眼于创新,而是推出比领先型企业"功能与价格比"更高的品种。这样可以节省大量开发试验费,取其长补其短,后发制人。

领先型企业推出的新产品尚处于投资期,在功能上不可避免地有一些缺陷,在生产上面成本较高,而在销售上则经常遇到困难。尾随型企业要能够抓住时机,迅速做出反应,目的是创新和颠覆。采用这种战略由于存在着不确定性,因此主要依靠这种战略的企业在竞争中往往将领先型与尾随型相互结合使用。

3. 模仿型

模仿型即指企业自己不搞新技术开发,而是靠购买技术专利,进行仿制,步人后尘。模仿型具有投资少、见效快、迅速进入市场等特点,所以这种战略一般适用于开发研究能力较薄弱而制造能力强或技术力量薄弱的中小企业。应该指出的

---

① 王乾厚.文化产业规模经济与文化企业重组并购行为[J].河南大学学报,2009,49(6).
② 雷大卫,约翰·斯洛克姆.技术变革考量战略角色[J].中欧商业评论,2009(12).

是,选择模仿型战略有两个关键点:一是选择模仿的对象。要选择已经证明成功的有广泛市场前景的新技术、新产品;二是把握模仿的时机。在进入一个领域的时机把握上,一般选择有第二者出现后,以保证在战略方向上不会出现大偏差。

一个企业往往同时采用上述三种类型的技术战略,尤其是大型文化企业和企业集团,目的是为了相对减少投资和风险。领先型和尾随型战略虽然有获巨额利润与占领市场的强大诱惑,但失败的概率很大。虽然模仿型战略获利不会太大,但风险较小。所以,成熟的文化企业应该在这三种战略中寻求一种合理的平衡。中国的多家互联网公司基本都是模仿国外的技术和运营模式进行早期创业的。2012年《中国好声音》成为媒体追捧、效仿的典范,它的成功就是在市场运作下的一个典型节目技术案例。虽然它是在国内如此知名的一个省级卫视娱乐节目,但《中国好声音》却是模仿美国 NBC 电视台的知名节目《The Voice》,从节目风格、舞台视觉效果到评委选中选手的转身方式都存在着很大程度的模仿,这并没有影响其收视率的狂飙,收看该节目成了歌迷们每周的盛宴。

(二)技术来源战略

企业在技术发展中,特别对于文化装备制造企业,为了求得新技术、新工艺、新产品的来源,一般有三种战略类型可供选择。

1. 开发型

这种类型是企业通过市场调查,建立自己的研究机构,开展基础理论及有关新技术、新材料的研究,探索新产品的原理与结构,突出科技创新、突出软实力、突出文化商业开发和商业文化价值提升,从而研发出本企业独特的新产品或更新换代产品。它一般经历基础研究、应用研究和开发研究三个阶段,多被实力雄厚的大中型企业所采用。

例如,在三维数字科技创新领域,天津微深科技有限公司拥有雄厚的自主研发力量,持有多项三维扫描领域的专利和著作权,不断将新技术应用于文物保护、动漫设计、雕刻、玩具设计、高精度扫描等应用领域,受到广大客户的认可和信赖。公司不断追求技术进步,多年的研发、制造和应用经验,使得该公司在三维扫描系统市场上的地位不断提升。

2. 引进型

指通过有偿的技术转移方式从本国或其他国家、企业、研究单位获得先进技术的行为。包括软件技术、硬件技术、专有技术,进行技术培训、聘请专家指导、引进先进管理模式等。如果某产品在市场上已有成熟的制造技术,采用这种方式,企业可以尽快地掌握该产品的制造技术,缩短该产品投入市场的周期,加速投资的收益。

我国正处在加速工业化和产业技术升级的重要阶段,一方面我们要进一步加大引进国外先进技术的力度,推动结构调整与优化;另一方面,我们又必须把提高自主创新能力放在更加突出的位置,以此作为推进经济结构调整的中心环节,加快建设中国特色的国家创新体系。改革开放以来,我们走上了一条通过引进国外先进技术加快产业结构调整和经济发展的捷径,推动了国内产业结构的调整优化。当前,我国经济进入一个新的成长阶段,产业结构面临整体升级的任务。毫无疑问,我们仍然要更加扩大开放,有效利用国内国外两种资源和两个市场,特别是大量利用全球技术资源,促进产业结构优化升级。①

3. 综合型

综合型是指把技术引进与技术开发、技术创新结合起来。结合的方式有:通过引进关键的成套设备、关键技术、检测手段等,或对原设备进行改装利用,使操作科学化,生产工艺达到最佳化;在某些生产工序之间采用一些新技术、新设备,强化工艺过程,使生产流程合理化;充分利用原有设备,将设备拆旧换新,引进先进设备替换落后设备;通过广泛的技术交流、合作活动等,以引进新学术思想和科学技术知识和人才等,带动技术改革,加速技术革新的步伐,促进设备更新与技术改造。

二、产品战略

文化企业存在价值的有效表现途径和最终的价值体现,是依靠提供物美价廉、适销对路、具有竞争力的物质产品和精神产品,去赢得顾客、赢得市场,获取一定的经济效益和社会效益。因此,文化企业在产品战略的制定和执行中是否正确,直接关系到文化企业的胜败兴衰和生死存亡。

文化企业的产品战略是指文化企业对市场所提供的文化产品或服务,进行的全局性计划和韬略。它与市场战略等其他职能战略有着密切的关系,共同成为了文化企业经营战略的重要组成部分。与其他类型的企业相比,文化企业的特殊性最终体现为产品在市场中的绩效。

产品战略的依据不同的观点可分为多个种类。例如,一是从产品组合优化的角度出发,可分为产品项目战略、产品线战略、产品组合战略;二是从产品寿命周期的角度出发,可分为引入期战略、成长期战略、成熟期战略、衰退期战略;三是从新老产品更替的角度出发,可分为防御战略、创新战略和冒险战略;四是从自身特点和市场营销状况的角度出发,可分为产品定位战略、产品开发战略、产品选择战略等。在这里,我们依照第四种分类方式对产品战略进行分析。

---

① 白津夫."十一五"期间我国经济增长中的十大矛盾[N].经济参考报,2005-08-27.

（一）产品定位

产品定位是指文化企业用何种产品来满足目标消费者或目标消费市场的需求。文化产品的定位首先要对目标消费群体进行选择。在此基础上，以适当的产品形式满足目标消费对象。产品定位是对目标市场的选择与企业产品结合的过程，也即是将市场定位产品化的过程。

通过产品定位，我们可以确定企业产品的特色，以区别于竞争者，针对本企业产品特色，有机地进行市场营销组合，发挥企业产品及其他资源优势，产生差异性。例如，DM 广告产品的出版者首先要明确 DM 广告产品的定位：究竟为什么样的读者群服务；对某个地域来说，是否有创刊的必要；不同地域同类 DM 广告或相同地域不同 DM 广告每年大致的发行数，广告商投放的价格是多少；读者群生活休闲地点的详细分布等。出版者要根据自身的经营实力和编辑力量，在对 DM 产品的市场进行多方面细分的基础上，不断推出满足细分市场的 DM 广告产品，实现自身的战略目标。

文化产品定位的差异性，有的可以从实体产品的外观及包装上反映出来，如产品的外观与包装的设计风格、规格、形态等；有的可以从消费者心理上反映出来，如豪华、朴素、时髦、典雅等；有的体现在卖点上，即提炼出产品 USP（独特销售主张）；有的可以体现在价格上等等。如迪斯尼的创始人——沃尔特着眼于消费者的心理需求，把"销售快乐"的对象首先定位于孩子，同样，长大的人们也希望能回归到无忧无虑的童年，"孩子气的天真"是所有年龄段的人沟通的联结点。因此迪斯尼创业时把产品定位在"销售欢乐"上，把娱乐当做一种产业来经营，让人们感到心情舒畅，沃尔特也得到了梦寐以求的成功。①

一般来说，产品定位主要包括：功能定位、外形定位、质量定位和价格定位等。

1. 功能定位

市场竞争中，消费者在比较同类产品时，往往提及性价比，这一要素往往能够左右消费者做出购买决策。从某种意义上说，功能是考核文化产品的一个重要指标，是文化产品的核心价值，功能定位直接影响着文化产品的最终价值。企业自身实力因素、市场需求因素、地域市场因素、消费者因素等等都会影响文化企业产品或服务的功能定位。在进行功能定位过程中，企业要综合考虑这些因素，并且能够明确哪些因素是决定性的。若定位于单一功能，则成本低，但往往不能适应消费者多样性的需要；若定位于多功能，则成本会相对较高，然而能够满足消费者多方面的需要。同时，产品的功能定位策略除了切合市场的需求，还要看企业自身的发展需要。

---

① 封展旗，黄保海. 市场营销案例分析[M]. 北京：中国电力出版社，2008.

2. 外形定位

外形定位主要指如何满足消费者对文化产品,特别是实体文化产品的体积、色彩、造型等方面的需求,如产品的光洁度、造型、色泽、包装等。当产品的种类丰富以后,产品的体积大小是企业在产品定位时考虑的重要问题;从黑白电视,到等离子电视热销,反映出消费者对于产品色彩的日益重视;消费者个性化需求的发展直接导致了文化产品造型的不断更新,企业产品采取什么样的造型或款式,成为了产品定位的关键内容。

3. 质量定位

"以质量求生存",这是许多企业共同的追求。产品质量包含的内容很广泛,既可以指技术、安全方面的,也可以指生理方面的,特别是文化产品还要指向心理方面。质量是衡量文化产品优劣的主要衡量标准,文化产品质量的好坏直接影响到文化企业在市场上的竞争力。因此,文化企业在研发、生产产品时,应该根据市场需求的现实情况来确定产品的质量水平。通常情况下,产品质量愈高,产品的价值就愈高。衡量产品质量已出现了相应的技术指标,例如,ISO9000 系列标准体系是国际公认的最高水平管理体系。文化企业引入 ISO9000 质量管理体系标准,有利于文化企业强化品质管理,提高企业效益;有利于文化企业增强客户信心,扩大市场份额;有利于文化企业融入全球大市场,扩大文化的传播力。但在现实中,由于消费者的认同并不一定与产品质量定位的标准相符合,以及市场上并不一定都需要高质量的产品。所以在许多区域市场,消费者往往更青睐于质量局限在某一档次上,但价格却更便宜的文化产品,例如音像产品,很多消费者不局限于购买画面、音质较为高端的产品。

4. 价格定位

所谓价格定位,指的是文化企业把推出的产品或服务的价格定在何种水平或某一区域上。企业依据市场目标和需求、生产经营成本、国家有关政策或企业的特点等方面的因素决定定价水平。在现实环境中,企业的价格定位同时可以根据不同的环境,或在产品的生命周期的不同阶段上,灵活变化的处理价格定位这一问题。现在,游戏产业在大量山寨产品的无序竞争下,企业的利润空间在逐渐压缩。游戏企业获得的资金大部分用于投入新产品,使得整个行业的产品更新速度加快,消费者的判断和审美能力都得到提高,对于产品也变得更加挑剔,市场选择标准也进一步提高。因此,游戏产品的价格定位会根据市场的实际情况,处于不断变化的过程中。

价格定位常采用的方法有:一是低价定位,即把产品价格标准定得低于竞争者价格标准;二是高价定位,即把产品价格标准定得高于竞争者价格标准之上;三是市场平均价格定位,即把产品价格标准定在与同类产品相同的水平上。

（二）产品开发战略

产品开发战略是指在现有市场上研发并推出全新产品、换代产品或改良产品的战略。产品开发战略有着一定的现实依据，如产品生命周期规律、消费需求、科技、市场竞争状况等环境和要素的变化，所有的一切都迫使着文化企业必须重视产品开发战略，不断推陈出新。

对于文化企业而言，产品开发战略的核心便是激发用户新的欲望和渴求，以"新""奇""特"等引导消费潮流，在此过程中，保护人类及一切生物赖以生存的环境，实现可持续发展。例如，随着其所处环境、与自然界的相互关系和历史条件的变化，非物质文化遗产就需要不断创新，促进文化多样性和人类的创造力，推崇认同感和历史感，从而达到代代相传，经久不衰。文化企业可通过对非物质文化遗产利用现代科学技术的方式研发新产品，同时通过申请专利，将非物质文化遗产进行知识产权的保护，使其经济价值和文化价值得到最大限度的体现和保护。

对于企业而言，产品开发战略的前提是要满足市场需求。这需要文化企业根据企业自身的资源、技术等能力，从战略的适宜性、可行性、可接受性三方面进行评价和选择，量力而行，确定开发类型。但这些都不可避免地与企业决策者的个人意志有着很大关系。

文化企业在制定产品开发战略过程中，常采用的方式或类型有以下几种：

1. 进取型

进取型是介于紧随型和冒险型之间的一种产品开发战略。这一产品开发战略的最大特点就是要在风险尽可能小的前提下，使利润达到最大化。其风险系数要高于紧随型低于冒险型战略。选择和实施进取型产品开发战略，只需投入一定的资金进行研发，费时不长，能积极改造、主动替换原有产品，使之成为换代新产品，具有新的功能，满足顾客新的需要。

2. 紧随型

紧随型战略是指企业并不着眼于抢先推出新产品，而是当市场上出现较好的新产品时，进行仿制并加以改进，迅速占领市场。这种战略要求企业具有较强的跟踪能力，掌握竞争对手情况与动态的技术信息机构与人员情况，具有很强的消化、吸收与创新能力，容易受到专利的威胁。

3. 保持型

保持型战略是指企业使用原有的技术工艺、原材料采购渠道、产品销售渠道等，基本维持在原有的产品和市场领域。保持型战略的经营风险相对较小，能够有效避免开发新产品时面临的巨大资金投入、激烈的竞争抗衡的风险，能够有效避免改变资源分配所带来的困难。

4. 冒险型

冒险型战略是指企业利用技术、资源等方面的独特性,不断推出让顾客接受或惊喜的新产品,以及在某一领域和市场有重大突破,成为该新产品市场的领先者。与前三种类型不同的是,冒险型战略需要企业承担很大的风险和压力,也就是风险越大,回报越大。同时,企业在新产品开发时必须注意时效问题,需要企业加快研制速度,缩短开发周期,以顾客需求为导向,高度重视研究与开发投资,创造出产品或市场的差异化,使企业迅速提高市场占有率。

三、投资战略

投资战略是指企业或根据总体经营战略要求和自身经营组合的性质和水平,为维持和扩大经营规模,在人力、财力和物力资源方面的投入以形成竞争优势的战略谋划。

企业通过投入不同的资源,维持和发展已经选择的竞争战略,保证所需要的竞争优势。企业在决定投资战略时,必须以维持和发展竞争战略的成本为标准,根据企业战略目标评估投资于某个竞争战略的潜在报酬,判断其获利能力。企业在选择投资战略时主要考虑的因素为:一是国家经济形势、经济政策及产品、行业生命周期阶段;二是企业所属行业或即将进入的行业的技术结构、技术水平和竞争结构差异及平均利润率水平;三是企业在行业中的竞争地位,自身经营状况及自身素质;四是市场需求状况及市场开发能力;五是企业筹集与调配资源的能力。为此,企业应准确地选择自己的投资条件。

企业投资战略按照不同的特征、方式会有多种类型选择。例如,按投资战略的规模特征分类,可分为稳定性投资战略、扩张性投资战略、紧缩性投资战略和混合性投资战略;按投资战略所需要的资金密度分类,可分为资金密集型投资战略、技术密集型投资战略和劳动密集型投资战略;按投资战略的投向特征分类,可分为专业化投资战略和多元化投资战略。

为了便于大家理解,本教材以行业(产品)所处的不同生命周期阶段这一特征分类为重点进行介绍。如图 4.2 所示。它们分别是增加份额战略、增长战略、盈利战略、市场集中和资产减少战略、财产清算或撤退战略五种战略。

(一)增加份额战略

增加份额战略的目的是大幅度地且持续地增加企业的市场占有率。在一般情况下,市场份额会在产品或市场发展周期的开始阶段发生变化。在这个阶段上,许多行业的竞争离不开产品的定位、设计和质量。

企业改变市场份额的幅度一般是根据企业所在行业的结构而定,企业需要投入的应高于行业内同样规模企业的正常投资水平。在这个阶段里,行业的竞争基础常常会发生变化。企业除了自筹一部分资金以外,还要通过一定的筹措方式吸收更多的资金,企业还可以进行某种形式的联合,目的是为了形成某种竞争优势,或在某些方面形成可以超越现有竞争对手的主要优势,促成市场份额的变化。例如,领先企业出现失误或者自身技术上有了重大突破,都会使市场份额发生变化。

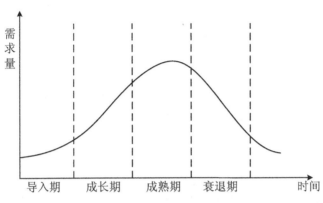

图 4.2　行业(产品)的不同生命周期阶段

(二) 增长战略

增长战略是企业在迅速扩张的市场上用来维持现有竞争地位的战略。重大的市场增长一般都发生在产品或市场发展的初期阶段,这种战略具有两种特征:一是随着市场的增长,企业能取得更多需要的资源,用积累起来的品牌、质量、管理、规模和渠道优势,保持现有的竞争地位;二是随着增长迅速降慢,企业进入整顿阶段,需要总结经验、发现机遇、加速成长。如持续开发新型的竞争方式,通过技术创新全力以赴降低成本、防范金融风险等。

在实际生产经营中,许多企业只注意到了增长战略的第一个特征,而对整顿阶段可能会发生的各种类型的竞争毫无准备。诸如,没有做到进一步优化整合价值链,强化与经销商的合作,以期建立长久可靠的战略联盟;调配资源、集合众力,寻求企业与环境的动态优化。结果,企业在增长阶段为保持竞争地位所做的努力常常会在整顿阶段上丢掉。因此,在这一战略的制定和实施中,要做到企业的发展将整合和扩张并举。

(三) 盈利战略

盈利战略是指企业处于产品或市场发展的成熟阶段时需采取的战略。随着竞争趋于稳定,企业内大部分职能领域里追加投资的效益一般都很差,在这种情况下,企业应将经营注意力从增长率转向获利能力,即从市场开发和资产联合转向市场细分与资产利用,最大限度地依靠现有的资源和技能获得收益。

企业采用盈利战略,关键是要对内部价值链进行整合,注重企业和产品的创新和管理,充分发挥新产品和关联产品的优势。既要确保利润,还要开拓利润获取渠道,从而实现价值的最大化。

因为国家政策调整和重大的免费战略,2005年底结束了网络游戏的黄金发展期。完全依靠独创的信息技术获取暂时的竞争优势,还不能马上转化为经济利润。当某一种数字产品通过免费战略获得了明显的顾客优势后,企业常常误以为收费的时机到了。一旦收费,顾客马上会转向竞争对手的免费产品,这个阶段的关键是逐步锁定消费者。当数字产品逐渐锁定目标客户群后,如何盈利成为首要目标。突然中止免费是许多数字产品电子商务企业常见的盈利方法,这种跳跃式的策略改变仍然会导致用户数量大量减少,所以要对核心软件稳步升级,关联软件不断创新,能够使数字产品平稳地由免费过渡到收费。在成熟期,仍然不主张核心产品收费,因为在这一阶段出现了大量的竞争对手,其核心产品在技术上大同小异,收费必然导致客户流失,盈利是通过个性化关联产品的收费来完成的。在这一阶段,最关键的是开发出独具创意的个性化关联产品,这种产品往往是信息技术与创意的完美结合,是企业赢得竞争优势的关键所在。[1]

(四)市场集中和资产减少战略

市场集中和资产减少战略的目的是,重新组合企业的经营范围和资产配置水平而没改善企业短期盈利和长远的前景,这种企业重新组合一般涉及缩小经营范围,大幅度减少投资。这种战略一般适用于两种情况:

1. 成熟阶段的选择

在产品或市场发展的成熟阶段与饱和阶段,企业的竞争地位弱。在这种情况下,企业应根据自己竞争地位弱小的程度,选择资产战略来改善自己的地位。

2. 衰退阶段的选择

在市场发展的衰退阶段,企业唯一可选择的战略是将资产集中在难以消亡的细分市场上。在大多数情况下,当产品和市场衰退时,有些细分市场和产品便会一起消失,但有些细分市场和产品会继续维持下去。

(五)财产清算和撤退战略

财产清算和撤退战略的目的是从竞争地位弱的经营业务或企业中撤出时,尽

---

[1] 徐绪松,曾凡涛.论数字产品的范围经济与盈利战略[J].科技进步与对策,2009,26(10).

可能多地获得一些资金。在企业退出的时机应该把握在企业对退出的后果仍能有影响的时候进行,否则亏损的项目或产品会耗尽企业的长期利润。从市场上成功地退下来,可以采取两种战略:

1. 收获战略

收获战略是指企业尽可能地从经营单位中收回现金,实现有形资产价值的战略。收获战略在特定的情况下是一种明智的选择,收获战略的净收益是企业有形资产的出让价值,不包括其相应的无形价值。

实施收获战略的方法一般有三种形式,即削减经费、成本、减少资金和削减产品。企业为了更好地识别出有可能进行削减经费和成本的领域,可以通过调查本行业的成本结构进行分析。对所要削减的产品,企业可以根据全部费用的成本分配来确定,在计算过程中,必须评估削减该产品对其他产品销售会造成损失的程度以及削减该产品后仍然存在的固定费用。

2. 迅速放弃战略

迅速放弃战略是指企业在衰退的初期就把有关的经营单位卖掉,以便能够最大限度地回收投资的战略。对于毛利低或固定成本低的商品来说,企业很难通过大幅度地提高价格的手段保持盈利,在这种情况下,企业应采取措施及早退出市场,果断放弃那些背离企业价值取向的业务。把注意力集中在有更大潜力的产品和市场上。迅速放弃战略与收获战略相比,不同点在于放弃战略是要找到认识到购买的技术资源或资产能增加利润的买主。

第四节 文化企业联合战略

文化企业联合战略是指为实现企业发展的战略目标,在自愿互利的原则下,企业与其他企业、科研单位、大专院校等单位打破行业、部门、地区和所有制的封锁和壁垒,共同就某些甚至全部生产要求或生产经营活动,进行统一的组织与调配,逐步形成和建立一种企业联合体或企业集团。在美国好莱坞电影制作技术的革命背景下,崛起了一批电影特技公司,它们的固定资产虽然很少,有的甚至只有一间房和几台电脑,但制作出的特技效果却美轮美奂,它们可以和某些大型制片公司之间产生资本合作关系,也可以独立于某些大型制片公司之外单体运作。它们的存在,使得好莱坞影片的成本大大降低。

企业联合战略按联合内容不同,可分为项目联合、资金联合和全部生产要素联合;按联合范围的大小不同,可分为个别联合、群体联合和集团联合;按联合程度的高低不同,可分为紧密型联合、半紧密型联合和松散型联合;按企业联合的紧密程度不同,可分为企业一体化战略、企业集团战略和企业合并战略三种类型。本章内容将以企业一体化战略、企业集团战略和企业合并战略为重点进行介绍。

一、文化企业一体化战略

如果企业的经济实力逐步增强,市场占有率逐步提高,那么文化企业可以对供产、产销等方面实行一体化战略,它是将独立的若干部分整合在一起成为一个整体,即企业有目的的将互相联系密切的经营活动纳入企业经营体系之中,组成一个统一经济实体。实行一体化战略,有利于提高生产率,扩大产品的销售,实现规模经济,提升控制力或获得某种程度的垄断,巩固企业的市场地位,提高企业的竞争优势,取得显著的经营效益。企业一体化战略有纵向一体化、横向一体化和复合一体化三种。

(一)纵向一体化战略

纵向一体化战略也称为垂直一体化,是将生产原料供应、或者生产与产品销售链接在一起的战略形势。它是企业在向前、向后两个方面可能扩大现有经营业务的一种发展战略,将经营过程相互衔接、紧密联系。它包括后向一体化和前向一体化两种形式。如图4.3所示。

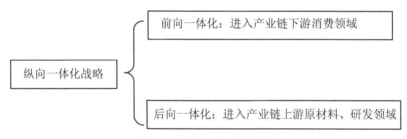

图4.3 纵向一体化的模型

纵向一体化体现了企业决定用内部的或行政管理上的交易来代替市场交易去实现其经济目的。迈克尔·波特(Michael E. Porter)在《竞争战略》(Competitive Strategy)一书中写道:"理论上,我们现在所期望一个公司应具有的所有职能都可以由一个独立经济实体组成的国际财团执行,每一个经济实体与核心协调者签约,而核心协调者自己仅需有一个经理或一张办公桌即可。事实上,图书出版业与声像录制产业几乎就是这种形式。许多出版商为企业承包编辑服务、排版、制图、打印、发行和销售,而企业所需做的仅仅是决定出哪一本书、市场营销及财务管理。同样的,一些音像公司也与一些独立的艺术家、制作人、音像录制中心、唱片出版机构和发行与营销组织签约,以便创作、生产和销售每一种音像产品。"①

1. 后向一体化

后向一体化也叫供产一体化,是指生产企业与原材料供应企业之间的联合,即企业通过收购或兼并若干原材料供应企业,拥有或控制其供应系统,进而自行供应从事现有产品生产或劳动所需要的部分或全部原材料。

当企业的供应商要价太高,不能满足企业对零件、部件、组装件或原材料等的需求时,企业可以通过后向一体化战略就能节约与上、下游企业在市场上进行购买或销售的交易成本,保持原材料的价格优势,控制稀缺资源,进而达到稳定产品价格、控制原材料的质量的目的,尽快获取所需资源,获得新市场。

以我国出版业为例,20世纪上半叶的商务印书馆和中华书局,也都曾积极实施后向一体化战略,以降低成本,增强市场竞争力。1915年左右,中华书局开始投入印刷业务,"购地建屋,添设分局,扩充印刷,推广营业,过去两年之内,所费不下八十万圆"(陆费逵语)。除增添设备外,还派人到国外学习最新的印刷技术,培养了一批印刷人才,如黄凤来、蒋仁寿、郑梅清等。开明书店创办人章锡琛评论说:"'商务''中华''世界'所以能成为出版界的翘楚,唯一的基本条件是印数最多的教科书,'商务''中华'更依靠印刷业的扩展。'世界'因为这两方面都不及两家,就一直靠借债度日。"在抗战期间,为缓解纸张供应压力,商务印书馆还一度筹备建立温州纸厂。后向一体化战略在保证低成本、抵御市场风险的同时,还对竞争者形成了强大的竞争压力。目前,国内的纸张供应商与出版产业自身具有如下特点:一是供应商不断提高纸张价格,不能很好地保证纸张供应;二是出版业将迎来大发展、大繁荣,出版规模逐年扩大,对上游资料需求将不断加强;三是纸张供应数量少而需求方竞争者数量多,企业需要尽快地获得所需资源;四是不少出版单位已经具备自己生产原材料所需要的资金。这些特点正是出版业后向一体化战略的适用准则。出版企业可以通过参股或战略合作,提高自身的议价能力,在获得更为优惠的价格的同时减少投资风险,降低生产成本,从而有效提升市场竞争力。出版业在后向一体化进程中必须明确战略目的,即后向一体化是为了确保企业关键原材料的充足供应,是为了完善企业的风险控制,而不仅仅是取得直接的经济效益。一般情况下不提倡完全一体化,企业的部分用纸可由企业自行解决,更多的时候,出版企业要以自有的造纸能力为筹码增强议价能力,内容主业仍应作为企业的主要经营对象。②

2. 前向一体化

前向一体化也叫产销一体化,是指生产企业和用户之间的联合,即企业通过收

---

① 迈克尔·波特.竞争战略[M].北京:华夏出版社,2005:281.
② 仝冠军.出版企业一体化是提升文化软实力的重要路径[J].江苏大学学报:社会科学版,2010,12(1).

购或兼并若干用户企业,或拥有和控制其商业分销系统,进而自由组织产品的销售,组成统一的经济联合体。同时也可一直利用自己的优势,对成品进行深加工,获得原有成品深加工的高附加价值,向产品的深度或业务的下游发展。

在我国出版发行领域,一些发行集团已经率先开始了一体化进程,这必将对出版集团的发展构成威胁。2007年11月20日,我国首家集出版物生产、销售及多元化文化产业发展于一体的企业集团——深圳出版发行集团公司正式挂牌,该集团由原深圳发行集团和海天出版社整合组建。该公司总经理陈锦涛在接受记者采访时说:"在中国,出版业从来就是上游主宰下游,而在美国却不尽然。美国的巴诺、鲍德斯等大发行商和几十家出版社签订有关合同,是下游主宰上游。深圳发行集团和海天出版社的整合也是对中国出版业上游主宰下游的突破。"①

企业实行纵向一体化战略,可以加强对生产部门的控制,降低产品成本,加强对销售市场的了解,稳定和扩大产品的销售,更好地拓展市场。但由于企业从原来只管生产,变为既组织生产,又组织供应或既组织生产,又组织销售,这就必然对企业的资金、人才、技术以及经营管理各个方面提出了更高的要求。文化企业旨在通过为消费者创造效用获取利润,企业必须衔接上下游相关环节的产业主体共同延长价值链才能创造更大的效用,分享更多的利润并巩固市场地位。

湖南卫视的"超级女声"赛事主办方成功整合了战略广告商和一般广告商、电信和移动运营商、平面和网络媒体、电视台、选手、选手赞助商和专业娱乐公司等产业主体的利益,有效延长了价值链、创造了更大的效用并分享了更多的利润,有效提升了自身的竞争力。

(二)横向一体化战略

横向一体化战略是指企业通过收购兼并竞争者同种类型的企业,或者通过在国内外与其他同类企业合资生产经营等战略来扩大企业的生产经营范围。其特点是与生产同一产品或同在一个经营领域的企业联合,企业能迅速扩大生产规模,提高生产能力,提高市场占有率,并且能有效地降低生产经营成本,提高机器设备的利用率,减少竞争的代价,便于统一采购原材料和销售产品,便于利用先进技术设备和工艺,从而使企业获得规模效益。

作为全球最大的娱乐传媒集团的时代华纳早期以横向并购为主,旨在扩大公司规模,增强公司在行业内的竞争力。时代华纳能够成为世界娱乐传媒领域的佼佼者,离不开对同行业强势力量的集中与整合。时代公司以杂志业起家,不仅创立了多种名牌杂志,而且积极收购其他有潜力的杂志,使公司的规模越来越大,

---

① 文东.打造上下游一体化新型集团[J].中国图书商报,2007,20(1).

几乎成为无所不包的杂志王国。华纳公司的唱片业更是通过多家唱片公司不断联合而壮大，不仅在国内市场上占据数一数二的地位，而且在国际市场上也位居前列。时代华纳旗下的特纳广播公司则通过拥有多家有线电视网而成为受众巨大、广告收入第一的广播电视网。时代华纳的这些子公司都是通过横向并购增强了公司的实力，提高了市场占有率，在减少竞争对手的同时加强了市场的控制力，实现了规模经济效益，从而在行业内具有了自身的核心竞争力。①

（三）复合一体化战略

复合一体化战略是指产品、技术、市场等各个方面没有直接关系的两个企业之间实行联合。这种战略可以壮大企业综合经营实力，提高市场竞争力，有效地降低经营风险，充分利用品牌优势，大大提高品牌的市场占有率，有利于企业实施长期的发展战略。

全剧总长度为212集的动画片《海尔兄弟》，是由中国北京红叶电脑动画公司和中国著名企业海尔集团联合投资6 000余万元，历时十余年制作的一部集娱乐性、知识性、趣味性为一体的寓教于乐的巨型动画片。它开创了我国动漫产业与实体经济有机结合的先河。2013年初，河南升环动漫公司与双汇集团联合打造动画片《双汇大森林》，消费者在购买双汇产品的同时，除了得到了物质产品之外，还附加了一种喜闻乐见的文化产品形式。合作双方还在影视动画、商品授权、在线娱乐、Cosplay演剧等产业链相关领域携手全面拓展。这种复合一体化的发展战略使得在传播企业文化的同时，也带动了动漫产业向纵深方向发展。

时代华纳一方面通过横向并购扩大规模，另一方面又通过纵向并购实现对各业务环节的控制，最终实现内容与渠道的联合。时代公司收购了英国最大的消费类杂志的发行商以及杂志订阅代理商，从而拥有畅通的发行渠道。华纳兄弟公司积极收购影院，为自己的电影播放铺设道路，并成为集制作、冲洗和放映于一体的电影公司。华纳唱片公司则通过并购拥有了多家各具优势的子公司，从歌手的培养包装，音乐作品的设计、制作、印刷、出版、发行到销售，形成了一个高度集成的产业模块。时代华纳通过纵向并购使业务上下游之间的外部交易转化为内部交易，大大降低了交易成本，增大了利润空间，减少了市场不确定性带来的风险。同时，时代华纳还通过对大量关键要素和业务环节的控制来影响竞争对手的活动，增高行业的进入壁垒，从而提高公司在世界传媒行业的竞争实力。②

---

① 王乾厚.文化产业规模经济与文化企业重组并购行为[J].河南大学学报,2009,49(6).
② 张金海,梅明丽.世界十大传媒集团产业发展报告[M].武汉:武汉大学出版社,2007.

二、文化企业集团战略

企业集团是以一个或若干个大中型文化企业为中心,由众多具有生产、经营、技术内在联系的文化企业,按照平等自愿、互助互利的原则,为了共同的经营目标进行多层次、多形式联合生产经营所组成的大型企业联合组织。许多知名的文化大型企业都以全国为视点,组建跨行业、跨地域的大型文化产业集团,形成一个技术优势互补,经营优势互补,市场优势互补,具有很大包容性和扩张性的综合性集团,打造文化产业的龙头企业。

加入 WTO 后,我国文化产业面临的发达国家文化产业竞争的挑战来自两个方面:一方面,庞大的国内文化市场不再为我国文化产业所独有,而成为发达国家文化产业竞相争夺的目标;另一方面,我国丰富的文化资源被纳入到世界文化产业的生产要素体系中去,限制了我国文化产业对我国文化资源的利用程度。在这种背景下,发展我国的文化产业,必须走规模化、集团化之路,组建以产品为龙头、资本为纽带的文化企业集团,允许文化企业通过资本运营,实行跨地区、跨行业、跨所有制的兼并重组,鼓励强强联合,实现优势互补,充分利用重组各方的资金、技术、管理、市场资源,促进技术进步和经营管理上台阶,降低产品开发、生产、销售成本,壮大自身实力,提升产业竞争力。

实行企业集团战略有利于企业形成综合的经济优势,有利于增强企业的市场竞争力和适应性,有利于促进生产要素的合理流动和重新组合,创造新的生产力,同时也是促进社会资源优化配置,实现规模经营的有效途径,企业集团组建的形式和种类很多,常以企业集团组建的目的和功能为划分标准。

(一)单点辐射性战略

以大型骨干企业的名优产品、系列产品为龙头,向外辐射,把一批相关的生产同类产品的企业组织起来,形成以主导产品为核心、多层次配套网络的企业集团。这种类型的企业集团发展较早,数量较多,也比较成熟,适用于大规模专业化企业。

2010 年成立的安徽演艺集团有限责任公司是目前安徽省内规模最大、艺术水平最高的综合性表演艺术团体。公司以主旋律剧目为龙头,融入新兴业态,全面激发艺术生产活力,推出了一批精品力作。其中,弘扬沈浩精神的话剧《魂系小岗》,现已在全省 12 个地市巡演 65 场;创排大型黄梅戏交响清唱剧《天上人间》,用全新的艺术样式创新演绎黄梅戏经典剧目;创排"3D 全息大型黄梅戏"《牛郎织女》,在国内首次将 3D 全息科技手段运用于中国传统戏曲舞台;推出徽韵动漫剧《小红帽梦幻奇遇记》《黑脸大包公》和儿童动漫剧《花仙子智斗灰太郎》为传统艺术融入新的时尚元素。依托集团规模优势,充分做到了主业突出、特色鲜明。

(二) 多元化配套型战略

这种战略通常是指企业在原主导产业范围以外的领域,增加与企业目前的产品或服务显著不同的新产品的生产经营活动。文化企业采用多元化配套型战略的主要目的就是可以更多地占领和开拓新市场,可以避免单一经营的风险。多元化配套型战略要求企业能够根据市场环境变化积极调整产品结构和自身的组织、经营结构,让有用的资源形成共享状态,与合作伙伴之间实现协同效应的充分发挥,同时,能够在主要业务领域展开有效部署,发挥核心竞争力和影响力。例如,为保证某个大型文化建设项目所需设备的成套性,以各大型骨干企业及相关设计单位为主体,实行从设备设计、制造、安装、调试到人员培训、维修、服务等全过程统一。如图4.4所示。

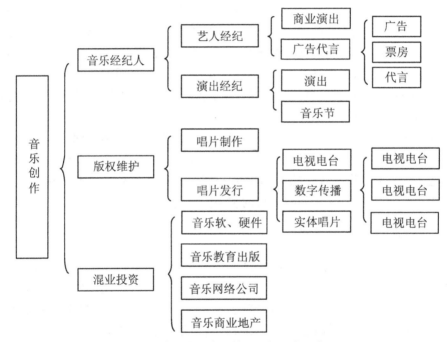

图 4.4 音乐内容产业的多元化配套示意图

发达国家的文化产业领域已改变了传统的个体化、手工化、小生产化和在狭小圈子中传播的特点,呈现出集约化、高科技化和大批量生产,以及通过大众传媒广泛扩散的态势。当前,我国文化产业发展中一个突出的问题就是条块分割,市场竞争不足,大量同质的文化企业之间既形成不了竞争,也做不到专业的合作。要创造有利于文化产业集团发展的市场环境,就要打破条块分割的市场体系,建立报纸、广播、电视、出版、音像制作和网络资源共享的跨行业文化产业集团,实行文化产业的跨行业经营。

安徽出版集团结合品牌优势,围绕大文化产业,积极实施"多元"战略,拓展经营领域。集团先后以投资参股、兼并等战略合作形式进入房地产、出版、印刷、媒体、影视、酒店、旅游、文化用品批发等业务领域,大力培育新的业态和利润增长点,重视品牌延伸的有效范围,不断增强企业的综合实力。

(三)产销联合性战略

产销联合性战略又可被称为产销一体化战略,它是以最终产品为纽带,将某种文化产品的原材料供应企业、产品研发企业、产品生产企业、产品销售企业联合在一起,组成的研、产、供、销"一条龙"的发展战略。如图4.5所示。

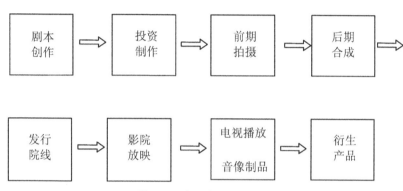

图 4.5 电影产业链示意图

近些年,我国文化企业虽得到了迅猛发展,但由于相当一部分文化企业暴露出分散性、企业规模小、竞争力低的问题,困扰着很多企业的经营者,若能在文化产品的产销体系之间突破一般的买卖关系,设立共同目标,实现实质性的联合,形成规模化,品牌化的经营效应,便能在很大程度上有效地降低成本,提高生产效率,保障各种渠道的畅通和稳定,提高各自利益和整体利益的竞争力,达到合作共赢。

数字技术的迅猛发展为文化企业培育了新的经济增长点,也为加快对原有文化企业的技术改造提供了便利条件。随着现代通信技术、数字传输技术、网络技术的加速发展和电脑的普及,文化产品的生产方式、流通方式和消费方式发生了重大变化。重视高新技术与文化产业的融合,注重把高新技术运用于文化产品的创作、生产、传播等各个环节,已成为跨国文化企业集团的普遍做法。文化企业以现有的产品、技术和市场为依托,以文化产业市场交易内部化为目的,将上游产业和下游产业结合起来,从而形成真正的产业链。

三、文化企业兼并与合并战略

随着社会主义市场经济的形成,企业之间资产重组,产权交易,资本流动已成为市场经济发展的潮流和趋势,通过实施企业兼并与合并战略对产业结构、产品结构和企业组织结构的调整,能够优化和升级经济结构和资源配置,降低交易费用,提高企业乃至全社会的经济效益。

(一)企业兼并与合并战略的含义

企业兼并是指一个具有法人资格的经济组织,以现金购买方式或以本企业股票调换其他企业的股票,从而取得后者的全部资产或控制权,剥夺法人资格,承担被兼并企业的全部债权债务,以扩大现有企业规模和经营范围的一种产权转让后资产重组的交易方式。

企业合并是指参与企业通过所有权与经营权同时有偿转移,全部放弃法人资格,不再独立存在,实现资产、要素、经营的合并,由一个新成立的、取得法人资格的企业统一经营的企业产权交易形式。在我国,国有文化企业合并多数属于行政性合并。

(二)企业兼并与合并战略的原因

企业合并必须通过资产重组来实现,资产重组是以盘活存量、壮大企业资本规模、优化企业经营结构为主要内容,是企业向外部扩张资本的重要形式。文化企业提供的产品和服务只有实现规模经济才能够为大众持续地提供消费满足、成为真正意义上的企业。在我国,很多文化创意产业正处于起步阶段,企业规模多为中小型,自有积累资金不足,融资需求强烈。然而,文化企业的突出特点是:知识产权无形资产居多,实物资产较少,很难通过抵押等方式获得银行贷款,正面临融资难的现实困境。

鉴于以上认识,文化企业的并购行为是出于以下方面的原因:一是实现文化企业的快速扩张。由于企业间并购重组的成本要大大低于扩建、新建工厂,同时也会使经营规模的扩张速度加快,因此,企业并购成为文化企业发展规模经济的首选。二是实现文化企业间的协同效应。并购不仅可以对文化企业的资产进行补充和调整,使文化企业在保持整体产品结构的情况下,在各个子公司中实现产品单一化生产,避免由于产品品种的转换带来生产时间的浪费,而且可以使文化企业集中足够的科研经费用于研发,从而能够采用新技术,改进服务工艺,迅速推出新的文化产品。三是文化企业能够获得垄断利润和竞争优势。文化企业通过并购,可以使市场份额得以扩大,生产也逐渐向这些企业集中,随着规模经济效力的扩张,最终会形成几个联合企业集团或者寡头竞争格局,进而增高产业壁垒而产生更高层次的竞争,而竞争的结果会使文化企业进一步降低成本并加快产品质量的提高,以此形成垄断利润和竞争优势。四是提高文化企业的管理效率。文化企业的并购不仅可以使效率高的经营者取代效率低的经营者,而且并购对现有的经营者施加了无形的压力,迫使其提高经营效率。[①]

(三)企业兼并与合并战略的作用

文化企业兼并与合并战略不仅可以扩大资源配置范围,控制生产和经营成本,产生新的利润增长点,从而提升文化产业链的整体价值,而且还可以降低经营风险,化解新技术带来的冲击。在多数情况下,文化企业通过兼并与合并,往往能够进入与原有文化产品相关的众多经营领域。一方面文化企业规模的扩大,使文化企业对原有供应商和销售渠道的控制加强,从而提高了文化企业对主要文化产品市场的控制;另一方面,文化企业通过混合并购扩大了企业规模,使文化企业拥有相对充足的财力,可与市场上的竞争者进行价格战,采用低成本的定价方式迫使竞争者退出某一领域,从而达到独占市场的目的。

企业通过并购成为巨型企业集团是现代经济史上的突出现象,世界上一些著名的文化企业集团都是通过并购成长起来的。美国的时代华纳公司正是通过并购和售卖而突出其核心优势,形成整体产业价值链,从而成为世界文化产业中娱乐传媒巨头。

(四)企业兼并与合并战略的种类

企业的资产重组能否顺利进行,重组后能否实现现代化组合、壮大自身,与重组模式的选择是否得当密切相关。企业必须依据最小代价、最大效益、最佳时机的基本原则,根据各企业的产权关系、资产质量、人员结构、债务负担等具体情况,选择最为合适的重组模式。以出资方式分,企业重组有兼并收购式、整体合并式、租赁改造式、债权转换式等重组模式。

1. 兼并收购式

兼并收购式是指一方企业以出资方式收购另一企业资产或产权的行为。兼并并收购可以是整体兼并收购,也可以通过购买部分产权或股权,达到掌握对方经营决策权,以控股方式实现。

兼并收购作为有偿取得所需资产的一种方式,要求并购方有雄厚实力和融通资金的能力,相对来说,财务风险比较大。一个企业在并购另一家企业时,在并购

---

① 王乾厚.文化产业规模经济与文化企业重组并购行为[J].河南大学学报,2009,49(6).

对象的选择、并购力度的掌握、并购事件的安排等方面总是慎之又慎,并购行动完成后,资产重组的速度、效能也往往是最快、最好的。

2. 整体合并式

整体合并式重组是指两个或两个以上的企业通过一定的途径合并成为一个企业。可以是强强联合,也可以是劣势企业并入优势企业。可以是合并的各方面原有企业法人资格消失,重新组成一个新的企业法人,也可以是其中的一个主题优势企业的法人资格不变,其他企业加盟于主体企业。整体合并式重组是成本最低的一种资产重组方式。无论是强强联合,还是其他企业加盟于主体优势企业,都不需要拿出许多资金来购买合并进来的资产。合并后的企业各种生产要素扩大,通过进一步的改造,有可能迅速提高生产能力和竞争能力。

企业整体合并的一个重要前提是合并各方的产权主体一致或接近。企业的整体合并一般有两种途径:一是"自由恋爱式"。企业为壮大自己实力,自行协商,自由组合。二是"行政推动式"。即一级政府或上级主管部门从本地区、本系统、本行业的经济发展规划、总体布局等出发,通过行政决策,推动企业的整体合并。目前,我国许多大型文化企业集团的组成,大部分是行政推动的结果。

3. 租赁改造式

租赁改造式重组是企业改革和资产经营中一种富有创造性的模式。它是通过租赁的方式,取得被租赁企业的资产在一定时期内的经营使用权,经过适当的投入和改造,迅速形成新的生产经营能力。这是一种投入少、见效快的比较灵活的资产重组方式。如很多的出版社租赁改造一些印刷厂,取得其经营权,从而获得图书产品成本的降低和资源的整合。

租赁改造式重组的优点:一是前期资金投入少,财务风险小,企业可以集中有限的资金搞好企业改造和扩大生产能力;二是动作简便。企业租赁的只是被租赁企业有效的资产,并不同对方的债务、人员发生关系,纠葛、麻烦少。对被租赁企业来说,盘活了限制资产,每年有稳定的租赁收入,且毫无风险。

4. 债券转换式

沉重的债务链是困扰我国众多文化企业的一大难题。不少企业陷入于"三角债"的怪圈中难以自拔,以致严重影响了自身的发展。在资产重组的过程中,一些企业积极尝试将债券转换为股权,以此来揭开债务链,取得了良好的效果。

为了充分发挥市场在文化资源配置中的基础性作用,激发文化企业的市场主体性,就要以需求为导向组织各种文化经济活动,以资本为纽带盘活存量资产,加大资本运作的力度,实现文化资产的保值增值。文化企业通过规模经济能够把企业的专业化活动分解成许多的价值链,管理者可以通过对价值链的选择来制定扩张政策,从而增强产业整合市场的能力。随着具有规模经济的文化企业的增加,其对文化市场的支配能力愈发增强，易于形成成本上的优势，在一定程度上能够减少行业之间竞争的激烈程度，增高文化产业的进入壁垒，竞争力较弱的文化企业必将被竞争力强的大企业所并购，这样不仅实现了资源的优化配置，而且能够保护文化产业的发展。

据不完全统计，目前全国有文化企业近30万家，从业人员180万余人。其中，有不少经营性文化事业单位顺利地完成了转企改制，成为规范的市场主体，使国有资本在文化领域的比重得到增加、主导作用得到增强。比如，中国对外文化集团公司、中国东方演艺集团有限公司、上海文广演艺（集团）有限公司、江苏演艺集团有限公司等一批国有或国有控股文化企业获得了迅速的发展壮大。总资产和总收入超过50亿元或100亿元的大型骨干文化企业相继涌现，其中已有26家在境内外成功上市。另外，文化领域之外的国有资本和民营资本大量进入文化产业，多元的、股份制的或民营的文化企业得到了迅速发展，一批效益良好、拥有自主知识产权的知名品牌令人瞩目，如深圳华强集团推出的系列文化主题公园、张艺谋策划团队推出的印象系列实景演出、杭州宋城集团所经营的文化主题公园和舞台剧《宋城千古情》，均获得了很好的经济效益和社会效益，对我国文化产业的发展发挥了积极的引领和示范作用。①

资料链接4

独立制片商——狮门电影公司的发展模式启示

所谓独立制片公司是指那些不直接附属于主流电影公司的制作公司，它们必须在大片场之外寻找投资人，通常50%以上资金来自于主流电影公司之外的投资人。

狮门电影公司（Lions Gate Films，以下简称狮门公司）总部位于美国加州圣莫尼卡，业务遍及英国、哥伦比亚、美国、加拿大。截至2007年，它是商业模式最成功的独立电影和电视公司。狮门公司靠争议片、恐怖片起家，通过并购和多元化发展逐渐壮大，凭借《饥饿游戏》《电锯惊魂》等系列卖座电影，渐渐发展成为紧随华纳、索尼、福克斯、环球、迪斯尼、派拉蒙之后的好莱坞第七大制片公司。

作为全球最大的独立制片公司，狮门公司通过细分市场定位、低成本组合投资、衍生收入的深度挖掘、版权库的稳定现金流、合作拍片的资源杠杆以及多元化的融资渠道和金融平台，实现了自成立以来连续15年的收入正增长。如果说合拍

---

① 欧阳坚.培育骨干文化企业，提升文化产业素质[J].学术探索，2011(6).

片是独立制片商延伸能力边界的主要手段和放大战略资源杠杆的重要途径,那么金融平台的构建则是其放大资本资源杠杆的重要途径。在狮门公司的成长过程中,80%以上的金融资源都来自于外部投资平台,包括公开市场发行、私募股权融资、私募债权融资、可转债发行、电影基金募集等,此外还有收益权分享融资、发行权质押融资、银团贷款、并购贷款等。多渠道融资成为狮门规模扩张和拓展衍生收入渠道的重要支撑。事实上,狮门公司快速成长的背后是文化与金融的有机结合。具体而言,狮门公司获得成功的原因主要在于:

1. 细分市场定位,减少竞争

作为独立制片商,狮门的影片投资规模很难与华纳、福克斯等主流电影公司匹敌,正因为这一点,它将核心产品定位于电影市场。以恐怖片、动作片、艺术片及其他特殊题材的"类型片"著称,尤其是以《电锯惊魂》为代表的系列影片,确立了狮门在恐怖片细分市场的领导地位,并获得了相对稳定的观众群。目前,公司占有北美地区恐怖片DVD市场销售份额的20%以上,占有健身类DVD市场销售份额的30%以上,占有非影院版儿童影片市场份额的15%左右。

今天,狮门公司的做法已经开始被其他独立制片商效仿,但由于市场的整体盈利空间有限,先进入者已经形成的品牌优势和渠道优势压缩了后进入者的投资回报空间,对投资人形成有效威慑,从而屏蔽了后来者的激烈竞争。

2. 低成本组合投资,分散风险

在定位细分市场的基础上,狮门强调低成本影片的批量化制作。2011年,公司宣布了一项微电影计划,即每年投拍10部预算在200万美元以内的微电影。低成本策略下,狮门影业单片的平均制作成本仅为主流制片公司的1/4~1/3。在电视制作领域狮门也同样奉行低成本、细分市场原则,这使得公司通常可以在电视剧发行的第一季里就通过有线电视网授权费、国际版权转让费、州政府补贴和DVD销售来覆盖成本。2013年发行20部影片,这一发行数量已与6大电影公司相当,但其单部影片的投资成本却远低于主流电影公司。狮门自制或合拍影片的制作成本一般不超过3 500万美元,而收购版权后加工制作的影片,成本更低,一般在100~500万美元之间,直接用于DVD销售或电视台播放的电视、影片拍摄成本也控制在100~500万美元之间。

年收入近16亿美元的狮门并不是投不起大片,它对低成本影片的偏爱源自对"组合投资、降低风险"的考虑,每年20部影片的发行制作在很大程度上分散了单一影片的投资风险。

此外,低成本影片还降低了前期的资金压力,狮门通常要求影片拍摄前"合拍方或财务投资人的投资承诺+政府补贴+发行权预售"应达到制作成本预算的70%以上,否则就不能开机,从而降低了拍摄过程中资金链断裂的风险。

3. 拓展衍生收入，提高投资回报率

在预售海外发行权、提前回笼部分现金的同时，狮门公司通常会保留北美地区电影、DVD、电视等作品的多种发行权，以拓展衍生收入空间，提高投资回报率。狮门公司每年的 DVD 销量达 1 亿张，票房和 DVD 收入转化率是行业内最高的，与其他电影公司相比，狮门公司可多转化出相当于票房收入 20% 的 DVD 收入。

除了 DVD 销售，近年来狮门公司还大力拓展数字产品、网络产品。公司通过收购 Artisan 获得了视频点播网 Cinema Now 的控制权，与索尼和 Comcast 合资成立了恐怖片的跨媒体平台 FEARnet；与 Viacom、派拉蒙、米高梅合资成立付费电视频道 Epix 等等。

此外，公司还与苹果、亚马逊、微软 XBOX、沃尔玛、百思买等签定了数字产品的授权协议。从影院上映，到 DVD 销售、蓝光影碟发行，再到视频点播、付费电视、数字产品授权，以及衍生产品销售、全球化发行，衍生收入将电影产品的寿命从 3 个月延长到了 3 年，甚至更长时间。销售周期的延长贡献了多元化的收益结构，提高了总投资回报率，降低了电影票房收入的盈利门槛，有关数据显示，狮门发行的影片中，3/4 都能盈利。

4. 构建版权库，提供稳定现金流

狮门公司盈利的另一个法宝是其版权库。通过对 Trimak 等公司的收购，公司逐步积累起一个由 2 000 部影视作品构成的版权库。2006 年，公司又收购了独立发行商 Debmar-Mercury，使版权库规模进一步扩充到 12 000 部。

目前，公司版权库规模已达 13 000 部影视作品，成为独立制片商拥有的最大规模的影视版权库。未来，公司计划版权库每年能够新增 80 部以上的影视作品。在此基础上，再对外单独购买 50 部影视作品的数字版权，为未来数字平台的进一步发展奠定基础。

当然，以合适的价格收购版权只是第一步，版权库的价值释放更加重要。狮门定期对版权库的内容进行包装和再包装，制作成 DVD 产品或数字产品，分销给零售商、DVD 厂商、电视台以及数码厂商和网络平台。相关版权产品的销售收入达 4 亿美元，每年能贡献至少 2 亿美元的稳定现金流，基本覆盖了总部的运营成本，成为公司稳定发展的基础，而稳定的版权库收入也是狮门公司不同于其他独立制片商的重要特征。

总之，多样化的收入结构成为狮门稳定业绩的重要基础，衍生收入已成为现代电影公司提高回报率的最重要渠道。

5. 合作拍片，放大资源杠杆

作为独立制片商，在扩大收入渠道的同时，为了弥补自身资源能力的不足，公司采用了广泛合作拍片的模式，如在动画制作领域，狮门与拥有"蜘蛛侠"等漫画英

雄人物版权的惊奇娱乐达成协议,将共同制作8部原创系列动画片用于家庭影院系统;在恐怖片领域,狮门与鬼屋公司达成协议,每年合拍若干部恐怖片,直接用于DVD发行;在喜剧领域,全面参与泰勒·派瑞作品的制作发行。

此外,2010年狮门还与西班牙语电视台合作发行英语和西班牙语双语电影,瞄准美国的西班牙裔观众;2012又与电视节目制作公司雷鸟公司合资组建Sea to Sky Entertainment,共同制作一些商业化的电视节目。可见,合作拍片已成为独立制片商延伸能力边界的主要手段。

6. 多融资渠道,充分利用资本杠杆

金融平台的构建是狮门公司放大资本资源杠杆的重要途径,多渠道融资成为狮门规模扩张和拓展衍生收入渠道的重要支撑。

(1) 私募融资

狮门公司是一家以收购方式组装而成的公司,1997年公司凭借从私募投资人那里募集的1.2亿加元完成了对Cinepix(Lions Gate Film)、North Shore Studios (Lions Gate Studios)、Mandalay Television的收购和Mandalay Pictures的组建。

1999年12月,狮门公司又从微软创始人之一Paul Allen、SBS广播公司、富达投资(Fidelity)处募集了3 300万美元的优先股权资金,支持了后续版权库的收购。因此,私募股权资金成为狮门早期成长的最重要金融支持。

(2) 上市融资

1997年11月,狮门公司在加拿大借壳上市、1998年11月在美交所挂牌上市,两次上市都没能贡献股权资金,直到1999年3月,公司才成功完成了第一次公开市场发行,承销商Yorkton Securities、First Marathon Securities、美林证券(加拿大)认购了625.6万股普通股,融资2 880万加元;2003年6月,狮门又在美国市场增发融资3 300万美元,10月,再度增发融资7 350万美元。

(3) 换股收购

对于狮门公司来说,上市不仅仅为了融资,更为公司提供了并购扩张的有力工具——换股收购。成立之初,公司就利用换股方式买下了Cinepix 52.4%的股权;1998年4月,狮门又以可转债方式换购了擅长制作纪录片和真人秀节目的Termite Art Productions;2000年10月,以"现金+换股"方式收购了Trimark Holdings Inc.,获得了该公司650部影片的版权库,并由此启动了狮门的DVD制作销售业务;2005年10月,公司以"现金+换股+承债"方式收购了英国一家独立发行商Redbus,获得了130部影片版权;2012年1月,公司又以"现金+换股"方式收购了顶峰娱乐。

总之,高成长支撑下的高估值降低了狮门公司的换股收购成本,而频繁的收购扩张又进一步提升了公司的成长潜力,支撑着资本市场的高估值,并降低了换股收购成本,形成了收购扩张与资本市场之间的良性互动。

(4) 跟片贷款

股权融资之外,债权融资也是影视公司的重要融资渠道。早在1999年3月,狮门就与大通曼哈顿银行达成由保险资金担保的跟片贷款,即针对由派拉蒙或其他国际发行人发行的影片提供单片贷款额度。

2009年10月,狮门又获得了一笔1.2~2亿美元的跟片循环贷款额度,贷款以电影发行版权质押,并在电影发行后9个月内偿还。

(5) 银团贷款

不过,跟片贷款无法满足公司整体扩张和版权库扩容的战略需求,为此,它需要基于公司整体的信贷额度。但影视领域的高度不确定性又使得任意单一银行都不愿独立承受高风险,于是就有了银团贷款的需求。

作为娱乐传媒领域的新生力量,狮门的成长一直受到摩根大通的支持,2000年8月,以JP摩根、Dresdner-Bank、加拿大国家银行领衔的银团为狮门公司提供了2亿美元的循环信贷额度。

(6) 并购贷款

此外,以并购著称的狮门公司自然也少不了利用并购贷款这一金融工具。2003年12月,为完成对独立制片商Artisan的收购,公司就与摩根大通银行达成3.5亿美元的并购贷款协议,包括1.35亿美元的5年期定期贷款和2.15亿美元的5年期循环信贷额度。此次收购使公司版权库规模从此前的2000部影视作品扩容到8000部。2012年1月,为完成对顶峰娱乐的收购,公司又借助与摩根大通、巴克莱资本等金融机构的合作,获得了一笔5亿美元的定期贷款支持。与换股并购一样,并购贷款是狮门扩张过程中必不可少的金融工具。

(7) 可转债发行

除了股权和债权等传统融资工具,可转债等结构化金融工具也成为许多文化娱乐企业的偏爱。由于业务的高度不确定性,文化企业的现有股东与新投资人之间经常出现较大的估值差异,此时,狮门就会选用可转债融资工具,它既可以避免低价发行股票带来的过度稀释影响,又降低了债券融资利率。

此外,公司还通过发行认股权证进行小规模融资,这些认股权证成为公司吸引优秀人才、降低固定管理费用的重要工具。

(8) 私募次级债发行

金融危机期间,股市和债市的双双崩盘使公开市场融资渠道近于封闭,狮门开始更多使用私募市场的次级债券融资渠道。由于此类债券的投资人在偿债优先级上低于以发行权或版权质押的银行贷款,所以,融资成本较高(在10%以上),但作为金融危机期间少有的融资渠道,它仍然发挥了重要作用,2011年5月,追加发行

5年期私募次级债融资2亿美元,票面利率10.25%。在这些资金的帮助下,狮门安然度过了金融危机。

(9) 剩余收益分享权融资

所谓剩余收益分享权融资,其实就是项目层面的股权融资。通常,制作方与投资人达成协议,在未来几年就一揽子规划中的影视作品进行共同投资,投资人在每部影片中的投资额度不同,但有一个统一的投资比例上限和协议项下的总投资额上限,相应地,投资方可根据实际出资比例分享每部影片的剩余收益(即从票房收入中扣除发行费用、制作成本和主创团队收益分享后的剩余收益)。

如2007年5月,狮门公司与私募电影基金Pride Pictures达成协议,Pride将在未来3年为23部狮门影片的制作、收购、营销、发行提供总额达2.04亿美元的资金,具体到每部影片的参与比例不同,但不超过50%,并获取对应份额的投资制作收益。

(10) 政府资金扶持

政府平台也常以剩余收益分享的方式支持本地区影视企业的发展。2001年,公司就曾与加拿大魁北克政府基金SGF合作,由SGF为狮门旗下合资动画公司Cine Group提供1400万加元的股权资金,用以支持其家庭娱乐产品的制作;2007年7月,SGF又与狮门公司达成协议,将在未来4年为狮门提供总额1.4亿美元的股权资金,SGF在每部影片中的投资比例不超过35%,项目扣除制作成本、发行费用和主创团队收益后的剩余收益按各方投资比例分享。

除以剩余收益分享方式提供股权资金外,政府机构还以贴息贷款、税收优惠、财政补贴等方式支持影视企业发展。而狮门则以擅长利用各国、各地方政府的各类补贴优惠著称。如2008年4月,狮门与宾夕法尼亚州政府达成协议,在未来两年内可以获得一个为期5年、总额为6550万美元的贷款额度,作为交换,公司将在2年中为宾夕法尼亚州提供一定数量的就业岗位。

此外,狮门还广泛申请加拿大和德国政府的税收优惠、英国政府的财政补贴等,2009财年,公司从各国政府获得的税收优惠总额达到3940万美元,2010财年进一步上升5170万美元。政府投资平台已成为公司分散投资风险、提高投资回报的另一重要渠道。

(11) 成立自己的电影基金

在利用第三方电影基金的同时,狮门也成立自己的电影基金,如2001年成立了有限合伙企业Cine Gate,融资2.7亿加元,投资于加拿大的影视制作,狮门作为管理人从中获取管理费及提成收益。2007年5月,公司又募集了4亿美元的电影基金;7月,募集了1.4亿美元的电视和电影基金,从而扩大了管理资产规模。

(资料来源:杜丽虹.玩转文化并购[J].新财富,2012(10).)

第五章　文化企业形象塑造

"形象"一词在中国自古有之，大致可与英文中的"image"等词相对应。要科学、准确地理解形象概念，应该从主体(客观存在的人或事物本身)、客体(人或事物的观察者、反映者、思想者)、主客体关系三个维度来对其进行界定。就客体而言，形象是人们在一定条件下对他人或事物的总体评价和印象，人是形象的确定者和评定者。就主体而言，或者说站在主体的维度，形象是人或事物由其内在特点所决定的外在表现。就主客体关系而言，形象是人们在一定条件下对他人或事物由其内在特点所决定的外在表现的总体印象和评价。从这种意义上讲，形象是关系，是在一定条件下的人和一定条件下的物在一定条件下的关系。[①]

现代市场竞争中，企业能否生存与发展不是完全由企业某一方面的实力所决定的，而是通过良好企业形象的塑造，取得社会公众的信任，从而在市场竞争中取得的优势。良好的企业形象是企业的无形资产，更是竞争综合实力的具体体现，在企业经营策略中起着举足轻重的作用。

第一节　企业形象的内容与功能

企业形象的塑造，也可将其称为 CIS(Corporate Identity System)设计，也就是企业形象识别系统的建立。企业形象是社会公众对企业经营宗旨、方针政策和市场行为所做出的整体感觉、印象和认知，是企业在社会公众中的现实反应。企业形象的好与坏，直接影响着文化企业在社会公众中的可接受程度，决定着企业的经营成败。

[①] 秦启文，周永康.形象学导论[M].北京:社会科学文献出版社,2004.

一、企业形象的内容与构成

(一)企业形象的内容

从心理学的角度来看,形象就是人们通过视觉、听觉、触觉、味觉等各种感觉器官在大脑中形成的关于某种事物的整体印象,简而言之就是知觉,即各种感觉的再现。形象不是事物本身,而是人们对事物的感知,不同的人对同一事物的感知不会完全相同,因而其正确性受到人的意识和认知过程的影响。由于意识具有主观能动性,因此事物在人们头脑中形成的不同形象会对人的行为产生不同的影响。①企业形象是一个企业整体实力和综合素质的反映,因而企业形象在具体形成时,是通过各方面的形象表现和聚合而成的,是企业状况的综合反映。企业形象的内容很多,根据不同的分类标准,企业形象包涵为以下几大方面:

1. 企业外显形象

企业的外显形象是指企业的外部面貌、特征和社会公众对其所作的评价和认定。它是企业整体形象的重要组成部分,是内在形象的外在表现。构成企业外显形象的因素主要有以下几个方面内容:

(1) 企业建筑设施

企业的生产经营场馆、办公楼、职工福利、文化等建筑设施,其建筑的风格、色彩、结构、布局等方面都能反映出企业的特点,对公众产生良好的印象起着重要的作用。

(2) 作业现场环境

作业现场环境的好坏,在一定程度上显示着企业的管理水平和企业及职工的精神面貌。整洁干净可以使员工心情舒畅,激发热爱企业、献身企业的归属感和责任感,为吸引人才、资金、技术创造条件。

企业生产作业现场,是产品的诞生地,是两个文明建设的结合点,是企业文化建设的一项基础性工作,也是一项"永久性工程"。文化企业要以强化保洁为切入点,改善生产作业环境;以技术创新为依托,提高生产作业环境建设的层次;结合各类场所的特点,美化生产作业环境,提高职工素养,将生产作业环境建设作为一项重要的经营原则。②

(3) 门面装饰和内部陈设

门面是企业的"脸面",社会公众接触企业,首先看到的是企业的门面及其装饰,它展示着企业的风貌,很容易对公众产生第一印象。对于文化企业而言,其办公楼和各种设备器具、用品的设置与摆放,均是构成企业外显形象的重要因素。文

---

① 张德,吴剑平. 企业文化与 CI 策划[M]. 北京:清华大学出版社,2000:124.
② 林廷魁. 经营作业现场,创造和谐环境[J]. 当代经理人,2006(10).

化企业要注重门面装饰和内部陈设的艺术性与文化性,要根据不同的文化业态的类型和环境、功能要求,创造富有特色的文化,这些都可能在公众心目中产生一种时代感和文化内涵,易于吸引客户和消费者。

(4) 企业名称和标识

企业名称和企业标识在一定程度上也反映了企业的风格、特征。醒目、简介、富有寓意的企业名称和标识能给大众留下深刻的印象,有利于信息的传播和提高企业的知名度和美誉度。

文化企业的名称不仅要体现出企业深厚的文化底蕴,富于文化气息,传递企业的价值观信息,使受众获得生活和精神上的双重愉悦,同时还要能够充分体现行业特点,做到雅俗共赏,朗朗上口,易读易记。文化企业的名称通常能反映经营者的经营特色或反映产品的优良品质,使消费者易于识别并产生信任感、好奇感和充分的购买欲望。如北京光线传媒股份有限公司、上海盛大网络发展有限公司、完美世界(北京)网络技术有限公司、深圳华强文化科技集团股份有限公司、百视通新媒体股份有限公司等。

文化企业的名称还要符合国家相关法律法规的规定。例如,1991年国家工商行政管理总局发布的《企业名称登记管理规定》中第九条规定:企业名称不得有损于国家、社会公共利益的;企业名称不得有可能对公众造成欺骗或者误解的;企业名称不得有外国国家(地区)名称、国际组织名称;企业名称不得有政党名称、党政军机关名称、群众组织名称、社会团体名称及部队番号;企业名称不得有汉语拼音字母(外文名称中使用的除外)、数字;企业名称不得有其他法律、行政法规规定禁止的。第十条规定:企业可以选择字号,字号应当由两个以上的字组成,企业有正当理由可以使用本地或者异地地名作字号,但不得使用县以上行政区划名称作字号,私营企业可以使用投资人姓名作字号。第十一条规定:企业应当根据其主营业务,依照国家行业分类标准划分的类别,在企业名称中标明所属行业或者经营特点。第十二条规定:企业应当根据其组织结构或者责任形式,在企业名称中标明组织形式,所标明的组织形式必须明确易懂。

文化企业标识是通过意义明确的统一的视觉造型,将企业的经营理念、企业文化、企业规模特性等要素进行视觉融合,使之表现企业特征的图案和文字。企业标识是企业视觉形象的核心,它构成了企业形象的基本特征,是企业综合信息传递的媒介,体现了企业内在素质与涵养。企业标识不仅是调动企业各部分视觉要素的主导力量,也是整合企业各项视觉要素的中心,从这一点上可以看出它已成为了企业的无形资产。

(5) 企业的网站、微博等

企业网站、微博是企业利用互联网进行网络建设和形象宣传的重要平台,有利于提升企业品牌形象,从这一点来看可以把它比作企业的"网络名片";同时,企业借助网站、微博等网络方式全面详细地介绍公司及展示公司产品或服务,从而能够加强与企业外部的沟通能力,保持与客户的密切联系等重要作用。文化企业的网站要能够注重浏览者的视觉、听觉体验,尤其是突出企业或产品的个性,在众多的企业中脱颖而出。

2. 企业成员形象

企业成员形象是指全体成员的整体状况、特征及其在公众中所形成的印象和评价。由于企业成员置身于企业之中,他们不但能感受到企业外在属性,而且能够充分感受到企业精神、风气等内在属性,有利于形成更丰满深入的企业形象。它包括管理者形象和职工形象:

(1) 管理者形象

管理者形象是指企业领导者的能力、素质、魄力和工作绩效等方面给予企业成员、同行或社会公众留下的印象。一个企业管理者的良好形象,绝不仅仅局限于日常言行举止和衣着打扮,在一定程度上也反映着一个企业的形象。管理者所面临的公共关系是多种多样的,有与上级之间的,有对下属而言的,也有对客户而言的。

管理者的形象主要取决于管理者的素质,具体包括政治、品德、气质、知识、才能、社交、经验及能力等方面所具有的基本条件和内在结构。管理者的形象塑造过程其实就是一种心态修炼、理念修炼的过程,最终得到社会各种力量的认可。企业管理者要将自己塑造成具有高品位的文化素养和现代管理观念的"人物",适应市场经济的需要,使企业在竞争中立于不败之地。要把握好企业文化的方向和基本原则,在学习、借鉴优秀企业经验的基础上,拓宽视野、不断创新。[1]

企业管理者是推动企业发展壮大的骨干力量,在市场经济大潮中,他们纵横驰骋;他们受万人敬仰;他们以自身的人格魅力构成强大的影响力,带动员工点石成金,化腐朽为神奇;任何一个卓越的企业管理者,都毫不例外是企业高级的推销员。作为推销员的管理者,重点不是企业的产品和服务,而是企业的观念、哲学、文化、形象等。管理者只有成功地推销出企业这些优秀精神产品,才能使之转化为优质的物质产品,用户只有接受了你的精神文化,才会乐意接受你的物质文化。[2]

作为文化创意产业的先行者的池宇峰,现任完美世界董事长,大学期间,卖过报纸,到中关村站过柜台,开过化工厂,是清华大学边学习边创业的典型之一。30岁不到就成为中国最大、最知名的教育软件开发商。1996年创办洪恩教育科技股份有限公司,从事教育领域,开始进入中国文化产业。2004年,池宇峰在文化产业领域更进一步,以互动娱乐产品为载体,从另一个角度进入文化产业。当年创办

---

[1] 李森.企业形象策划[M].北京:清华大学出版社,2009:56.
[2] 尚玉祥.试论企业管理者的形象定位[J].经济师,2007(6).

北京完美时空网络技术有限公司(后更名为"完美世界(北京)网络技术有限公司")。公司从创始之日起,一直致力于创造优质的互动娱乐文化产业品牌,倾力打造拥有自主知识产权的高质量网游精品。2007年7月,池宇峰先生率完美世界于美国纳斯达克股票市场成功上市。2010年11月1日,池宇峰将成立于2008年的北京完美时空文化传播有限公司正式更名为完美世界(北京)影视文化有限公司。创立完美世界影视,意味着池宇峰在教育文化产业、互动娱乐文化产业取得成功后,再次以影视文化产品为载体,从新的角度服务中国文化产业。池宇峰认为,完美世界一直想把自己打造成为一个全球化的游戏企业。

(2) 员工形象

员工形象是企业成员的主体形象。它是指企业员工的思想品德、文化、技术、职业道德、敬业精神、精神面貌等特征对外界公众所产生的印象。

企业员工形象作为企业形象的重要构成要素之一,它是对员工的一种总体评价,是各种具体评价的总和;它的塑造主体是企业的员工,评价主体是公众,包括内部公众和外部公众;它源于员工的外在表现,这种外在表现又是由员工的内在特点所决定的。企业员工形象是公众对企业员工的主观心理反应,是一种主观的心理现象,具有一定的主观性。与一般的反映不同,企业员工形象不仅仅是公众对员工简单的性质判断,而是价值判断和性质判断的统一。也就是说,公众形成员工形象的过程是一个求"善"、求"美"的过程,而不是求"真"的过程。公众对员工的仪表、服饰、言谈举止、气质等形象要素的评价往往以自身的评价标准为准则。员工塑造自己良好形象,首先要给人留下美好的第一印象。员工的服装款式、颜色要能够映衬其肤色、发色,使人显得健壮、舒适、有神采,还要体现出自身的品位、文化修养和审美情趣,以便弥补自己生理形象的某些缺陷。对员工有目的、有计划地进行提高自身素质的培训,以扩大员工知识领域、提高其学习能力与实践能力。企业还要善于运用各种传播手段把员工的个性和特色传达给公众,并及时掌握公众的需求动态和评价,以建立起企业与公众之间的信任关系。[1]

作为英国最大的私营企业,被誉为"娱乐先锋"的维珍集团,旗下有近200家公司,业务范围涵盖旅游、航空、娱乐业等。其创始人理查德·布兰森爵士认为维珍集团成功的要素在于:拥有什么样的员工。如果员工很快乐,每天面带微笑,以工作为乐,他们就会有出色的表现,顾客自然也会喜欢和企业打交道。

3. 企业产品形象

企业产品形象是指产品的性能、质量、品种、工艺水平及相关服务等方面的综合面貌与特征在公众心目中的印象及评价。产品形象主要包括:产品的视觉形象、

---

[1] 孙崇勇.企业员工形象的含义、特征及提升策略[J].重庆职业技术学院学报,2006,15(2).

产品的品质形象、产品的社会形象。

一件好的产品能给公众留下深刻的印象,而这一印象的存在不是靠外在的形象,更重要的是要靠产品的内在形象去维护和巩固。不能认为有了好的创意就成功了,仅仅是有了一个好的开始,企业还需要为创意的实现去设计方案,这个过程就是将各类的文化结合在一块,满足消费者的要求,把企业的长处优点都体现出来。需要从五个方面全面考虑文化产品的设计:第一是利益需求;第二是为满足利益需求要具备的基本原料;第三是产品期望;第四是衍生产品;第五是最终产品。

在市场竞争中,产品若想销售出去,首先要能引起消费者的注意,使其产生良好的印象,进而促使其产生购买欲望。要对产品的外在形象进行设计和包装。外在形象主要是产品的外观、造型、色彩、款式、品牌、包装等方面外部特征在公众心目中的印象和评价。一般来说,良好的产品外部形象其造型要美观大方,能表现出时代感和新鲜感。商标和品牌要醒目,易于识别和记忆,便于传播。包装要科学使用,形象突出,新颖别致。产品设计者要在能够吸引消费者、使消费者产生新鲜感的前提下去设计产品,善于发现特色,将产品的视觉形象、产品的品质形象从物质的层面综合提升为精神层面,是非物质的社会形象,是物质形象的外化的结果,最具有生命力,当外在和内在的因素在人们的感官上达到一致性后,就会形成一种对产品的总体的印象,构成一个完整的产品形象认知,从而拓展销售之路。

4. 企业营销服务形象

企业营销服务形象是企业自身营销服务活动的实际表现与公众对此产生的印象和评价。企业营销服务形象的构成从静态角度分析包括营销形象和服务形象两方面。营销形象包括营销战略、营销计划、营销目标、营销手段、营销管理、营销领域、营销能力等方面的表现及绩效水平;服务形象包括服务宗旨、服务标准、服务态度、服务作风、服务质量、服务行为规范等方面的具体表现和公众评价。

从动态角度分析,企业营销服务形象包括售前服务形象、售中服务形象和售后服务形象。要善于应用现代营销手段,才能不断地开拓市场:一是要充分利用各种渠道,做好产品的广告,提高本文化企业的国际影响力;二是要积极通过各种活动、博览会等场合,直接向消费者或其他企业推销自己的文化产品;三是要善于运用各种媒体手段,懂得美化、包装文化产品,使其保持原有的内涵和底蕴,同时又增添新鲜感,让人眼前一亮;四是要做好市场调研,发现市场所需,及时调整产品方向,研发新的产品品种,满足不同人的喜好与需求,适合于各类人群。

5. 企业公共关系形象

企业公共关系形象是指企业在公共关系活动过程中,公众对企业产生的印象和综合评价。它包括:企业在政府中的形象;企业在新闻媒介中的形象;企业在顾客中的形象等。

争取各级政府的必要支持,在我国社会主义制度下是企业成功的重要保证,从政府公众所在立场看,受欢迎的企业形象至少有三个要求:以国家利益为重的模范,遵纪守法的法人和创造良好经济效益的生产经营者。真正能为企业的生存和发展提供帮助的企业形象,不能仅仅依靠产品性接触和人际性接触来树立,而必须争取社会公众的了解和赞誉。因此,争取大众传播媒介的帮助,就成为企业形象树立过程中的一个重要环节。而要争取广大社会公众的支持和帮助,首先就必须在大众传播媒介这一企业的特殊公众心目中树立起形象,其次要充分注意大众传播媒介的特点,搞好企业与大众传播媒介之间的关系。顾客所希望的企业形象就是能够提供第一流的服务,它意味着服务第一、盈利第二,意味着为顾客提供优质产品和劳务,意味着为顾客提供完善周到的售后服务。[1]

德国贝塔斯曼集团是著名的媒体和服务集团,在全球50多个国家和地区开展电视(RTL集团)、图书(兰登书屋 Random House)、杂志(古纳雅尔 G+J)、服务(欧唯特集团 Arvato)和媒体俱乐部(直接集团 Direct Group)等业务。该企业的股东一致认为财产的拥有权附带着对社会的义务。他们坚信,在市场经济环境中,企业的合法性来源于其对社会做出的宝贵贡献,各项业务的经营严格遵守法律,遵循良好的商业道德规范,并积极为社会和环境事业造福,这使得贝塔斯曼成为了名副其实的《财富》全球500强企业。

总之,企业形象的内容是全面的,它是企业总体文化的表现,涉及的因素比较多。因此,要充分考虑企业自身的特点和公众的心理需求、兴趣和习惯,进行科学的规划和设计,以确保企业形象既完美,同时又与众不同,独具一格。[2]

(二) 企业形象的构成

企业形象虽然可以通过许多具体的内容来反映,但从其构成的内容来看可以分为三个部分,即理念识别、行为识别和视觉识别。这三个方面相互联系,共同作用。以形象比喻的话,理念识别可以比作企业的"心",行为识别可以比作企业的"手",视觉识别可以比作企业的"脸"。如表5.1所示。

1. 企业理念识别(Ming Identity,MI)

企业理念识别是指反映企业的经营哲学、经营宗旨、理想追求和价值观念等无形要素形成的观念体系,成为企业CI策划的基础和形象的核心部分。它左右着企业经营活动的发展方向、发展速度、发展空间和运转机制及运行状况。从世界上成功企业的经验看,他们能成为优秀的企业,其共同点是都有自己执著追求的理念,同时,理念识别要具有整体冲击力,亲切感人,使人愿意接受,并存在影响行动的可

---

[1] 惠宁.企业公共关系传播理论分析[J].西北大学学报:哲学社会科学版,2000,30(3).
[2] 李森.企业形象策划[M].北京:清华大学出版社,2009:75.

能性。美国IBM公司的企业理念是"IBM"三信条,即"为职工利益,为顾客利益,为股东利益"的三原则及"尊重个人、竭诚服务、一流主义"的三信条。

表5.1 企业形象组成要素

	组成要素
产品形象	质量、款式、包装、商标、服务
组织形象	体制、制度、方针、政策、程序、流程、效率、效益、信用、承诺、服务、保障、规模、实力
人员形象	领导层、管理群、员工
文化形象	历史传统、价值观念、企业精神、英雄人物、群体风格、职业道德、言行规范、公司礼仪
环境形象	企业门面、建筑物、标志物、布局装修、展示系统、环保绿化
社区形象	社区关系、公众舆论

资料来源:李森.企业形象策划[M].北京:清华大学出版社,2009.

2. 企业的行为识别(Behavior Identity,BI)

企业行为识别是企业理念识别的具体化和外在表现,是企业在其经营理念的指导下,形成的一系列经营活动。企业自身理念识别系统形成后,其目标是将无形的理念化的概念和设想转化为具体行为。从企业行为具体运作和表现上,建立起反映企业特色的形象。企业行为识别贯穿于企业经营活动的全过程之中,并通过企业对内对外的行为表现出来。理念不能仅仅是写在纸上,而是要融入整个企业的员工、客户关系和行动之中,变成具有无形推动作用的"生产力"。就企业内部来说,侧重于提高全体员工的素质、规范员工的行为,提高生活福利、改善工作环境等,提高员工积极性,增强企业的向心力和凝聚力。就企业外部而言,侧重于市场调查、产品开发、公共关系、促销活动、公益性、文化性活动等,充分向社会展示企业的实力和形象。海尔现象启示我们,企业文化之所以对企业经营管理起作用,是靠其对职工的熏陶、感染和引导。

3. 视觉识别(Visual Identity,VI)

视觉识别集中反映了企业理念识别的实质,并以企业行为识别为载体,向外界传递系统化的信息,为建立企业形象提供视觉识别信号。企业视觉识别系统的设计,是根据经营理念、传播意志、设计创意等因素来进行的。企业视觉识别系统按其作用和使用范围不同,分为视觉识别基本系统和视觉识别应用系统。

二、企业形象的功能与特征

(一) 企业形象的功能

企业形象的功能可以分为内部功能和外部功能。企业形象外部功能主要表现在企业特征识别、消费者认同和公共关系运转上。企业形象的内部功能主要是作用于企业内部经营管理上,主要表现在企业文化的建设,企业凝聚力的提高,企业素质与形象的提高,技术、产品的竞争力的增强。

1. 企业文化导向功能

企业文化是企业内部所有成员共同遵守的价值观念、思维方式、行为规范和共同信念等要素的综合。企业文化的最大作用在于强化企业员工和企业整体的一致性和共同性,由此而引发出广大员工为企业的共同利益而努力的积极性和主动性。企业建立形象识别系统,就能够使企业从企业理念、行为和视觉等各方面对企业已有的形象进行比较,找出存在不一致的问题,从而推出与企业经营环境相适应的全新的企业形象。

2. 企业素质整合功能

要明确新的经营理念,并以此为依据,通过企业行为识别系统、视觉识别系统的弃旧图新,从更高层次上展示出企业的全新形象,这需要全体员工的齐心协力,共同奋斗,需要企业内部的全面整顿和素质提高。

3. 吸引凝聚功能

企业形象识别系统的建立,要求规范和引导企业员工的行为与企业形象相一致。通过企业理念、企业文化的熏陶,能够将企业员工牢牢凝聚在为企业新的目标实现,塑造企业新形象而奋斗的旗帜下,使全体员工自觉地为创立和维护企业新形象贡献力量。能为员工营造一种积极的工作氛围、共享的价值观念和管理机制,从而产生鼓励积极创造的工作环境。

4. 激励约束功能

企业形象的塑造,是企业员工共同努力的目标。因此,努力维护企业形象,以企业积极向上的价值观、创新精神指导每个员工的行为,是激励全体员工积极进取的基本动力。另一方面,建立和维护企业形象,又是一种有效的约束。它能约束全体员工自觉地将自己的言行同企业形象目标保持一致,而其他一切与此背离的言行都将被破坏。优秀的企业文化,能够带动员工树立与组织一致的目标,并在个人奋斗的过程中与企业目标保持步调一致,会对企业的绩效产生强大的推动作用。

5. 增强竞争实力功能

企业形象识别系统的建立,由于要从企业的内部环境和外部环境两个方面进行全面整顿和创新,提高企业市场开拓和营销能力及企业基本素质,从而全面提高企业整体竞争实力。良好的企业形象会增加企业的无形资产,进一步增强企业竞争实力。

6. 企业特征识别功能

企业创建形象识别系统的目的就是要塑造不同于其他企业的良好形象。而企业形象识别系统通过其理念识别、行为识别、视觉识别等多层面的传播,就可将企业的经营思想和本质特征明确地表达出来,促使社会公众识别和消费者认同。

(二) 企业形象的特征

企业形象的特征是企业形象本质属性的外在表现。主要有:

1. 整体性

企业形象是由企业内部诸多因素构成的统一体和集中表现,是一个完整的有机整体,应把企业形象整体塑造的指导思想贯穿和体现在企业经营管理活动的各个环节和过程中,从企业的外显形象和内在精神的方方面面体现出来,依靠全体员工的共同努力,使企业形象的塑造成为员工共同的自觉行动。

2. 客观性

首先,企业形象的存在是客观的。企业形象是企业在生产经营活动过程中表现出来的整体面貌和特征。它的存在是客观的,是不以人们的主观意志为转移的。无论人们是否认识到,企业形象总是客观存在的。无论企业是否有意还是无意建立企业形象,都会在公众中产生一定的形象,良好的企业形象能使企业在竞争中生存与发展,不良的企业形象将会导致企业衰败。其次,企业形象评价的标准是客观的。企业形象的评价不是人为的指定一系列标准,而是公众根据长期以来消费的需求,客观地形成一种认可的标准,这些标准反映企业的客观实际状态,又包括公众的客观需要,同时还便于公众的衡量和比较。

3. 传播性

企业形象的传播性是指企业形象可以通过一定的途径和方式广泛地传达给外界,使公众产生一定的印象和认同。具体表现在两个方面:一是直接传播,企业在对外经营活动的交往过程中,与社会公众直接接触的同时就将企业的形象传播给了公众;二是间接传播,企业产品的质量、品种、规格、花色和包装等是企业形象的重要基础,服务态度、服务方式和水平是消费者对企业形象的感受。

4. 差异性

每个企业所塑造的自我形象都是不同的,都具有鲜明的个性特征,这样就能使公众在众多的企业中将本企业识别出来并留下深刻的印象。每个企业的生产经营活动的内容不同,文化特征不同,从而就会形成各具特色的企业形象。企业若想在竞争中取得优势,只有使自身形象的特征更加与众不同,赢得公众的注意。企业要想具有活力,就必须要坚持创新,不断创造出新的产品。在长期的历史发展过程中,企业文化资源得以积累,但是它也是组成现代生活的一部分。创造的文化产品既能够反映出历史,又要通过创新使产品具有新的内容、含义,用不同的形式体现出来。如现在一些旅游景点通过现代的多媒体技术提供的虚拟古迹漫游服务,将当时的历史事迹实时展现给消费者,极具吸引力。

5. 系统性

企业形象要达到的是整体效应与局部效应的统一。从局部角度讲,公众往往从某些不同的侧面来评价企业形象。企业某方面的经营活动好坏都直接影响企业形象的优劣。从整体上看,公众对企业的评价又总是将各个局部的评价效果进行整合,从整体上描述企业的形象。企业形象的整体效应在内容上更全面更丰富,在作用的发挥上持续的时间更长久,关系着企业的长远利益。

6. 稳定性

企业形象一旦形成,将在相当长的一段时间内相对稳定,不会轻易改变。企业形象的稳定性对于有着良好形象的企业是有利的,它可以利用这一有利条件长期保持竞争优势。对于不良形象的企业则是不利的,因为即使企业努力去塑造一个新的企业形象,也很难在短时间内摆脱公众对企业不良形象的阴影。企业形象的稳定性是一种相对的稳定,企业可以通过各种方式将劣势变成优势。

7. 可变性

尽管企业形象具有相对稳定性,但这种稳定性并不意味着不可改变。随着企业内部因素和外部环境的改变,企业形象也会随之发生改变。这种改变表现为企业形象的创新、改变和重塑三个方面。

8. 时代性

现代企业面对发展迅速的社会和复杂的市场竞争形势,其形象必须具有鲜明的时代特征,以适应不同场合、不同载体的使用。采取清新简洁、明晰易记的形式,使企业的标识等形象具有鲜明的时代特征。特别是视觉形象要针对印刷方式、制作工艺技术、材料质地和应用项目的推陈出新,采用多种对应和延展的设计,以产生切合、适宜的效果与表现。

第二节　CIS 的策划与实施

CIS策划就是在保证成功塑造企业新形象的前提下,对理念识别系统(MI),行为识别系统(BI)和视觉识别系统(VI)三个基本要素的科学策划和协调统一,并充分发挥各组成要素在企业整体形象中的功能,从而全面树立起企业良好形象的整体活动。

一、企业理念识别系统策划与实施

一个成功的企业理念识别系统设计可通过其所具有的导向力、凝聚力、激励力、辐射力和稳定力来推动企业生产经营活动的正常运转,并表现出良好企业整体形象特色。

企业理念识别系统策划的主要内容包括:

(一)企业的理念信条

企业的理念信条是指企业存在的最终目的,即企业的价值观。一般来说,企业的理念信条不外乎是完成其经济使命、社会使命和文化使命。当然,还必须包括表现企业特殊性的特别使命如质量观、服务观、责任观、人才观等,这些具体的使命构成了企业理念的基本内容,开展企业理念信条策划时,除一般的基本使命外,企业特殊使命的确立是一个不可忽视的重要环节,它构成了企业各具特色的理念信条。

(二)企业的经营方针

企业的经营方针是企业经营活动中必须统一遵守的最高行为原则,对企业当前和未来的经营活动具有重要的指导作用。企业经营方针的采取应充分考虑企业所处的行业特点,市场消费的价值取向,企业自身特点和言简意赅的表示方式等因素。从成功企业的调查看,一般在经营方针的内容中都对以下内容有所体现,即"创新""和谐""诚实""服务""守信""人本"。

(三)企业的经营风格

企业经营风格是一个企业在经营内在品质上及外在表现上与其他企业个性差异的特征表现,是企业在一贯行为中表现出来的内在品质,它是企业形象赖以树立的基本要素。企业经营风格策划时,主要应从企业信誉、企业道德、竞争风格、创造精神等方面加以充分的考虑。

(四)企业文化建设与升华

企业文化的建设是理念识别系统策划的深层次内容,它具有一定的综合性。通过企业文化建设可以进一步增强企业的凝聚力,更好地将企业员工的思想和行为引导到企业所确定的发展目标上来。

二、企业行为识别系统策划与实施

企业行为识别系统是落实企业理念,树立企业整体形象的重要方式和基本手段。其主要内容包括对内和对外行为活动识别系统的策划。

(一)企业对内部活动识别系统的策划

企业内部活动识别系统策划,是指企业通过一系列有目的有秩序的组织管理模式调整和对员工教育等一系列活动,以进一步协调企业内部关系,促进企业对员工历年的认同,从而增强企业内部的凝聚力,形成企业内部一种人人追求创新,积极进取的新的企业形象。企业内部活动识别系统的基本内容有以下几方面:

1. 企业内部组织管理模式的调整

就是通过企业内部组织体制、管理模式的重新调整和设计,进一步理顺企业内部管理组织体系中存在的不合理的关系,设计出适合企业发展的新的组织形式。

2. 对企业员工的教育和培训

企业行为识别系统在很大程度上是通过员工的行为来表现的。因此,如果企业员工的行为不规范、欠文明,将极大地损害企业的良好形象。要塑造一个良好的企业形象,就必须对全体员工进行塑造企业良好形象的行为规范教育和培训。从企业员工的精神面貌和举止行为等方面入手,提高企业的整体形象。具体教育和培训形式有阅读行为规范手册、组织研讨会、演讲会、组织参观优秀企业和个人的行为演示等。同时,从措施上给予有效保证。

(二)企业外部活动识别规划

企业对外部活动识别是企业行为识别的另一个重要方面内容。对外部活动识别主要是通过企业产品、企业营销行为和企业形象广告来表现的。

1. 企业产品识别

这是企业对外部活动识别最重要的部分。社会公众对企业形象最基本也是最重要的认识,就是对企业产品的识别。企业产品是否技术先进、功能完备、质量上乘、价格适宜、造型美观等,都会使消费者直观地去联想到制造厂商的形象。有的企业由于不注意产品的更新换代,总是一种陈旧的样式、质量,使消费者一看到这种产品就会对生产这些产品企业产生一种没有创新、技术落后、管理混乱的不良企业形象。

2. 企业营销行为识别

企业营销行为是体现企业形象最频繁和最直接的方式。企业营销策略的指定、促销方式的选择、营销队伍的素质水平和营销人员的举止行为,都代表了企业的整体形象。在营销行为策划时,要在正确进行经营领域定位的前提下,合理指定有效的营销策略和形式,以及满足消费者需要的营销方式和手段。要根据产品和市场环境的不同,采取有力的促销手段。

3. 企业形象广告识别

企业形象广告从主体、内容到表现形式等各方面均不同于一般的促销广告。它更注重向社会公众表明对企业的好感和认同,并在公众的内心深处树立企业良好形象。

三、企业视觉识别系统策划与实施

企业视觉识别系统,是对企业理念和企业行为的具体、直观、形象的表示,是企业形象传播的重要方式和手段。在视觉传播媒体技术高度发达的今天,企业可以通过视觉识别系统的建立,准确迅速地表达出企业理念、企业特征和企业精神面貌,使社会公众在较短的时间内对企业形象形成深刻的认知。企业视觉识别系统策划的主要内容,包括基本要素策划和应用要素策划。其中基本要素中的名称、标志、标准字和标准色的确定,不仅是视觉识别系统策划的核心工作,也是企业整体形象策划的重要内容。

(一)企业名称策划

每个企业必须有自己恰当的名称来表明自己的特征。一个好的企业名称易于被社会公众认知、接受并产生好感,而一个不恰当的企业名称可能严重损害企业形象。进行企业名称策划时要考虑以下几个方面问题:

1. 简单易记

企业名称一定要简洁明快,易于认知和传播。一般认为,名称越短越易于记忆和传播,同时名称的读音和字体也要符合人们的发音习惯和记忆规律,以便人们在短时间内能记忆和交流。最初创立阿里巴巴的时候,虽然创业资本很少,但马云还是将未来的公司定位为全球的公司,因而名字也应该是响亮的、国际化的。为了注册一个好的名字,马云思索了很久。直到有一次在美国一家餐厅吃饭时,他突发奇想,找来了餐厅服务员,问他是否知道阿里巴巴这个名字。服务员回答说知道,并且还跟马云说阿里巴巴打开宝藏的咒语是"芝麻开门"。之后马云又在各地反复地询问他人,经过这个测试,马云发现阿里巴巴的故事被全世界的人所熟知,并且不论语种,发音也近乎一致。

2. 准确新奇

企业的名称一定要与企业的经营思想、经营领域、企业理念、服务宗旨一致,以便准确反映企业的性质和特征。企业的名称一定要做到信其独特,能给人以新鲜感和较大吸引力,从而在公众心目中留下深刻的印象。如中国成立最早、规模最大、始终处于中国时尚行业领先地位的国内外知名的模特机构——新丝路,取谐音"新思路",意为"新丝绸之路",形象而生动。

3. 内涵丰富

企业名称要尽量做到品位高、寓意深,使人们能从企业的名称中体会到文化的色彩,同时也能从更深层的内涵中体味出企业及产品的特色。

4. 避免歧义

企业名称选择一定要考虑到传播的范围、风俗习惯及语言文字的区别,应尽量选择对国家、地区语言文字都不会产生歧义的词汇作为企业的名称。避免在某一特定的地区内被公众抵制的现象发生。

(二)企业标志策划

企业标志是由文字名称、图像符号或由两者结合表达企业特征的视觉要素体。企业标志作为具有特定含义的符号,是企业形象、特征、信誉的象征,是企业视觉识别系统的核心要素之一。

1. 企业标志的类型

一般来说,企业视觉识别的标志类型主要有三种,即单纯的文字标志、图形标志和文字图形结合一体的标志形式。文字标志常常以企业名称为基础并进行适当的造型设计。它的突出特点是简单易记,容易形成统一的宣传优势。但由于受文化范围的限制,广泛适应性较差。图形标志往往选择或设计独特的图案来作为企业的特征。它的特点是简洁明快,代表性强,一旦形成记忆就能产生较大的识别特征。一般人们常将两者结合在一起,可以使企业标志成为具有明显特征的标志。

2. 企业标志策划的原则

进行企业标志策划时,要遵循以下原则:首先是突出个性。企业标志是企业形象的一种直观视觉象征。社会公众能否从企业标志中快速分辨并理解企业的特征、风格和理念,实际上就决定了企业标志策划的成败;其次是传达准确性。标志要有一定的内涵,要有较强的可能性和联想性。做到既能充分地表达出企业的本意又容易被人们理解;再次是强调艺术性。企业的标志要讲求艺术性,做到造型优美,符合人们的欣赏习惯,使人们感到美的享受;最后是保持稳定性。企业标志要能广泛地被公众认可和接受,必须经过长期的努力宣传才能实现。稳定性并不是一成不变,稳定性是相对的而不是绝对的,纵观可口可乐的标志演变历史,细微的变化还是很明显的,可是大众对此却并不十分明确。细微的改变要控制在人们的差别阈限之内,这样的稳定与可变才能使标志的存在更为长久。

3. 企业标志的策划程序

企业标志的设计在思考和操作上,至少要经以下几步程序来完成:第一,根据企业特点和表达主题确立企业标志类型，即决定是否选用文字标志、图形标志或复合标志。第二，决定企业拟反映的标志要点，这些要点包括企业理念、经营宗旨、产品特点、经营范围、企业目标等。第三，对企业拟表示的标志要点进行筛选定位，将那些能恰当地表明企业特点又容易被社会公众接受的要点作为企业标志确定的依据。第四，标志要素的组合，即将一定的文字、图形合理地加以组合，符合标志策划所确定的原则。第五，对设定的企业标志进行最终的全方位评审。从各个角度分析，看其是否与这些因素相冲突的地方，是否有利于公众的接受和传播。通过最后评审之后，在有利的时机，通过一定的渠道将其公布于众。

（三）企业标准字的策划

企业标准字是指用独特的字形、字体组合来表示企业或产品的名称，以充分体现企业自身的特点，标准字是将企业对外的形象，在一定的环境下，用统一的文字形式加以表示的有效传播方式。目前，许多发达国家的企业在标准字的选用上，很少简单地选用普通的字体表示企业或产品的名称。

在标准字的策划过程中，要充分地利用字体所能体现的不同心理感觉。根据企业或产品不同的特点，合理地选择字体形式。据有关专家调查发现，字体笔画纤细显得优美、轻盈，字体圆滑则显得温和。另外，在中文汉字的字体中，特点尤为丰富，如隶书厚实严肃，草书飘逸灵秀，颜体庄重博大，柳体空灵洒脱等等。企业可根据需要合理选择。最重要的是各自的协调配合、均衡统一，使之具备美感和平衡。

（四）企业标准色的策划

企业标准色是企业经过特别设计和选定的代表企业形象的特殊颜色，广泛地应用于标志识别、广告、包装、事务用品等应用设计项目展示上，是企业视觉识别重要的基本要素。

人们在视觉识别系统的策划过程中，往往注重通过用不同的颜色表达不同的视觉形象识别，以便更好地塑造企业形象。

标准色设计和选择时，要考虑色彩的多方面作用。首先，色彩是企业竞争的重要手段，往往一种色彩的选择就为企业在竞争中提供了有利条件。其次，色彩是民族性的象征。由于人们的思维定式受各自民族文化的影响，不同的社会、环境、知识结构，使人与人、民族与民族之间产生明显的差异性，因而色彩的象征意义也不尽相同。第三，色彩能影响人的心理感应。不同的色彩能有力地表达不同的感情，能在不知不觉中左右人们的情绪、精神及行动。每一种颜色都能诱发一定的情感。第四，色彩能产生形象感知。色彩对事物本身的形象有着较大影响，会使人们由于色彩的不同产生不同心理感觉。同一件产品如果色彩不同人们可能会产生不同的形象感觉。

在标准色彩策划过程中,要特别注意以下几点:一是企业标准色的选择及设计组合一定要突出代表企业理念、宗旨和方针,能够充分体现企业风格。二是标准色的选择要尽量与众不同,应以独特的表现形式区别于其他企业。三是标准色的选择要与公众的接受习惯、认知程度相一致,使企业形象能够通过标准色快速地在公众心目中树立起来。四是对于跨国经营的企业,在标准色的选择上,对国内和国际的要求有所区别,尽量符合各个国家和地区的习惯和要求。作为全球领先的文具品牌服务商的上海晨光文具股份有限公司,其"晨光"蕴含的是早晨的阳光,旭日初升,它代表着希望、活力和勇气。M&G是晨光文具的英文商标,红色"M"是中国红,代表晨光源于中国,不断从中国优秀文化中吸收养分;黑色"G"是国际黑,代表晨光将立足世界舞台,向世界传播中国文化。

企业视觉识别系统的建立和实施,是企业CIS策划十分重要的一个环节。能否通过视觉识别系统的建立,体现出企业的理念和行为的特征,是关系到企业整体形象能否形成的关键。

第三节 导入CIS的时机与战略选择

导入CIS是有时间和条件的,只有把握住有利的时机,选择正确的战略,才能取得良好的效果。究竟选择什么时机导入CIS,对于不同的企业有不同的考虑因素和不同的选择,在导入GIS的时机上就有很大差异。企业要根据自身的特点和需要进行导入CIS的时机和战略选择。

一、导入CIS的时机选择

导入CIS一定要恰当地把握有利时机和切入点。一般来说,有以下几种时机可供选择:

(一)新企业的建立和新集团的组建

一个新的企业成立之时,往往是导入CIS的最佳时机,新企业的成立伊始,可设定最理想的经营理念、行为规范和视觉系统。公众会在毫无偏见的条件下,接受企业新的形象。企业可以根据自身的经营活动特点和公众的需求,建立独特、新颖的企业形象,使企业从成立之日起就在公众心目中产生良好的印象。

对于提供资本优化,重组兼并后的企业或集团来说,由于其经营的范围、规模等方面较以前的老企业已有所不同,特别是多家企业组成的集团企业,企业的理念、标识都不完全统一,对企业发展是十分不利的。在这种情况下,应抓住有利时机,及时导入 CIS,使公众对新的公司或集团有一个整体的认识,产生耳目一新的感觉。凤凰出版传媒集团起始于 1953 年组建的江苏人民出版社。2001 年 9 月,在江苏省出版总社的基础上成立江苏出版集团,凤凰出版传媒集团由江苏出版集团更名而来。集团组建伊始,便成功导入 CIS,使之成为在中国出版业具有一流实力和竞争力、在国际出版业具有较强开拓力和影响力、在集团内部充满活力和创造力的大型文化产业集团,成为全国文化产业发展的主要力量。

(二)企业成立周年纪念日

对于已创建的企业,往往通过成立周年纪念日导入 CIS。从国内外许多成功企业的经验来看,这是一种较为理想的选择。成立周年纪念是对企业成长过程中的一种肯定和回顾,此时企业全体员工往往通过对企业走过的道路进行反思,从中吸取教训寻求新的目标和希望,最易使人们产生自信心和不断进取的决心,也最容易增强全体员工的凝聚力。同时,引起新闻媒介和公众关注,扩大影响,提高知名度和美誉度。国外许多企业都在创业周年纪念时导入 CIS,创业周年纪念是对企业成长的一种肯定,也是企业具有自信心的表现。选择创业周年纪念导入 CIS,可能有不同的动机。如富士公司 1979 年在创业 45 周年时,实施了 CIS 战略,旨在适应技术革新的潮流,将企业形象统一为"综合音像信息的产业",并面向 21 世纪,实现"世界性的富士软片""技术的富士软片"的企业目标。

(三)新产品的推出

全新产品或更新换代产品的开发成功之时也是导入 CIS 的有利时机。新产品在一定程度上代表着一种创新,既是产品本身的创新,也是企业发展战略或经营方式的创新,而创新是最具有吸引力,最容易被社会公众关注的。抓住这一时机导入 CIS,既有企业内部基础优势又有外部环境的有利条件。在利用各种促销手段进行新产品销售时,可以同时开展企业形象的塑造和宣传。天猫原名"淘宝商城",是一个综合性购物网站。淘宝网全新打造的 B2C(Business-to-Consumer,商业零售),整合数千家品牌商、生产商,为商家和消费者之间提供一站式解决方案。它提供 100% 品质保证的商品,7 天无理由退货的售后服务,以及购物积分返现等优质服务。2012 年 1 月 11 日上午,淘宝商城正式宣布更名为"天猫"。2012 年 3 月 29 日天猫发布全新 Logo 形象。2012 年 11 月 11 日,天猫借光棍节大赚一笔,宣称 13 小时卖 100 亿元,创世界纪录。

（四）多样化经营和新市场开拓

随着企业的发展，企业的经营领域、经营方向都将不断地发生变化，从而需要不断地开拓市场。多样化经营是许多企业求得生存和发展所要实现的目标，也是减少竞争风险，提高企业活动力的发展方向。由于多样化经营，使企业生产的主要商品结构及其比重发生了较大的变化，这样就导致了代表原有企业的标志、行业特点、经营理念等公众已知的信息发生了重大变化。此时，导入 CIS，改变社会公众的原有印象，排除公众可能产生的认知障碍，使新的经营领域和产品与企业形象形成有机整体。

（五）为摆脱危机或消除负面影响

企业的发展过程都会遇到经营危机，为了摆脱危机，企业将可能从企业的经营领域、产品结构调整、组织机构改组、经营理念的重新确定、市场和产品的重新定位等方面对企业进行全面的重大调整。在这种情况下，就可以通过导入 CIS，重新对企业进行全面系统地分析，通过各种方式和手段对企业进行改造，提高企业的整体素质和管理水平，重塑一个新的企业形象，从而以新的形象来摆脱公众对企业以往印象的阴影。

除以上所阐述的情况外，当企业高层领导更换或组织结构发生重大变革时，原有体制和经营机制改变时，在企业某一品牌产品升为企业主体标识时，如企业股份制改革或上市，都是导入 CIS 的有利时机，特别是许多国企在战略重组、股票上市时期，更需要借助 CIS 迅速革新陈旧落后的国企形象，代之以全新的形象赢得社会公众的信心。

二、导入 CIS 的战略选择

成功地导入 CIS，除了要对时机进行选择外，还要充分地考虑选择什么战略来加以实现。由于各个企业经营范围和领域不同，企业自身的特点各有差异。因此，在导入 CIS 过程中的战略选择也就有所不同。一般来说，导入 CIS 的战略有以下几种可供企业决策时选择，即集中力量快速导入战略；分阶段逐步实施战略；寻求优势一点突破战略；超越传统不断创新战略。

（一）集中力量快速导入战略

CIS 的导入是有条件的，它要求企业有较好的外部环境，即在市场上有较高的市场占有率，在公众中有一定的信誉，企业内部经营管理水平较高，能研发出高质量、满足市场需求的文化产品。当企业具备一定条件后，为了在同行竞争中异军突起,在较短的时间内塑造出企业整体形象,可采取集中企业所有力量,动员企业全体员工,在尽量短的时间内导入 CIS 的战略。这样,有利于企业竞争实力提高,减少企业资源的浪费。这种战略适用于新型企业。

(二)分阶段逐步实施战略

对于一些条件还不十分成熟,需要不断完善企业内部管理行为的企业,导入 CIS 一步到位的障碍较大时,可采取分阶段稳步实施的战略。这种战略立足于企业的长远目标,有层次、递进式地进行 CIS 的导入。这样有利于企业在较长的时间内,充分考虑战略实施的计划和措施,有利于资源的整合和优化。这种战略适用于成长型企业。

(三)寻求优势一点突破战略

任何一个企业在导入 CIS 时都要在寻求到企业优势的基础上,确定企业理念,定位企业形象。通过企业基本的优势去确定,具体策划理念识别、行为识别和视觉识别的内容。突破点的选择要充分考虑企业的竞争战略和市场营销战略的内容。根据各个战略已有的优势,进而塑造企业整体形象。

(四)超越传统不断创新战略

CIS 的导入有两种基本观念,一是以传统文化和传统管理方法为依托,在原有的市场上再塑企业形象;二是超越传统的东西,在继承传统合理内核的基础上,寻求新的增长点,使企业 CIS 的导入具有较强的时代感和创新意识。不断创新是企业活力的源泉,但新的观念与新思想在接受和传播中可能会遇到一定障碍,企业在选择这种战略时要给予充分的考虑。

第四节 CIS 与企业文化

CIS 的策划中最核心的部分是理念识别系统的建立,而理念识别系统中最深层次的内容是企业文化的建设。企业文化是一种信念的力量、道德的力量、心理的力量。这三种力量相互融通、促进,形成了企业文化优势,这是企业战胜困难,取得战略决策胜利的无形力量。不同的企业文化,往往在很大程度上决定企业形象的本质和特征。企业文化建设可以使企业在形象塑造上更具有深刻的内涵和更能发挥其功效。

一、企业文化的内涵及特征

企业文化不同于广义的社会文化,它属于亚文化层上的组织文化。所谓企业文化,就是指企业在经营活动过程中经过长期的倡导和实践并已成为企业全体成员普遍奉行的共同价值观、道德标准、行为规范的总和。企业文化的内容非常丰富,是一个具有递进性特征的层次结构文化。它分为三个层次,即行为文化、制度文化、心态文化。行为文化是最表层文化,它是企业文化的最终表现形式。主要包括企业特有的环境、建筑风格、形象以及声誉、产品与服务质量、公共关系等一切表征现象。制度文化,亦称规范文化,是中间层文化。它包括组织管理风格宗旨、目标、礼仪制度、行为规范、传统、作风等,它规定着每一个员工的行为规范。心态文化是核心层文化,它是企业文化的核心。它包括潜藏在管理者和员工内心深处及组织体中的某些思想、意识、信仰、价值观念等。企业文化的三个层次在不断的运动和升华过程中逐渐形成了具有特色的整体企业文化。三个层次的文化中,行为文化与制度文化较易变化,心态文化则相对稳定。这三个层面构成了企业的整体文化体系,而实现其文化目标的载体则是通过与之对应的 CIS 系统中三个子识别系统。[1]

企业文化的主要特征是具有民族性、时代性和个异性。CIS 策划中,理念识别系统的建立,要充分地考虑到企业文化这些特性。企业文化特性的具体表现内容如下:

(一)民族性

任何企业文化都深深地打上民族文化传统的烙印。日本企业文化具有浓厚的团队精神色彩,注重集体力量,讲究"和"。美国企业文化带着浓厚的个人主义色彩,注重个人价值实现。中国企业文化则具有诚实、苦干、平等互助等浓重的传统民族文化色彩。

(二)时代性

企业文化是一个历史范畴,不同的历史时期,其文化的内涵也不同。随着社会的发展进步,企业文化也要不断地发展和提升。原有的传统文化,在某种程度上可能会制约着企业的发展。不具有时代精神的企业文化,适应不了客观环境变化的要求,也塑造不出具有活力的现代企业形象。

---

[1] 中国人力资源开发网[EB/OL]. http://www.chinahrd.net.

（三）个异性

个异性使企业在公众的识别中产生差异性，以及使公众更好地识别和记忆。不同的企业，由于自身所处的外部环境和内部条件不同，每个企业都会形成不同的价值观，从而形成有较强个性的企业文化。每一个成功的企业，都是首先在建立了具有鲜明的企业文化基础上，才塑造出具有特色的企业形象的。

二、企业文化在CIS策划中的地位与作用

CIS策划中，无论是理念识别、行为识别还是视觉识别系统的建立，都从不同的角度折射出企业文化的烙印。企业文化建设的好坏，直接关系企业形象的塑造，关系到企业形象被公众认同的程度。企业文化在CIS策划中的地位与作用表现在以下几个方面：

（一）企业文化能培育出独具特色的"企业人"

企业文化建设是以人为主题，以企业精神为核心，以群体行为为基础的管理的重要方式和手段。它的基本特征是强调人的作用，把调动人的积极性作为管理的中心。所以说，企业文化建设就是提高全体员工的素质，增强企业的凝聚力，通过企业文化建设提高员工文化素质和道德水准，陶冶其情操，树立正确的人生观和价值观，从而培育出富有本企业特征的"企业人"。企业中的人既要塑造企业形象的主题，又是企业整体形象的一个重要组成部分。从根本上说，企业文化建设的过程，就是企业形象塑造的过程。

（二）企业文化的建设能形成巨大的精神动力

经过长期的企业文化建设，能为企业培育出具有自身特色的企业精神，从而为企业发展创新形成精神支柱。企业的理念、精神、价值观一旦形成，便会产生强大的吸引力、凝聚力和辐射力，为塑造企业形象提供了内在的精神动力。企业文化所产生的吸引力、凝聚力、辐射力的力度越大，企业文化建设在企业形象塑造中所发挥的作用就越大。

（三）企业文化建设能为企业创造良好的内部文化氛围

企业文化建设是一种"软管理"，是一种无形的管理资源。它强调尊重人、关心人、注重人的思想、感情、价值观等。企业文化建设能在企业内部形成和谐的人际关系和营造良好的文化氛围，使每个员工都能在良好的心态下，以最大的热情和干劲去发挥自己的潜能。

（四）企业文化建设能为企业创造良好的外部环境

企业在同外部公众接触、交往过程中，也潜移默化地在进行着企业文化的传播过程。企业在输出具有本企业特点的产品、服务、公关、广告的过程中，就在公众的心目中塑造了企业的形象。良好的企业形象有利于获得公众的信任和支持，创造有利的外部环境。

三、塑造有中国特色的文化企业的企业文化

企业文化的个异性决定了企业形象的特色性。因而，在企业文化的建设上，要根据中国企业文化的特点，来建设有中国特色的企业文化。中国企业文化的建设应该突出以下几方面的内容：

（一）应该是植根于中国社会文化土壤之上的企业文化

中国特色的文化企业的企业文化不能照搬任何一国的文化来为己用。因为文化的民族性特点，决定了不同国家企业文化的独特性。

1. 中国文化的特点

（1）延续性。中国文化具有旺盛的生命力和持久的延续性。五千年传统从未中断。中国文化绵延不绝，具有强大的凝聚力。

（2）伦理性。中国古代宗法制度形成的血亲意识，很大一部分形成了宗法式的伦理道德长期左右着人们的社会心理和行为规范。以"孝"为核心的家族本位是中国社会的特色之一。伦理道德则成为中国学术的基本精神。

（3）政治性。中国古代文化同封建统治的需要紧密结合，是依从于政治、为封建统治服务的政治型文化。

（4）世俗性。伦理观念、入世思想构成中国人的社会主导心理，乐天精神、世间情怀成为中国人生活的基本支柱。①

2. 中国文化的基本精神

（1）天人合一，物我相随。人与自然协调，追求一种天人合一的精神境界，充分肯定天道与人性的相通相感，自然与人类的和谐共处。自然是可以认识、可以为人类所用的客观对象，人类也只能在顺从自然规律的条件下利用自然、调整自然，使之更符合人类的需要。

（2）自强不息，兼容并包。不屈不挠、兼容并包，既体现在为国家民族、文化学术而奋斗求索上，也体现在对异质文化、外来思想的融合创新上，这种精神增强了

---

① 李平.中国文化概论[M].芜湖：安徽师范大学出版社，2007：35.

中华民族的凝聚力和向心力,赋予中国文化创造力和持久性。

(3) 以人为本,崇尚道德。以人为一切考虑问题的根本,人文精神是中国文化的一大特色,也是中国文化基本精神的重要内容。以人为本的思想表现在价值观上是对道德的崇尚,在道德面前人人平等。

(4) 和而不同,中行无咎。中国文化还有贵和尚中的精神。和而不同将矛盾的对立面统一起来,肯定事物是多样的统一,主张以广阔的胸襟、海纳百川的气概,去融合一切有价值的异质物。人们行事要合于中道,不走极端,求大同存小异,保持安定团结的局面。①

中国企业文化建设要注重继承和发扬中华民族和谐的优秀文化思想。中国的传统文化提倡勤劳、勤俭、安分守己、注重感情、讲究和谐、崇尚儒家思想。这就决定了中国企业文化具有浓重的东方色彩。

(二) 应该是体现民主性的企业文化

社会主义企业中最能体现民主意识和"主人翁"精神。在建设中国特色的企业文化中,要努力加强员工的民主管理,发挥"主人翁"的精神,调动和发挥每个员工的积极性和创造性,建立企业和员工命运共同体的观念和意识。

民主性应该是社会主义企业文化的题中应有之意,是我国企业文化的最重要的特征。我们今天实行市场经济,企业也逐步把追求利润放到了优先的地位,但是我国企业文化中所具有的民主性绝不能丢。这不仅是因为文化传统,更因为其现实需要。强调和保持企业文化的民主性,首先体现在参与企业决策上,就是让企业职工有权在企业未来实践活动的超前论证和观念预演中直抒己见,帮助企业经营者对若干准备实施的方案,进行"最优化选择"。企业在生产经营的各个环节和整个过程中,要发挥"全员参与"的民主优势。当职工不仅是拿工资的劳动者,也是劳动资本的所有者时,利益的驱动将会使职工民主意识进一步增强,参与企业经营管理的自觉性不断提高。②

(三) 应该是具有市场竞争意识的文化

企业文化主体是企业,而企业是独立于市场竞争中的商品生产者。在市场经济条件下,任何一个企业都面临着不可回避的市场竞争,这种竞争的冲击,时刻影响着企业的观念和行为。

在市场经济条件下,面对新的竞争环境,国内企业要摆脱传统的稳定意识,要积极探索建立有中国特色的、符合现代市场经济竞争规律的竞争文化。现代企

---

① 李平. 中国文化概论[M]. 芜湖:安徽师范大学出版社,2007:58.
② 唐政. 谈企业文化的民主性特征[J]. 群众,1998(7).

业的竞争归根到底是文化的竞争,国外优秀企业的实力不仅表现在巨大的资本实力上,也表现在它们强大的文化竞争力上。国内企业要想与之竞争就必须时刻怀有危机感,树立竞争意识和忧患意识,积极参与国际竞争,以市场为导向挖掘先机,不断创新,抓住竞争的主动权,提高竞争力。同时,企业要把这种意识不断传递给组织成员,让员工了解企业需要什么,提倡什么,使员工树立竞争思想,鼓励他们开展良性竞争。通过有序的竞争,使员工充分显露自我才华,正视自身的价值,实现个体的发展力与群体的创造力的良性整合。在企业内部建立完善的激励机制和创新机制,形成鼓励创新的文化氛围和工作环境。在文化管理已经成为企业管理趋势的情况下,中国企业要想在国际竞争中取胜,就必须顺应时代的潮流,建立自己独特的企业文化,实行文化竞争战略来提高企业的竞争力,扩大竞争优势。①

（四）应该是一种反映时代精神的文化

中国的企业文化除了要反映民族传统的优秀文化内核,还应该能兼容东西方优秀企业文化。由于社会的进步,时代的发展,许多反映时代精神的文化、观念、思想,被越来越多的人所接受。如果企业文化不能及时的吸取和反映这些观念、思想,就很难被公众所接受,企业也无法再竞争中寻求到自己的优势。

在一个文化管理趋于发展的时代,企业文化建设经过了喧嚣与激情,越来越走向理性和稳健。毫无疑问,"文化"更多地体现在企业文化建设的过程中,与时俱进,展现着时代的特征。文化是一个动态发展的过程,具有鲜明的时代性,企业文化的时代性是社会文化时代性的表现,企业文化建设必须实现企业和社会的和谐,不能脱离企业的实际而孤立存在。建设先进的企业文化是企业持续发展的必要手段,优秀的企业文化体现一个企业的魅力,它不会因为企业经营业务范围或者企业领导的变更而消失,优秀的企业文化会被企业管理者一代一代的传承和发扬,并引导企业健康成长,企业文化建设是一个不断推陈出新,弃旧引新的过程。在社会经济飞速发展的当今时代,停滞不前就是落后,所以企业文化建设要坚持"创新"原则,不断适应新的经济形势,领会新的经济精神,使企业文化真正成为企业凝练的精华,成为企业发展的精神动力和力量源泉,与时俱进,锐意创新,企业才能长期立于不败之地。②

（五）应该切实维护国家文化安全

目前,我国正处于经济体制改革的深刻变革期,各种社会矛盾凸显,思想观念

---

① 刘琳琳.论建立绩效导向的竞争性企业文化[J].内蒙古科技与经济,2005(23).
② 张永梅.企业文化建设的时代性[C]//中部崛起与企业文化战略:首届中部地区优秀企业文化理论成果集.2012:295-297.

发生深刻变化,主流价值观受到强烈冲击。过多地接受和吸收西方发达国家的文化显然不利于我国的主流文化和核心价值观的传播。因此,文化企业的文化建设必须要服务于文化安全这一目的,要始终高扬引导中国社会前进的社会主义旗帜,不断丰富人民群众的精神世界,不断增强人民群众的精神力量,有力抵制各种腐朽落后的思想对我国社会的渗透和侵蚀,建立我国文化企业安全而又坚实的"防火墙"。

企业文化的建设和企业形象的塑造两者是相辅相成,相互包容的。在现代市场竞争的环境下,企业文化的建设将会更有助于企业形象的塑造,从而进一步增强企业的竞争实力。

资料链接5

迪士尼动画产品的公主情缘

从1937年推出世界电影史上第一部动画长片《白雪公主》开始,迪士尼已经出品十二部"公主片",塑造了十三位各具特色的公主。白雪公主、小美人鱼、冰雪奇缘姐妹等七位为王室血统正牌公主,灰姑娘、贝儿、蒂亚姆嫁给王子后成为王妃(英语中与公主是同一个词),平民姑娘花木兰被皇帝册封,也列入公主阵营。她们有着不同肤色不同性格,全球各个角落的小姑娘都能对号入座享受公主梦。公主系列产品已经为迪士尼公司带来超过40亿美元的收入,成为继米老鼠唐老鸭之后迪士尼最大的吸金法宝。

1. 公主白日梦历经辉煌与觉醒

1934年,沃尔特·迪士尼决定拍摄世界上第一部动画长片,他选中了格林童话中脍炙人口的故事:白雪公主和七个小矮人。沃尔特要求公主形象成熟,越像真人越好。这在当时已经是很大的突破。迪士尼邀请著名舞蹈家玛吉·钱皮恩担任模特,动画设计师将她的动作细致地复制到白雪公主身上。

在各种怀疑和唱衰声中,1937年年底,《白雪公主》终于上映,首轮发行获得800万美元收入,当时一张成人电影票均价仅为0.27美元。《白雪公主》创下了许多世界纪录:世界电影史上第一部动画长片,世界第一张电影原声带,第一部使用多层次摄影机拍摄的动画,第一个将名字刻在好莱坞星光大道的虚构女性角色……1939年,第十一届奥斯卡为沃尔特·迪士尼颁发特别奖,主办方精心打造了八个小金人:一大七小,向白雪公主和七个小矮人致敬,颁奖嘉宾是秀兰·邓波尔。

二战阴霾过后,迪士尼决定拍摄第二部公主电影《灰姑娘》,帮助公司度过破产危机。沃尔特·迪士尼坚持人物的每个动作包括布景都要以现实场景为基础,要用真人实物先彩排摄影,然后根据摄影绘制动画。迪士尼聘请了美丽的女演员海琳·斯坦利作为灰姑娘的原型,多年之后海琳又为睡美人担任模特。灰姑娘历尽苦难美梦成真的故事,慰藉了在战争中饱受创伤的人们,也使迪士尼公司起死回生。

1959年,《奥若拉》上映,这位英伦公主在中国被惯称为"睡美人"。设计师根据气质高贵的奥黛丽·赫本设计了奥若拉的形象,但给了她一头金发。也许是由于审美疲劳,《奥若拉》并没有取得轰动,评论人士认为,奥若拉还不如影片中三个顽皮的老仙女丰满有趣。

迪士尼最早的三部公主片,都因主角近乎无脑的纯真受到诟病,睡美人被王子吻醒的一刹那,标志着迪士尼的傻纯公主惊醒了,梦不能再这么个做法了。

2. 叛逆女孩拓展类型片样式

20世纪80年代,迪士尼公司陷入二战之后最严重的危机,许多有才华的年轻人在这一时期离开迪士尼,比如后来导演《剪刀手爱德华》的蒂姆·伯顿,创立皮克斯的约翰·拉塞特。1989年,《小美人鱼》终于开启了"迪士尼复兴时代",此后十年,迪士尼接连推出了《美女与野兽》《狮子王》等佳作。

《小美人鱼》中的公主爱丽儿从形象到性格都发生重大革命。她不是乖乖女,而是一个叛逆女孩,不顾家人反对,不惜与魔鬼做交易,勇敢追求爱情,并最终赢得幸福。编剧将安徒生原著的悲伤结局改成了有情人终成眷属。设计师为爱丽儿设计的发色最后改成了红色,红发本身就彰显了对传统审美的颠覆。

1991年的《美女与野兽》是迪士尼最受好评的公主片之一,甚至获得了奥斯卡最佳影片提名。女编剧琳达·伍尔弗顿从1933年的电影《小妇人》中取得灵感,以凯瑟琳·赫本饰演的乔为蓝本,赋予贝儿博鉴群书的爱好和无所畏惧的品质。她和"野兽"的爱情是真正建立在精神共鸣之上的,不像其他公主王子,凭着"眼缘"一见钟情。

1992年迪士尼乘胜追击推出《阿拉丁》,该片创造了5亿美元高票房,但评论界评价并不高。也许好事不过三,叛逆女孩也已经造成审美疲劳了。唯一可以确定为创新之处的是,女主角茉莉是迪士尼第一位非欧洲、非白种、非基督教背景的公主,之后迪士尼连着推出了多部"有色"公主片,开拓欧美之外的市场。

3. 改变公主肤色难改市场困境

《风中奇缘》是迪士尼第一部根据真实人物改编的公主片,主角宝嘉康蒂原型是17世纪初印第安酋长之女。影片中,她与前来淘金的英国青年约翰相爱,让约翰懂得尊重自然,化解了殖民者和土著之间的战争危机。

《风中奇缘》制作耗时5年,整个团队雇了600名设计师、技术人员和画家。与此同时,迪士尼还在创作《狮子王》,但大多数设计师选择加入《风中奇缘》。结果证明,1994年《狮子王》的史诗风采彻底压倒了1995年的《风中奇缘》。

迪士尼选择印第安公主本意是为创新,但触及敏感的殖民历史和种族问题,批评之声在所难免。有人指出，宝嘉康蒂长了亚裔公主的脸，却是白种人的身材，她不过是根据白种男人审美塑造的有着异域情调的理想化美人。还有人认为《风中奇缘》以罗曼史遮蔽了残酷的殖民史。在真实的历史中，宝嘉康蒂在约翰登陆时年仅10岁，两人并无恋爱，约翰实际上是个严厉的殖民者。宝嘉康蒂18岁时被殖民者抓到英国，成为基督徒，后半生作为"被驯化的野蛮人"样本知名欧洲。

20世纪90年代末期，迪士尼发现中国市场广阔，有意拍摄一部东方题材的公主片，《木兰辞》极富戏剧性的情节马上受到迪士尼高层青睐。与以往所有公主不同，木兰的形象设计淡化性别特征，因为"你不可能在一支男人军队中无视一个长得像芭比的人"。担任人物设计总监的中国台湾漫画家张振益采用了中国古代人物画勾勒法里的"游丝描"，使木兰的衣着具有行云流水的美感。

《花木兰》全球票房3亿美元，主要是欧美市场贡献的，在中国市场反响平平。迪士尼公司认为影片排期故意错开春节黄金档以及盗版光碟影响了票房，但同时他们也不得不承认，在中国人看来，木兰长得像个外国人并且很丑，故事改编也太多，令人难以接受。

3. 手绘传统难挡3D潮流

早在1995年迪士尼推出《风中奇缘》时，皮克斯已凭《玩具总动员》掀起3D动画革命，随后的《虫虫危机》《怪物公司》《海底总动员》《超人特工队》席卷全球市场，让坚守手绘传统的迪士尼无力招架。

2006年，迪士尼收购皮克斯，《玩具总动员》的导演约翰·拉塞特成为迪士尼首席创意总监。他试图结合迪士尼和皮克斯的优势，2D、3D双线发展。《公主与青蛙》就是迪士尼第一部号称回归传统的公主片，也是最后一部。

《公主与青蛙》女主角蒂亚娜被设计成了黑皮肤，许多人愿意用政坛潮流来解读黑公主现象。2004年赖斯成为第一位黑人女性国务卿，2007年奥巴马当选第一任黑人总统，2009年上映的《公主与青蛙》仿佛有"献礼"色彩。迪士尼特别聘请了著名脱口秀主持人、黑人女性奥普拉·温弗瑞作为艺术指导，奥普拉在片中还为蒂亚娜的母亲配音。

《公主与青蛙》叫好不叫座，评论界称赞手绘很美好，但票房只有2亿多美元，尚不如十年前的《花木兰》。2009年上映的《飞屋环游记》以7亿多美元票房让人扎扎实实体会到，3D潮流浩浩荡荡，顺之者昌，逆之者前途渺茫。

4. 新技术时代增加魔法张力

2010年初，迪士尼紧急叫停已经在创作的2D动画片《白雪皇后》，但继续推进同为公主片的《长发公主》，后者采用3D技术。《白雪皇后》就是《冰雪奇缘》的前身。

《长发公主》本来遵循一贯传统，以女主角名字命名影片，但迪士尼担心损失男性观众，于是加大了男主角戏份，还把名字改名为《纠缠》。这种纠结行为让观众批评迪士尼为了市场放弃经典标题。《纠缠》引进中国内地时,翻译成直白易懂的《长发公主》。

这是迪士尼第一次以3D技术拍摄公主片,2.6亿美元的血本创下迪士尼制作成本纪录,5.9亿美元票房却不尽如人意。长发公主的设计原型是著名影星娜塔丽·波特曼和《律政俏佳人》主演瑞茜·威瑟斯彭。

2012年的《勇敢传说》大概是最不像迪士尼公主片的一部。该片完全由皮克斯团队制作,女主角梅莉达是迪士尼公主中成熟女性气质最弱的一位。虽然皮克斯一流的3D技术水平打造了良好的视觉效果,但剧情被批评老套。此片还是收获了5.3亿美元票房和奥斯卡最佳动画长片奖。2012年是动画片的小年,票房超过《勇敢传说》的只有两部,《马达加斯加3》和《冰川时代4》,主打搞笑,剧情更加幼稚单薄,于是才出现"蜀中无大将,廖化作先锋"的局面。

《冰雪奇缘》是近二十年来,第一部真正让公主片扬眉吐气的电影。故事原型是安徒生的童话《冰雪皇后》。20世纪40年代,迪士尼就试图将这个故事搬上银幕,但由于原著文学性很强,情节和人物抽象,始终想不出将角色具象化的改编模式。2008年,迪士尼再次启动《冰雪皇后》手绘项目,但终因《公主与青蛙》的失败成了"烂尾楼"。

2011年底,《长发公主》的成功让迪士尼决心复活《冰雪皇后》,用3D技术制作,并且进行大尺度改编,最终故事和安徒生原著关系不大了。影片制作过程中的一大突破是主题曲《LET IT GO》(中国内地翻译版名为《随它吧》)的完成,给予了主创人员灵感,把艾莎公主的性格塑造得更加复杂、敏感、令人疼惜。为了向安徒生致敬,三位主角汉斯王子、卖冰人克里斯托夫、小公主安娜的名字其实出自汉斯·克里斯蒂安·安徒生这个全名。

继承《长发公主》的经验,《冰雪奇缘》也同时使用了电脑和手绘两种手法。导演詹尼弗·李对布景的可信度要求很严苛。设计师到挪威采风,将当地大量实景再现在动画中。他们还到怀俄明州的杰克森谷地,穿着不同衣服体验走在深雪中的感觉,包括穿着长裙。为了打造艾莎居住的冰雪城堡,设计师去加拿大魁北克考察冰雪酒店,观察光线如何反射和折射,艾莎用魔法建造城堡的过程,仅一帧就需要50位动画师花费30个小时,使用4 000台计算机同时工作。加州理工学院的一位物理学家被请来给主创人员讲解雪花形成的原理,以及为什么每片雪花都是独一无二的,动画师为影片绘制了2 000多种不同形状的雪花。艾莎有42万根3D发丝,安娜14万根,生活中一个真人的头发不过10万根,主打头发设计的"长发公主"才有2.7万根头发。《冰雪奇缘》虽然是一部3D动画,但设计师付出的心血比传统手绘有过之而无不及。

(资料来源:李响.迪士尼:剪不断的公主情缘[J].国家人文历史,2014(4).)

第六章　文化企业的经营管理实务

第一节　文化企业的财务管理

一、财务管理目标

企业的目标就是创造价值。一般而言,企业财务管理的目标就是为企业创造价值服务。鉴于财务主要是从价值方面反映企业的商品或者服务提供过程,因而财务管理可为企业的价值创造发挥重要作用。

（一）企业财务管理目标理论

企业财务管理目标有如下几种具有代表性的理论：

1. 利润最大化

利润最大化就是假定企业财务管理以实现利润最大化为目标。

以利润最大化作为财务管理目标,其主要原因有三：一是人类从事生产经营活动的目的是为了创造更多的剩余产品,在市场经济条件下,剩余产品的多少可以用利润这个指标来衡量；二是在自由竞争的资本市场中,资本的使用权最终属于获利最多的企业；三是只有每个企业都最大限度地创造利润,整个社会的财富才可能实现最大化,从而带来社会的进步和发展。

利润最大化目标的主要优点是：企业追求利润最大化,就必须讲求经济核算,加强管理,改进技术,提高劳动生产率,降低产品成本。这些措施都有利于企业资源的合理配置,有利于企业整体经济效益的提高。

但是,以利润最大化作为财务管理目标存在以下缺陷：

（1）没有考虑利润实现时间和资金时间价值。比如,今年 100 万元的利润和 10 年以后同等数量的利润其实际价值是不一样的,10 年间还会有时间价值的增加,而且这一数值会随着贴现率的不同而有所不同。

（2）没有考虑风险问题。不同行业具有不同的风险,同等利润值在不同行业中的意义也不相同。比如,风险比较高的高科技企业和风险相对较小的制造业企业无法简单比较。

（3）没有反映创造的利润与投入资本之间的关系。

（4）可能导致企业短期财务决策倾向,影响企业长远发展。由于利润指标通常按年计算,因此,企业决策也往往会服务于年度指标的完成或实现。

2. 股东财富最大化

股东财富最大化是指企业财务管理以实现股东财富最大化为目标。在上市公司,股东财富是由其所拥有的股票数量和股票市场价格两方面决定的。在股票数量一定时,股票价格达到最高,股东财富也就达到最大。

与利润最大化相比,股东财富最大化的主要优点是:

（1）考虑了风险因素,因为通常股价会对风险做出较敏感的反应。

（2）在一定程度上能避免企业短期行为,因为不仅目前的利润会影响股票价格,与其未来的利润同样会对股价产生重要影响。

（3）对上市公司而言,股东财富最大化目标比较容易量化,便于考核和奖惩。

以股东财富最大化作为财务管理目标也存在以下缺点:

（1）通常只适用于上市公司,非上市公司难于应用,因为非上市公司无法像上市公司一样随时准确获得公司股价。

（2）股价受众多因素影响,特别是企业外部的因素,有些还可能是非正常因素。股价不能完全准确反映企业财务管理状况,如有的上市公司处于破产的边缘,但由于可能存在某些机会,其股票市价可能还在走高。

（3）它强调得更多的是股东利益,而对其他相关者的利益重视不够。

3. 企业价值最大化

企业价值最大化是指企业财务管理行为以实现企业的价值最大化为目标。企业价值可以理解为企业所有者权益的市场价值,或者是企业所能创造的预计未来现金流量的现值。未来现金流量这一概念,包含了资金的时间价值和风险价值两个方面的因素。因为未来现金流量的预测包含了不确定性和风险因素,而现金流量的现值是以资金的时间价值为基础对现金流量进行折现计算得出的。

企业价值最大化要求企业通过采用最优的财务政策,充分考虑资金的时间价值和风险与报酬的关系,在保证企业长期稳定发展的基础上使企业总价值达到最大。

以企业价值最大化作为财务管理目标,具有以下优点:

（1）考虑了取得报酬的时间,并用时间价值的原理进行了计量。

（2）考虑了风险与报酬的关系。

（3）将企业长期、稳定的发展和持续的获利能力放在首位,能克服企业在追求利润上的短期行为,因为不仅目前利润会影响企业的价值,预期未来的利润对企业价值增加也会产生重大影响。

(4) 用价值代替价格,克服了过多受外界市场因素的干扰,有效地规避了企业的短期行为。

但是,以企业价值最大化作为财务管理目标也存在以下问题:

(1) 企业的价值过于理论化,不易操作。尽管对于上市公司,股票价格的变动在一定程度上揭示了企业价值的变化,但是,股价是多种因素共同作用的结果,特别是在资本市场效率低下的情况下,股票价格很难反映企业的价值。

(2) 对于非上市公司,只有对企业进行专门的评估才能确定其价值,而在评估企业的资产时,由于受评估标准和评估方式的影响,很难做到客观和准确。

近年来,随着上市公司数量的增加,以及上市公司在国民经济中地位、作用的增强,企业价值最大化目标逐渐得到了广泛认可。

4. 相关者利益最大化

在现代企业是多边契约关系的总和的前提下,要确立科学的财务管理目标,首先就要考虑哪些利益关系会对企业发展产生影响。在市场经济中,企业的理财主体更加细化和多元化。股东作为企业所有者,在企业中承担着最大的权力、义务、风险和报酬,但是债权人、员工、企业经营者、客户、供应商和政府也为企业承担着风险。比如:

(1) 随着举债经营的企业越来越多,举债比例和规模也不断扩大,使得债权人的风险大大增加。

(2) 在社会分工细化的今天,由于简单劳动越来越少,复杂劳动越来越多,使得职工的再就业风险不断增加。

(3) 在现代企业制度下,企业经理人受所有者委托,作为代理人管理和经营企业,在激烈的市场竞争和复杂多变的形势下,代理人所承担的责任越来越大,风险也随之加大。

(4) 随着市场竞争和经济全球化的影响,企业与客户以及企业与供应商之间不再是简单的买卖关系,更多的情况下是长期的伙伴关系,处于一条供应链上,并共同参与同其他供应链的竞争,因而也与企业共同承担一部分风险。

(5) 政府不管是作为出资人,还是作为监管机构,都与企业各方的利益密切相关。

综上所述,企业的利益相关者不仅包括股东,还包括债权人、企业经营者、客户、供应商、员工、政府等。因此,在确定企业财务管理目标时,不能忽视这些相关利益群体的利益。

相关者利益最大化目标的具体内容包括如下几个方面:

（1）强调风险与报酬的均衡,将风险限制在企业可以承受的范围内。

（2）强调股东的首要地位,并强调企业与股东之间的协调关系。

（3）强调对代理人即企业经营者的监督和控制,建立有效的激励机制以便企业战略目标的顺利实施。

（4）关心本企业普通职工的利益,创造优美和谐的工作环境和提供合理恰当的福利待遇,培养职工长期努力为企业工作。

（5）不断加强与债权人的关系,培养可靠的资金供应者。

（6）关心客户的长期利益,以便保持销售收入的长期稳定增长。

（7）加强与供应商的协作,共同面对市场竞争,并注重企业形象的宣传,遵守承诺,讲究信誉。

（8）保持与政府部门的良好关系。

以相关者利益最大化作为财务管理目标,具有以下优点：

（1）有利于企业长期稳定发展。这一目标注重企业在发展过程中考虑并满足各利益相关者的利益关系。在追求长期稳定发展的过程中,站在企业的角度上进行投资研究,避免只站在股东的角度进行投资可能导致的一系列问题。

（2）体现了合作共赢的价值理念,有利于实现企业经济效益和社会效益的统一。由于兼顾了企业、股东、政府、客户等的利益,企业就不仅仅是一个单纯谋利的组织,还承担了一定的社会责任,企业在寻求其自身的发展和利益最大化过程中,由于客户及其他利益相关者的利益,就会依法经营,依法管理,正确处理各种财务关系,自觉维护和确实保障国家、集体和社会公众的合法权益。

（3）这一目标本身是一个多元化、多层次的目标体系,较好地兼顾了各利益主体的利益。这一目标可使企业各利益主体相互作用、相互协调,并在使企业利益、股东利益达到最大化的同时,也使其他利益相关者利益达到最大化。也就是将企业财富这块"蛋糕"做到最大化的同时,保证每个利益主体所得的"蛋糕"更多。

（4）体现了前瞻性和现实性的统一。比如,企业作为利益相关者之一,有其一套评价指标,如未来企业报酬贴现值;股东的评价指标可以使用股票市价;债权人可以寻求风险最小、利息最大;工人可以确保工资福利;政府可考虑社会效益等。不同的利益相关者有各自的指标,只要合理合法、互利互惠、相互协调,就可以实现所有相关者利益最大化。

因此,相关者利益最大化是企业财务管理最理想的目标。但是鉴于该目标过于理想化,且无法操作,但仍采用企业价值最大化作为财务管理的目标。

二、财务管理环节

财务管理环节是企业财务管理的工作步骤与一般工作程序。一般而言,企业财务管理包括以下几个环节：

（一）计划与预算

1. 财务预测

财务预测是根据企业财务活动的历史资料，考虑现实的要求和条件，对企业未来的财务活动做出较为具体的预计和测算的过程。财务预测可以测算各项生产经营方案的经济效益，为决策提供可靠的依据；可以预测财务收支的发展变化情况，以确定经营目标；可以测算各项定额和标准，为编制计划、分解计划指标服务。

财务预测的方法主要有定性预测和定量预测两类。定性预测法，主要是利用直观材料，依靠个人的主观判断和综合分析能力，对事物未来的状况和趋势做出预测的一种方法；定量预测法，主要是根据变量之间存在的数量关系建立数学模型来进行预测的方法。

2. 财务计划

财务计划是根据企业整体战略目标和规划，结合财务预测的结果，对财务活动进行规划，并以指标形式落实到每一计划期间的过程。财务计划主要通过指标和表格，以货币形式反映在一定的计划期内企业生产经营活动所需要的资金及其来源、财务收入和支出、财务成果及其分配的情况。

确定财务计划指标的方法一般有平衡法、因素法、比例法和定额法等。

3. 财务预算

财务预算是根据财务战略、财务计划和各种预测信息，确定预算期内各种预算指标的过程。它是财务战略的具体化，是财务计划的分解和落实。

财务预算的方法通常包括固定预算与弹性预算、增量预算与零基预算、定期预算和滚动预算等。

（二）决策与控制

1. 财务决策

财务决策是指按照财务战略目标的总体要求，利用专门的方法对各种备选方案进行比较和分析，从中选出最佳方案的过程。财务决策是财务管理的核心，决策的成功与否直接关系到企业的兴衰成败。

财务决策的方法主要有两类：一类是经验判断法，是根据决策者的经验来判断选择，常用的方法有淘汰法、排队法、归类法等；另一类是定量分析方法，常用的方法有优选对比法、数学微分法、线性规划法、概率决策法等。

2. 财务控制

财务控制是指利用有关信息和特定手段，对企业的财务活动施加影响或调节，以便实现计划所规定的财务目标的过程。

财务控制的方法通常有前馈控制、过程控制、反馈控制几种。

(三) 分析与考核

1. 财务分析

财务分析是指根据企业财务报表等信息资料,采用专门方法,系统分析和评价企业财务状况、经营成果以及未来趋势的过程。

财务分析的方法通常有比较分析、比率分析、综合分析等。

2. 财务考核

财务考核是指将报告期实际完成数与规定的考核指标进行对比,确定有关责任单位和个人完成任务的过程。财务考核与奖惩紧密联系,是贯彻责任制原则的要求,也是构建激励与约束机制的关键环节。

财务考核的形式多种多样,可以用绝对指标、相对指标、完成百分比考核,也可采用多种财务指标进行综合评价考核。

三、财务管理体制

企业财务管理体制是明确企业各财务层级财务权限、责任和利益的制度,其核心问题是如何配置财务管理权限,企业财务管理体制决定着企业财务管理的运行机制和实施模式。

企业财务管理体制概括地说,可分为三种类型:

(一) 集权型财务管理体制

集权型财务管理体制是指企业对各所属单位的所有财务管理决策都进行集中统一,各所属单位没有财务决策权,企业总部财务部门不但参与决策和执行决策,在特定情况下还直接参与各所属单位的执行过程。

集权型财务管理体制下企业内部的主要管理权限集中于企业总部,各所属单位执行企业总部的各项指令。它的优点在于:企业内部的各项决策均由企业总部制定和部署,企业内部可充分展现其一体化管理的优势,利用企业的人才、智力、信息资源,努力降低资金成本和风险损失,使决策的统一化、制度化得到有力的保障。采用集权型财务管理体制,有利于在整个企业内部优化配置资源,有利于实行内部调拨价格,有利于内部采取避税措施及防范汇率风险等等。它的缺点是:集权过度会使各所属单位缺乏主动性、积极性,丧失活力,也可能因为决策程序相对复杂而失去适应市场的弹性,丧失市场机会。

（二）分权型财务管理体制

分权型财务管理体制是指企业将财务决策权与管理权完全下放到各所属单位，各所属单位只需对一些决策结果报请企业总部备案即可。

分权型财务管理体制下企业内部的管理权限分散于各所属单位，各所属单位在人、财、物、供、产、销等方面有决定权。它的优点是：由于各所属单位负责人有权对影响经营成果的因素进行控制，加之身在基层，了解情况，有利于针对本单位存在的问题及时做出有效决策，因地制宜地搞好各项业务，也有利于分散经营风险，促进所属单位管理人员和财务人员的成长。它的缺点是：各所属单位大都从本单位利益出发安排财务活动，缺乏全局观念和整体意识，从而可能导致资金管理分散、资金成本增大、费用失控、利润分配无序。

（三）集权与分权相结合型财务管理体制

集权与分权相结合型财务管理体制，其实质就是集权下的分权，企业对各所属单位在所有重大问题的决策与处理上实行高度集权，各所属单位则对日常经营活动具有较大的自主权。

集权与分权相结合型财务管理体制意在以企业发展战略和经营目标为核心，将企业内重大决策权集中于企业总部，而赋予各所属单位自主经营权。其主要特点是：

（1）在制度上，企业内应制定统一的内部管理制度，明确财务权限及收益分配方法，各所属单位应遵照执行，并根据自身的特点加以补充。

（2）在管理上，利用企业的各项优势，对部分权限集中管理。

（3）在经营上，充分调动各所属单位的生产经营积极性。各所属单位围绕企业发展战略和经营目标，在遵守企业统一制度的前提下，可自主制定生产经营的各项决策。为避免配合失误，明确责任，凡需要由企业总部决定的事项，在规定时间内，企业总部应明确答复，否则，各所属单位有权自行处置。

正因为具有以上特点，因此集权与分权相结合型的财务管理体制，吸收了集权型和分权型财务管理体制各自的优点，避免了两者各自的缺点，从而具较大的优越性。

四、会计要素及其确认与计量原则

会计要素是根据交易或者事项的经济特征所确定的财务会计对象和基本分类。会计要素按照其性质分为资产、负债、所有者权益、收入、费用和利润，其中，资产、负债和所有者权益要素侧重于反映企业的财务状况，收入、费用和利润要素侧重于反映企业的经营成果。

(一) 资产的定义及其确认条件

1. 资产的定义

资产是指企业过去的交易或者事项形成的,由企业拥有或者控制的,预期会给企业带来经济利益的资源。根据资产的定义,资产具有以下几个方面的特征:

(1) 资产预期会给企业带来经济利益

资产预期会给企业带来经济利益,是指资产直接或者间接导致现金和现金等价物流入企业的潜力。这种潜力可以来自企业日常的生产经营活动,也可以是非日常活动;带来的经济利益可以是现金或者现金等价物,或者是可以转化为现金或者现金等价物的形式,或者是可以减少现金或者现金等价物流出的形式。

预期能为企业带来经济利益是资产的重要特征。例如,企业采购的原材料、购置的固定资产等可以用于生产经营过程制造商品或者提供劳务,对外出售后收回货款,货款即为企业所获得的经济利益。如果某一项目预期不能给企业带来经济利益,那么就不能将其确认为企业的资产。前期已经确认为资产的项目,如果不能再为企业带来经济利益的,也不能再确认为企业的资产。

(2) 资产应为企业拥有或者控制的资源

资产作为一种资源,应当由企业拥有或者控制,具体是指企业享有某项资源的所有权,或者虽然不享有某项资源的所有权,但该资源能被企业所控制。

企业享有资产的所有权,通常表明企业能够排他性地从资产中获取经济利益。通常在判断资产是否存在时,所有权是考虑的首要因素。在有些情况下,资产虽然不为企业所拥有,即企业并不享有其所有权,但企业控制了这些资产,同样表明企业能够从资产中获取经济利益,符合会计上对资产的定义。如果企业既不拥有也不控制资产所能带来的经济利益,就不能将其作为企业的资产予以确认。

(3) 资产是由企业过去的交易或者事项形成的

资产应当由企业过去的交易或者事项所形成,过去的交易或者事项包括购买、生产、建造行为或者其他交易或者事项,只有过去的交易或者事项才能产生资产,企业预期在未来发生的交易或者事项不形成资产。例如,企业有购买某项存货的意愿或者计划,但是购买行为尚未发生,就不符合资产的定义,不能因此而确认存货资产。

2. 资产的确认条件

将一项资源确认为资产,需要符合资产的定义,还应同时满足以下两个条件:

(1) 与该资源有关的经济利益很可能流入企业

从资产的定义可以看到,能带来经济利益是资产的一个本质特征,但在现实生活中,由于经济环境瞬息万变,与资源有关的经济利益能否流入企业或者能够流入多少实际上带有不确定性。因此,资产的确认还应与经济利益流入的不确定性程度结合起来。如果根据编制财务报表时所取得的证据,判断与资源有关的经济利益很可能流入企业,那么就应当将其作为资产予以确认;反之,不能确认为资产。

(2) 该资源的成本或者价值能够可靠地计量

可计量性是所有会计要素确认的重要前提,资产的确认也是如此。只有当有关资源的成本或者价值能够可靠地计量时,资产才能予以确认。在实务中,企业取得的许多资产都需要付出成本。例如,企业购买或者生产的存货、企业购置的厂房或者设备等,对于这些资产,只有实际发生的成本或者生产成本能够可靠计量,才能视为符合了资产确认的可计量条件。在某些情况下,企业取得的资产没有发生实际成本或者发生的实际成本很小,例如,企业持有的某些衍生金融工具形成的资产,对于这些资产,尽管它们没有实际成本或者发生的实际成本很小,但是如果其公允价值能够可靠计量的话,也被认为符合了资产可计量性的确认条件。

(二) 负债的定义及其确认条件

负债是指企业过去的交易或者事项形成的,预期会导致经济利益流出企业的现时义务。根据负债的定义,负债具有以下几个方面的特征:

1. 负债是企业承担的现时义务

负债必须是企业承担的现时义务,这里的现时义务是指企业在现行条件下已承担的义务。未来发生的交易或者事项形成的义务,不属于现时义务,不应当确认为负债。

这里所指的义务可以是法定义务,也可以是推定义务。其中,法定义务是指具有约束力的合同或者法律、法规规定的义务,通常在法律意义上需要强制执行。例如,企业购买原材料形成应付账款、企业向银行贷入款项形成借款、企业按照税法规定应当交纳的税款等,均属于企业承担的法定义务,需要依法予以偿还。推定义务是指根据企业多年来的习惯做法、公开的承诺或者公开宣布的经营政策而导致企业将承担的责任,这些责任也使有关各方形成了企业将履行义务承担责任的合理预期。例如,某企业多年来制定有一项销售政策,对于售出商品提供一定期限内的售后保修服务,预期将为售出商品提供的保修服务就属于推定义务,应当将其确认为一项负债。

(1) 负债预期会导致经济利益流出企业

预期会导致经济利益流出企业也是负债的一个本质特征,只有在履行义务时会导致经济利益流出企业的,才符合负债的定义。在履行现时义务清偿负债时,导致经济利益流出企业的形式多种多样,例如,用现金偿还或以实物资产形式偿还;以提供劳务形式偿还;部分转移资产、部分提供劳务形式偿还;将负债转为资本等。

(2) 负债是由企业过去的交易或者事项形成的

负债应当由企业过去的交易或者事项所形成。换句话说,只有过去的交易或者事项才形成负债,企业将在未来发生的承诺、签订的合同等交易或者事项,不形成负债。

2. 负债的确认条件

将一项现时义务确认为负债,需要符合负债的定义,还需要同时满足以下两个条件:

(1) 与该义务有关的经济利益很可能流出企业

从负债的定义可以看到,预期会导致经济利益流出企业是负债的一个本质特征。在实务中,履行义务所需流出的经济利益带有不确定性,尤其是与推定义务相关的经济利益通常需要依赖于大量的估计。因此,负债的确认应当与经济利益流出的不确定性程度的判断结合起来,如果有确凿证据表明,与现时义务有关的经济利益很可能流出企业,就应当将其作为负债予以确认;反之,如果企业承担了现时义务,但是导致企业经济利益流出的可能性很小,就不符合负债的确认条件,不应将其作为负债予以确认。

(2) 未来流出的经济利益的金额能够可靠地计量

负债的确认在考虑经济利益流出企业的同时,对于未来流出的经济利益的金额应当能够可靠计量。对于与法定义务有关的经济利益流出金额,通常可以根据合同或者法律规定的金额予以确定,考虑到经济利益流出的金额通常在未来期间,有时未来期间较长,有关金额的计量需要考虑货币时间价值等因素的影响。对于与推定义务有关的经济利益流出金额,企业应当根据履行相关义务所需支出的最佳估计数进行估计,并综合考虑有关货币时间价值、风险等因素的影响。

(三) 所有者权益的定义及其确认条件

1. 所有者权益的定义

所有者权益是指企业资产扣除负债后,由所有者享有的剩余权益。公司的所有者权益又称为股东权益。所有者权益是所有者对企业资产的剩余索取权,它是企业的资产扣除债权人权益后应由所有者享有的部分,既可反映所有者投入资本的保值增值情况,又体现了保护债权人权益的理念。

2. 所有者权益的来源构成

所有者权益的来源包括所有者投入的资本、直接计入所有者权益的利得和损失、留存收益等,通常由股本(或实收资本)、资本公积(含股本溢价或资本溢价、其他资本公积)、盈余公积和未分配利润等构成。

所有者投入的资本是指所有者所有投入企业的资本部分,它既包括构成企业注册资本或者股本的金额,也包括投入资本超过注册资本或股本部分的金额,即资本溢价或股本溢价,这部分投入资本作为资本公积(资本溢价)反映。

直接计入所有者权益的利得和损失,是指不应计入当期损益、会导致所有者权益发生增减变动的、与所有者投入资本或者向所有者分配利润无关的利得或者损失。其中,利得是指由企业非日常活动所形成的、会导致所有者权益增加的、与所有者投入资本无关的经济利益的流入。损失是指由企业非日常活动所发生的、会导致所有者权益减少的、与向所有者分配利润无关的经济利益的流出。直接计入所有者权益的利得和损失主要包括可供出售金融资产的公允价值变动额、现金流量套期中套期工具公允价值变动额(有效套期部分)等。

留存收益是企业历年实现的净利润留存于企业的部分,主要包括盈余公积和未分配利润。

3. 所有者权益的确认条件

所有者权益体现的是所有者在企业中的剩余权益,因此,所有者权益的确认主要依赖于其他会计要素,尤其是资产和负债的确认;所有者权益金额的确定也主要取决于资产和负债的计量。例如,企业接受投资者投入的资产,在该资产符合资产确认条件时,就相应地符合了所有者权益的确认条件;当该资产的价值能够可靠计量时,所有者权益的金额也就可以确定。

(四)收入的定义及其确认条件

1. 收入的定义

收入是指企业在日常活动中形成的、会导致所有者权益增加的、与所有者投入资本无关的经济利益的总流入。根据收入的定义,收入具有以下几个方面的特征:

(1) 收入是企业在日常活动中形成的

日常活动是指企业为完成其经营目标所从事的经常性活动以及与之相关的活动。例如,工业企业制造并销售产品即属于企业的日常活动。明确界定日常活动是为了将收入与利得相区分,因为企业非日常活动所形成的经济利益的流入不能确认为收入,而应当计入利得。

(2) 收入是与所有者投入资本无关的经济利益的总流入

收入应当会导致经济利益的流入,从而导致资产的增加。例如,企业销售商品,应当收到现金或者有权在未来收到现金,才表明该交易符合收入的定义。但是在实务中,经济利益的流入有时是所有者投入资本的增加所导致的,所有者投入资本的增加不应当确认为收入,应当将其直接确认为所有者权益。

(3) 收入会导致所有者权益的增加

与收入相关的经济利益的流入应当会导致所有者权益的增加,不会导致所有者权益增加的经济利益的流入不符合收入的定义,不应确认为收入。例如,企业向银行借入款项,尽管也导致了企业经济利益的流入,但该流入并不导致所有者权益的增加,反而使企业承担了一项现时义务。企业对于因借入款项所导致的经济利益的增加,不应将其确认为收入,应当确认为一项负债。

2. 收入的确认条件

企业收入的来源渠道多种多样,不同收入来源的特征有所不同,其收入确认条件也往往存在差别,如销售商品、提供劳务、让渡资产使用权等。一般而言,收入只有在经济利益很可能流入从而导致企业资产增加或者负债减少,且经济利益的流入额能够可靠计量时才能予以确认。收入的确认至少应当符合以下条件:一是与收入相关的经济利益应当很可能流入企业;二是经济利益流入企业的结果会导致资产的增加或者负债的减少;三是经济利益的流入额能够可靠计量。

(五)费用的定义及其确认条件

1. 费用的定义

费用是指企业在日常活动中发生的、会导致所有者权益减少的、与向所有者分配利润无关的经济利益的总流出。根据费用的定义,费用具有以下几方面的特征:

(1) 费用是企业在日常活动中形成的

费用必须是企业在日常活动中所形成的,这些日常活动的界定与收入定义中涉及的日常活动的界定相一致。日常活动所产生的费用通常包括销售成本(营业成本)、职工薪酬、折旧费、无形资产摊销等。将费用界定为日常活动所形成的,目的是为了将其与损失相区分,企业非日常活动所形成的经济利益的流出不能确认为费用,而应当计入损失。

(2) 费用是与向所有者分配利润无关的经济利益的总流出

费用的发生应当会导致经济利益的流出,从而导致资产的减少或者负债的增加,其表现形式包括现金或者现金等价物的流出,存货、固定资产和无形资产等的流出或者消耗等。企业向所有者分配利润也会导致经济利益的流出,而该经济利益的流出属于所有者权益的抵减项目,不应确认为费用,应当将其排除在费用的定义之外。

(3) 费用会导致所有者权益的减少

与费用相关的经济利益的流出应当会导致所有者权益的减少,不会导致所有者权益减少的经济利益的流出不符合费用的定义,不应确认为费用。

2. 费用的确认条件

费用的确认除了应当符合定义外,还应当满足严格的条件,即费用只有在经济利益很可能流出从而导致企业资产减少或者负债增加,且经济利益的流出额能够可靠计量时才能予以确认。因此,费用的确认至少应当符合以下条件:一是与费用相关的经济利益应当很可能流出企业;二是经济利益流出企业的结果会导致资产的减少或者负债的增加;三是经济利益的流出额能够可靠计量。

(六)利润的定义及其确认条件

1. 利润的定义

利润是指企业在一定会计期间的经营成果。通常情况下,如果企业实现了利润,表明企业的所有者权益将增加;反之,如果企业发生亏损(即利润为负数),表明企业的所有者权益将减少。因此,利润往往是评价企业管理层业绩的一项重要指标,也是投资者等财务报告使用者进行决策时的重要参考。

2. 利润的来源构成

利润包括收入减去费用后的净额、直接计入当期利润的利得和损失等。其中收入减去费用后的净额反映的是企业日常活动的业绩。直接计入当期利润的利得和损失,是指应当计入当期损益、最终会引起所有者权益发生增减变动的、与所有者投入资本或者向所有者分配利润无关的利得或者损失。企业应当严格区分收入和利得、费用和损失,以更加全面地反映企业的经营业绩。

3. 利润的确认条件

利润反映的是收入减去费用、利得减去损失后净额的概念。因此,利润的确认主要依赖于收入和费用以及利得和损失的确认,其金额的确定也主要取决于收入、费用、利得和损失金额的计量。

五、文化企业的财务会计的特殊性[①]

虽然不同行业的企业在会计科目上分类各具特色,但是基本上能够用上述体系进行计量和管理。文化企业虽然在管理内容上相同,但是因为其自身的投入资源、产品、资产、生产组织体系等方面特性的差别,使得文化企业的财务管理呈现不同的特征和侧重点。

(一)文化企业的业务过程不同

从业务活动过程上来考察,有的文化企业的会计循环周期与现有的会计标准和原则有不相适应之处。很多文化企业业务活动过程是以一个个项目的方式展开的,业务过程以项目起始与终止的时间为循环周期,例如电影、演出、设计项目、体

---

① 王晨.文化企业管理[M].长沙:湖南文艺出版社,2006:253.

育赛事、会展项目等。

而且在一个项目周期中,业务活动所表现的价值变化与项目资金运动和项目的运作模式有密切关系,在整个周期内,价值变动呈现不均衡的现象。例如,一般的工业企业可以用半成品和存货价值来计算投入产出的转换关系。而在影视片拍摄中,先期的大量投资被当做费用和成本成为沉没成本,其产出则是胶片上的内容,如果只是计算胶片的物质成本,现有的会计体系所采用的汇总方法将无法对资产的价值做出准确计算。此外,电影拍摄中的大量布景耗资很大,高的在上百万,而一个场景用了几天拍完后,布景就全部撤出没用了,这样短的时间内,这么高的投入转化成了什么价值呢?显然要超过胶片本身的价格。而这些都很难在现有会计体系中得到确认。

另外,模式不同,也会对现金流量产生影响。例如,有的影视片的生产、销售可能同时进行,甚至开机之前就已经在炒作和宣传,相关的销售费用已经发生。收入也可能在提前,比如开机之前就出售了版权,或者与电视台订立了购买合同。

因此,有的文化企业可能在上个会计期间发生大量的成本而没有发生收入,而在下个会计期间却发生大量销售收入,而有的可能正相反,虽然项目还没有投入,产品还没有生产,就已经有大量的版权销售和许可的收入。这种不均衡性,如果不在会计报表中反映,会计报表就失去了它的管理效能,企业就难以实现对其业务过程的及时监督、管理和控制。

(二)文化企业的关键资源是无形资产

文化企业不同于工业企业和零售业,文化企业的主要产品为精神内容,对于可复制性较强的文化产品,如光碟、电影拷贝,这些产品的成本集中在内容的创造阶段,而不在内容复制过程,因为精神内容的复制成本比它的创造成本低得多。对于难以复制的文化产品,例如,歌舞、戏剧等,这类产品一般没有存货。所以一般文化企业可以根据市场的需求确定复制量的多少,文化企业的存货相对较少,存货占用的资金量较小,而主要的资产是版权、精神内容的原创母本、歌舞演员的人力资本等无形资产以及大型的剧院和设备等固定资产。

文化企业主要关键资产是无形资产,对于无形资产的管理是文化企业财务管理的核心内容。企业的竞争力来自于其所拥有的关键资源。文化企业的核心资源是专业文化人才(如演员、导演)、管理人员和专业技术人员的人力资本、企业拥有的独特的精神内容创作品、版权等等。

(三)文化企业所面临的市场风险较大

文化企业的产品是无形的精神内容产品,受到市场不可测因素的影响较大,例如人们的主观评价时尚的变化等,所以风险较大,由此形成了文化企业的现金流在这个产品生命周期中不均衡的现象。

而且,不同的文化产品,和不同的文化企业之间存在不同的盈利模式,在现金流、应收应付账款的管理方面具有差异性。例如,一部电视剧的拍摄,前期要投入大量的拍摄成本、宣传成本、演员工资等费用,这些都是沉没成本,而电视剧的收入和盈利的产生需要通过与各个电视台签订销售合同才可以实现,而市场需求和消费者偏好的不确定性无疑增加了这种生产模式的风险。所以,电影投资人可能在拍摄初期就出售海外的版权,并通过广告赞助的方式,获取先期的现金流。再如,网络游戏产品的先期开发要投入大量成本,经过测试再正式运行,期间的风险极大。

在成本费用的发生方面,文化企业具有较大的弹性。工业企业的生产是流水线式的,生产具有很强的节拍性和规律性。而文化企业的产品生产虽然具有分工和流程化的趋势,但是文化产品毕竟是软性的无形产品,即使好莱坞电影工厂在影视片的拍摄过程中,也会面临片段的重新拍摄与不断修改调整的过程,更不用说类似设计、会展、演出、体育赛事、网络游戏等这些互动性很强的项目。这些产品的生产受到诸如客户需求变化、天气、场地、交通、文化环境、工程施工延误、软件测试失败等多方面因素的干扰,致使额外的成本和费用发生与整个生产和销售环节延迟、脱节。因此,在文化企业对产品项目的管理中,成本、项目周期的管理对风险的控制至关重要。

六、文化企业经营者应了解的财务管理知识

(一)财务人员岗位设置

企业规模大小不同,设置不同。一般小企业是会计和出纳。俗话说:会计管账不管钱,出纳管钱不管账(必须记现金、银行存款日记账并且与会计账相符)。出纳管理货币资金(现金、银行存款),会计管理所有的账务。但出纳服从会计管理。小企业也都有一个仓库管理员,进出库、库存业务服从会计管理,进出库事宜服从生产管理。总之,会计机构根据规模大小设置人数,工作范围能起到相互制约、相互牵制、相互监督的作用,以避免财会人员犯错误给企业带来不必要的经济损失。

企业会计的岗位设置要结合企业的实际情况来定,最简单的只需设置会计和出纳两个岗位即可。大单位就设置很多了,比如下面的财务人员岗位及工作职责、任务:

1. 成本会计:负责公司的成本核算

(1)整理各项费用并进行归集和分配;

(2) 做记账凭证并登账；
(3) 月末对费用进行核算；
(4) 统计各项费用的指标考核结果并上报经理。

2. 管理会计：进行公司的成本分析

(1) 根据成本构成和历史发生情况以及计划指标进行比较；
(2) 成本分析报告。

3. 固定资产会计：负责公司的固定资产账

(1) 负责每月提取折旧；
(2) 负责固定资产报废、清理的账务登记；
(3) 新购入固定资产的入账；
(4) 年终汇总。

4. 总账会计：负责总账的一部分

(1) 汇总总账，进行试算平衡；
(2) 与明细账的核对。

5. 购及应付款会计：负责应付账款往来核算

(1) 接收原材料入库单、销售发票，核算、审核付款清单和各种应付账款，审核各项记录；
(2) 审核各业务部门转交的发票及单据；
(3) 登账，记账。

6. 销售及应收款会计：负责销售应收账款往来业务核算

(1) 核算各销售客户应收账款和记录；
(2) 凭发票登记，记账；
(3) 定期与销售人员核对销售明细及监督汇款。

7. 报表会计：负责有关报表的报送工作

(1) 每 10 天报送给总经理银行存款余额明细；
(2) 月底向部门经理报送本月销售明细、应收账款明细和费用分类、罚息明细给销售部；
(3) 月底报外销部外销回款统计。

8. 出纳会计：现金与支票管理

(1) 保管单据（支票、支票报销单、支票申请单、收据等）、财务专用章及现金；
(2) 填写现金支票、转账支票及汇款凭证；
(3) 办理汇款、取现和支票转账手续；
(4) 办理国际收支申报手续；
(5) 每日对库存现金进行盘点与结算；

（6）开立还款收据、交款收据及客户回款收据；

（7）初步审核现金报销单据的合法性和真实性，办理现金报销手续。

9. 档案管理：财务档案的整理、装订

10. 其他综合岗位：完成上级委派的其他任务

中小型企业财务部组织结构与责权如表 6.1 所示。

表 6.1　中小型企业财务部组织结构与责权

部门		部门负责人		直属领导	
部门组织结构图					部门编制
财务部经理（下设财务主管、会计主管；财务主管下设资金管理员、预算专员、税务专员；会计主管下设出纳、会计、审计员）					经理级___人
					主管级___人
					专员级___人
职责	1. 为企业构建科学、合理的财务管理体系，研究、制定并执行本企业的财务战略规划				
	2. 合理规划企业资金筹集、运用、分配等财务收支活动，合理配置企业现有的资金资源				
	3. 负责企业现有资金分配及使用等事宜，并为相关决策提供财务信息支持与建议				
	4. 开展企业财务预算、预算控制、财务决算等管理工作				
	5. 负责企业总体税务筹划工作，合理控制企业资金成本				
权力	1. 有对企业经营及财务运作状况的建议权				
	2. 有对企业投融资方案的提案权和审核权				
	3. 有对企业经营成果、财务收支情况等各个方面进行稽核审查的权力				
	4. 有对预算执行情况的监督权				
相关说明					
编制人员		审核人员		批准人员	
编制日期		审核日期		批准日期	

（二）健全文化企业财务管理制度

1. 企业会计制度设计应遵循的原则

（1）贯彻执行《会计法》《企业会计准则》及相关法规

设计小企业会计制度必须以会计法、企业会计准则及相关法律,法规为依据,不能超越或突破国家的统一规定。

（2）贯彻会计核算与财务管理相结合的原则

小企业会计机构简单,人员较少,不可能设置专门人员从事会计核算和财务管理工作,会计核算与财务管理相结合符合小企业会计工作的特点。

（3）贯彻会计制度与税收法规尽量兼容的原则

小企业的会计信息主要是为了满足国家税收征管的需要,因此,小企业会计记录最好能尽量与税收法规相协调,使会计要素的确认和计量尽量与税法规定相符。

（4）贯彻统一性和灵活性相结合的原则

设计小企业会计制度一方面要遵循国家的规定,另一方面要考虑小企业自身的特点,在不违反国家规定的前提下,尽量使小企业会计制度具有一定的灵活性。

2. 中小企业会计制度设计的内容

企业会计制度设计的内容:应包括会计组织系统设计,会计核算系统设计,会计控制系统设计。

（1）会计组织系统设计

针对小型企业会计制度的上述特点,在会计制度设计中要考虑企业经营管理组织体系的设置,并与此保持一致。由于小型企业业务量较少,会计核算只能采用集中核算方式,即由会计机构统一办理。又由于小型企业人员较少,从事会计工作的人员也不会太多,从内部控制要求看,一般以2～3人为宜,可不单独设置会计机构,而在管理部门设会计组织,并指派一人担任财务主管。由于会计人员较少,为了达到会计控制的目的,在会计岗位设置和责权划分上,可设置三个岗位:

① 会计主管兼总账会计。职责是在厂长（经理）直接领导下,负责企业会计核算、会计管理工作的开展（在财务会计工作处理方面不由管理部领导）,并负责编制、审核会计凭证,登记总分类账、编制会计报表和成本核算工作。

② 出纳岗位。负责与货币资金收付有关的具体业务,如记录日记账,处理日常货币资金收支、申报、缴纳税金、备用金核算等。

③ 明细账会计岗位兼稽核。负责各种明细账的登记工作,账目的定期核对工作,财产清查的安排与实施工作等。

（2）会计核算系统设计

① 会计科目是企业正确建账,合理核算并编制报表的重要依据。和大中型企

业相比,由于经济业务数量较少,科目设置应适当简化。根据小企业会计的特殊性,我们认为小企业应设置如下5个大类32个一级科目:

第一,资产类:现金,银行存款,短期投资,应收票据,应收账款,其他应收款,存货,待摊费用,长期投资,固定资产,累计折旧,在建工程,无形资产;

第二,负债类:短期借款,应付票据,应付账款,其他应付款,应付工资,应交税金,预提费用,长期借款;

第三,所有者权益类:实收资本,资本公积,留存收益,本年利润;

第四,成本类:主营业务成本;

第五,损益类:主营业务收入,其他收入,投资收益,主营业务支出,其他支出,所得税。

② 会计报表选择与设计。目前,由于小企业会计基础工作比较薄弱,同时由于小企业所有权与经营权密切相关,会计信息的外部使用者相对较少,主要是税务部门及债权人。因此,小企业会计报表的选择与设计应从以下几个方面入手:

第一,设计一套只提供最基本会计信息的简略会计报表,应允许小企业按简略的形式编制与提供资产负债和损益表;

第二,允许小企业不必编制和提供现金流量表;

第三,小企业由于业务规模比较小,社会影响范围也较小,其报表附注内容应较为简略,不必单独编制资产减值准备明细表、利润分配表、股东权益增减变动表等,有关这些方面的重要信息可以用附表或附注的形式说明。

(3) 会计控制系统设计

在中小企业的会计控制系统设计方面包括:货币资金控制,采购与付款会计控制,销售与收款会计控制,实物资产控制,财务风险控制,管理信息系统控制等。以下就是对这方面的分析和研究:

① 货币资金控制是中小企业会计控制的要点。中小企业应运用不相容职务相分离,授权批准的方法,对货币资金收入、保管、支出等全过程的关键控制点做出严格的规范。一个有效的货币资金控制系统应包括以下内容:

第一,一般现金收入应采用连续编号的"现金收据"进行控制,收据由收款员,出纳员,负责人共同签章,存根妥善保管。每天收入的款项,应全部存入银行,"送款单"要及时交会计人员审核,并据以记账。

第二,支出款项除零星小额外,一般都应用银行支票支付。严禁签发无记名空白支票,签发支票的图章必须由相关责任人分别保管,不得由出纳员一人包办。一切支付款项,应采取"付款单"控制。

第三,支付工资须编制工资表,经负责人审核后才能发放,发放时应由领款人签章。

第四,出纳员的工作要与登记分类账的工作分开,尤其是出纳员不得接近客户明细账,以防挪用,侵占公款。

② 采购与付款会计控制。由于企业采购过程中经常存在回扣现象而导致企业资金流失或采购物资质次价高等问题,因此,中小企业必须加强对采购与付款会计控制,具体的控制内容包括:

第一,业务应由采购部门专门负责,通过各需要部门填制"申购单"进行控制。会计部门依据"申购单"核对库存和预算,核对无误后筹资付款,以避免盲目采购现象的发生。

第二,货物送到时,应由保管部门验收并填制"入库单",由验收人员及负责人签章,一份留备登账,一份交采购部门。领用物品凭审签的"出库单"发领。

③ 销售与收款会计控制。中小企业在销售与收款会计控制中,应关注定价原则,收款方式等销售政策的制定,明确销售机构和销售人员的职责权限,加强合同订立,货物发出和账款回收的会计控制,防范销售过程中的舞弊行为,避免或减少坏账损失,具体包括:

第一,企业应专设销售机构负责销售业务,主要通过"供货合同"进行销售控制。所有的销售货物,均应开具统一的发票,发票由会计部门统一管理,并采用定期复核制度。

第二,销售人员不得参与销售明细账和应收账款明细账的登记工作,以防私收账款,挪用现金或捏造客户,虚增资产。

第三、赊销业务、销售折让和折扣以及坏账处理,须经企业相关负责人的书面核准后方能办理。

④ 实物资产会计控制。尽管中小企业的实物资产并不庞大,但是对各项资产的增减变动、保管、维护和记录,还是需要进行严格的控制。从资产的取得、保管、领用、发出、盘点、处理等环节找出关键控制点,采用授权批准,会计记录与实物保管相互分离和制约,非实物保管人员无权领发货物等一系列控制方法,防止各种实物资产的被盗、偷拿、毁损和流失。

⑤ 财务风险控制。财务风险是指由于中小企业对外举债给企业收益带来的不确定性和风险性。一方面,有效地利用债务,可以大大提高中小企业的经营效益。当企业经营好,利润高时,高负债会带来企业的高速增长。另一方面,中小企业举债经营会对企业自有资金的盈利能力造成影响,由于负债经营要承担相当的利息费用,并且债权人对企业的资产有优先偿付的权利。

⑥ 管理信息系统控制。管理信息系统,就是向企业内部管理层,各级部门主管,其他相关人员,以及企业外的有关部门(人员)提供信息的系统。通过管理信息系统,中小企业内部的员工能够清楚地理解企业的内部控制制度,明确其所承担

的职责和任务,并及时取得和交换他们在执行,管理和控制企业经营过程中所需的信息。

（三）中小企业会计制度范本

中小企业最新财务管理制度范本

全体财务人员应认真贯彻执行国家有关财政法规及会计制度。敬业爱岗,不做有损于公司的事。严格按照公司财务制度做好自己的本职工作。对待工作认真踏实,树立为客户服务意识。贯彻公司质量方针和质量目标。

第一项　财务部职责范围

1. 认真贯彻执行国家有关财务管理的法律法规,确保财务工作的合法性。
2. 建立健全公司各种财务管理制度,严格按照财务工作程序执行。
3. 采取切实有效的措施保证公司资金和财产的安全,维护公司的合法权益。
4. 编制和执行财务预算、财务收支计划,督促有关部门加强资金回流,确保资金的有效供应。
5. 进行成本、费用预测、核算、考核和控制,督促有关部门降低消耗、节约费用,提高经济效益。
6. 建立健全各种财务账目,编制财务报表,并利用财务资料进行各种经济活动分析,为公司领导决策提供有效依据。
7. 负责公司材料库、办公用品库的管理。
8. 参与公司工程承包合同和采购合同的评审工作。
9. 及时核算和上缴各种税金。
10. 参与项目部与施工队结算,参与采供部与材料供应商结算。
11. 会计档案资料的收集、整理,确保档案资料的完整、安全、有效。
12. 加强本部门管理,进行内部培训,提高本部门工作人员素质。
13. 完成公司工作程序规定的其他工作,完成领导布置的其他任务。

第二项　借款和各种费用开支标准及审批制度

借款审批及标准：

1. 出差借款：出差人员应先到财务部领取一式两联的"借款单",详细填写借款日期、资金性质、部门、出差地、出差事由、出差天数及金额,经本部门主管签字后报总经理签批;借款单交会计留存,待借款人归还借款后清款联还本人作为清账依据。前次借支出差返回时间超过5天无故未报销者,不得再借款。

2. 日常费用借款:各部门因办理业务需要借款,到财务部领取借款单,填写好资金性质(支票或现金)、部门、借款事由,所借金额,审批程序同第1条。

3. 购置固定资产借款:施工用具、加工设备单价在1000元以上,使用年限在一年以上者,办公设施单价2000元以上者,属固定资产。需填写固定资产申购单、固定资产请款单报总裁审批后,方可由相应部门办理。购置固定资产必须开具正式发票。

4. 备用金借款:对于特定部门或岗位实行备用金借款,具体由各部门根据实际情况核定,报总裁批准后执行。所有备用金借款于每年年度终了报账时归还结清。

5. 其他临时借款:如业务费、招待费、周转金等,审批程序同第1条。

6. 借款出差人员回公司后五天内应按规定到财务部报账,报账后所欠金额三天内补齐,对于不办理报销手续且三天内不能补齐所欠款项的,财务部有权从当月工资中扣回。

7. 所有借款均遵循前账不清后账不借的原则。

8. 严格禁止个人借款,特殊情况需由公司部门经理以上级别人员做担保并由总裁批准后方可借支。

第三项　日常费用报销

1. 公司员工在日常费用支出时,需坚持勤俭节约的原则。

2. 日常支出时应尽量取得原始发票,对于不能取得原始发票的情况,需由对方出具收款证明。

3. 报销时须由经手人在发票上面签字并简述事由,并经相应领导签字后到财务部报销;

4. 所有日常购用物品均须到库房办理入库手续,报销时发票后面附有经库房管理员签字的入库单,并经各相应领导签字后到财务部报销;

5. 补充说明:如报销审批人出差在外,则应由审批人签署指定代理人,交财务部备案,指定代理人可在此期间行使相应的审批权力;或者由财务人员与审批人进行电话联系,先行借款或报销,待审批人回公司后再进行补签。

(四)财务报表

会计工作主要是把企业杂乱的会计数据归纳整理,加工编制成有用的财务信息系统。

对于什么是会计,社会各界包括企业家们的理解是不一样的,甚至职业会计人也有不同的理解。例如,有人说会计是管理的工具;也有人说会计是一个信息系统,会计的工作就是收集信息、加工信息、储存信息,并对外披露信息。但从企业管理的角度来说,会计是企业的语言,这种语言是企业内部交流的工具。

当公司领导开会时,要借助会计语言来研究企业的管理。用会计语言表述,企业用了多少资产,欠了多少债务,拥有多少权益,有多少收入,用去多少费用,获得多少利润等等。会计语言是企业通用的语言,在企业内部各部门之间是通用的,在一个国家里也是通用的,甚至是国际通用的语言。当企业和另外一家企业打交道时,要借助于会计语言;当企业和银行打交道时,也要使用会计语言;当企业和政府打交道时,同样要使用会计语言。

如果把会计当成一种语言来看待,这种语言到底要描述什么呢? 会计语言所描述的内容,就是用货币表现出来的经济活动。会计描述经济活动时需要借助一种载体,会计语言中所使用的载体就是大家所熟悉的会计凭证、会计账簿和财务会计报告。

1. 会计是企业的语言

语言是由语言要素、语言规则和会计报表组成。

(1) 会计语言要素第一组词

资产、负债、所有者权益。它们提供的是企业财务状况的时点数,就是给企业经营活动做快照。资产分类:流动资产(货币资金、短期投资、应收账款、预付账款、存货、待摊费用)、长期投资、固定资产净值和无形资产。

负债就是公司欠别人钱,负债分类:流动负债(短期借款、应付账款、预收账款、其他应付款)、长期负债。

所有者权益又叫净资产,就是属你自己的钱。所有者权益分类:实收资本、盈余公积、未分配利润。

恒等式:资产＝负债＋所有者权益。

(2) 会计语言要素第二组词

收入、费用、利润。它们提供的是企业财务状况的期间数,就是给企业做录像,记录企业在这一时间内企业经营过程。

恒等式:利润＝收入－费用。

(3) 会计语言规则

四个层次:

会计法	(全国人大)
企业财务会计报告条例	(国务院)
企业会计准则	(财政部)
企业付诸制度	(财政部)

(4) 会计报表组成

第一,会计报表(主表):资产负债表、利润表(损益表)、现金流量表。

第二,会计报表附注:会计报表附注是会计报表的重要组成部分,是对会计报表本身无法或难以充分表达的内容和项目所作的补充说明和详细解释。

第三,财务情况说明书:又称"财务状况说明书",是指企业在一定时期内对财务、成本计划的执行情况,损益形成和增减的原因进行分析总结所形成的文字材料,是财务报表的补充说明,也是财务报告的重要组成部分。

2. 资产负债表及其作用

资产负债表是反映企业在某一特定日期财务状况的报表。例如,公历每年12月31日的财务状况,由于它反映的是某一时点的情况,所以,又称为静态报表。

资产负债表主要提供有关企业财务状况方面的信息。通过资产负债表,可以提供某一日期资产的总额及其结构,表明企业拥有或控制的资源及其分布情况,即:有多少资源是流动资产、有多少资源是长期投资、有多少资源是固定资产等等;可以提供某一日期的负债总额及其结构,表明企业未来需要用多少资产或劳务清偿债务以及清偿时间,即流动负债有多少、长期负债有多少、长期负债中有多少需要用当期流动资金进行偿还等等;可以反映所有者所拥有的权益,据以判断资本保值、增值的情况以及对负债的保障程度。资产负债表还可以提供进行财务分析的基本资料,如将流动资产与流动负债进行比较,计算出流动比率;将速动资产与流动负债进行比较,计算出流动比率;计算出速动比率等,可以表明企业的变现能力、偿债能力和资金周转能力,从而有助于会计报表使用者做出经济决策。

(1) 阅读资产负债表的几个要点

① 浏览一下资产负债表主要内容,由此,你就会对企业的资产、负债及股东权益的总额及其内部各项目的构成和增减变化有一个初步的认识。由于企业总资产在一定程度上反映了企业的经营规模,而它的增减变化与企业负债与股东权益的变化有极大的关系,当企业股东权益的增长幅度高于资产总额的增长时,说明企业的资金实力有了相对的提高;反之则说明企业规模扩大的主要原因是来自于负债的大规模上升,进而说明企业的资金实力在相对降低、偿还债务的安全性亦在下降。

② 对资产负债表的一些重要项目,尤其是期初与期末数据变化很大,或出现大额红字的项目进行进一步分析,如流动资产、流动负债、固定资产、有代价或有息的负债(如短期银行借款、长期银行借款、应付票据等)、应收账款、货币资金以及股东权益中的具体项目等。例如,企业应收账款过多占总资产的比重过高,说明该企业资金被占用的情况较为严重,而其增长速度过快,说明该企业可能因产品的市场竞争能力较弱或受经济环境的影响,企业结算工作的质量有所降低。此外,还应对

报表附注说明中的应收账款账龄进行分析,应收账款的账龄越长,其收回的可能性就越小。又如,企业年初及年末的负债较多,说明企业每股的利息负担较重,但如果企业在这种情况下仍然有较好的盈利水平,说明企业产品的获利能力较佳、经营能力较强,管理者经营的风险意识较强,魄力较大。再如,在企业股东权益中,如法定的资本公积金大大超过企业的股本总额,这预示着企业将有良好的股利分配政策。但在此同时,如果企业没有充足的货币资金作保证,预计该企业将会选择送配股增资的分配方案而非采用发放现金股利的分配方案。另外,在对一些项目进行分析评价时,还要结合行业的特点进行。就房地产企业而言,如该企业拥有较多的存货,意味着企业有可能存在着较多的、正在开发的商品房基地和项目,一旦这些项目完工,将会给企业带来很高的经济效益。

③ 对一些基本财务指标进行计算,计算财务指标的数据来源主要有以下几个方面:直接从资产负债表中取得,如净资产比率;直接从利润及利润分配表中取得,如销售利润率;同时来源于资产负债表利润及利润分配表,如应收账款周转率;部分来源于企业的账簿记录,如利息支付能力。

(2) 几项主要财务指标的计算及其意义

① 反映企业财务结构是否合理的指标有:

第一,净资产比率＝股东权益总额/总资产。该指标主要用来反映企业的资金实力和偿债安全性,它的倒数即为负债比率。净资产比率的高低与企业资金实力成正比,但该比率过高,则说明企业财务结构不尽合理。该指标一般应在50％左右,但对于一些特大型企业而言,该指标的参照标准应有所降低。

第二,固定资产净值率＝固定资产净值/固定资产原值。该指标反映的是企业固定资产的新旧程度和生产能力,一般该指标应超过75％为好。该指标对于工业企业生产能力的评价有着重要的意义。

第三,资本化比率＝长期负债/(长期负债＋股东股益)。该指标主要用来反映企业需要偿还的及有息长期负债占整个长期营运资金的比重,因而该指标不宜过高,一般应在20％以下。

② 反映企业偿还债务安全性及偿债能力的指标有:流动比率＝流动资产/流动负债。该指标主要用来反映企业偿还债务的能力。一般而言,该指标应保持在2∶1的水平。过高的流动比率是反映企业财务结构不尽合理的一种信息,它有可能是:

第一,企业某些环节的管理较为薄弱,从而导致企业在应收账款或存货等方面有较高的水平;

第二,企业可能因经营意识较为保守而不愿扩大负债经营的规模;

第三,股份制企业在以发行股票、增资配股或举借长期借款、债券等方式筹得的资金后尚未充分投入营运,等等。但就总体而言,过高的流动比率主要反映了企业的资金没有得到充分利用,而该比率过低,则说明企业偿债的安全性较弱。速动比率=(流动资产-存货-预付费用-待摊费用)/流动负债。由于在企业流动资产中包含了一部分变现能力(流动性)很弱的存货及待摊或预付费用,为了进一步反映企业偿还短期债务的能力,通常,人们都用这个比率来予以测试,因此该比率又称为"酸性试验"。在通常情况下,该比率应以1:1为好,但在实际工作中,该比率(包括流动比率)的评价标准还须根据行业特点来判定,不能一概而论。

③ 反映股东对企业净资产所拥有的权益的指标主要有:每股净资产=股东权益总额/(股本总额×股票面额)。该指标说明股东所持的每一份股票在企业中所具有的价值,即所代表的净资产价值。该指标可以用来判断股票市价的合理与否。一般来说,该指标越高,每一股股票所代表的价值就越高,但是这应该与企业的经营业绩相区分,因为每股净资产比重较高可能是由于企业在股票发行时取得较高的溢价所致。

在以上这些工作的基础上,对企业的财务结构、偿债能力等方面进行综合评价。

值得注意的是,由于上述这些指标是单一的、片面的,因此,就需要我们能够以综合、联系的眼光进行分析和评价,因为反映企业财务结构指标的高低往往与企业的偿债能力相矛盾。如企业净资产比率很高,说明其偿还期债务的安全性较好,但同时就反映出其财务结构不尽合理。我们的目的不同,对这些信息的评价亦会有所不同,如作为一个长期投资者,所关心的就是企业的财力结构是否健全合理;相反,如我们以债权人的身份出现,他就会非常关心该企业的债务偿还能力。最后还须说明的是,由于资产负债表仅仅反映的是企业某一方面的财务信息,因此我们要对企业有一个全面的认识,同时必须结合财务报告中的其他内容进行分析,以得出正确的结论。

资产负债表如表6.2所示。

表6.2 资产负债表

编制单位: 年 月 日 单位:

资产				负债及所有者权益			
项目	行次	期末余额	年初余额	项目	行次	期末余额	年初余额
流动资产:				流动负债:			
货币资金				短期借款			
短期投资				应付票据			

续表

资产				负债及所有者权益			
项目	行次	期末余额	年初余额	项目	行次	期末余额	年初余额
应收票据				应付账款			
应收账款				预收账款			
减:坏账准备				其他应付款			
应收账款净额				应付工资			
预付账款				应付福利费			
应收出口退税				未交税金			
应收补贴款				未付利润			
其他应收款				其他未交款			
存货				预提费用			
待转其他业务支出							
其他应收款				一年内到期的长期负债			
待处理流动资产净损失				其他流动负债			
一年内到期的长期债券投资							
其他流动资产							
流动资产合计				流动负债合计			
长期投资:				长期负债:			
长期投资				长期借款			
固定资产				应付债券			
固定资产原价				长期应付款			
减:累计折旧				其他长期负债			

续表

资产				负债及所有者权益			
项目	行次	期末余额	年初余额	项目	行次	期末余额	年初余额
固定资产净值				其中:住房周转金			
固定资产清理							
在建工程							
待处理固定资产净损失				长期负债合计			
				递延税项:			
固定资产合计				递延税款贷项			
无形资产及递延资产:							
无形资产				负债合计			
递延资产				所有者权益:			
				实收资本			
无形资产及递延资产合计				资本公积			
其他长期资产:				盈余公积			
其他长期资产				其中:公益金			
递延税项:				未分配利润			
递延税款借项				所有者权益合计			
资产总计				负债及所有者权益总计			

3. 利润表的作用及格式

(1) 利润表的作用

利润表的作用表现为以下几个方面：

一是评价和预测企业的经营成果和获利能力，为投资决策提供依据。

经营成果是一个绝对值指标，可以反映企业财富增长的规模。获利能力是一个相对值指标，它指企业运用一定经济资源获取经营成果的能力，经济资源可以是资产总额、净资产，可以是资产的耗费，还可以是投入的人力。因而衡量获利能力的指标包括资产收益率、净资产（税后）收益率、成本收益率以及人均实现收益等指标。经营成果的信息直接由利润表反映，而获利能力的信息除利润表外，还要借助与其他会计报表和注释附表才能得到。根据利润表所提供的经营成果信息，股东和管理部门可评价和预测企业的获利能力，对是否投资或追加投资、投向何处、投资多少等做出决策。

二是评价和预测企业的偿债能力，为筹资决策提供依据。

偿债能力指企业以资产清偿债务的能力。企业的偿债能力不仅取决于资产的流动性和资产结构，也取决于获利能力。获利能力不强甚至亏损的企业，通常其偿债能力不会很强。

债权人通过分析和比较利润表的有关信息，可以评价和预测企业的偿债能力，尤其是长期偿债能力，对是否继续向企业提供信贷做出决策。

财务部门通过分析和比较利润表的有关信息和偿债能力可以对筹资的方案和资本结构以及财务杠杆的运用做出决策。

三是企业管理人员可根据利润表披露的经营成果做出经营决策。

企业管理人员比较和分析利润表中各种构成因素，可知悉各项收入、成本费用与收益之间的消长趋势，发现各方面工作中存在的问题，做出合理的经营决策。并评价和考核管理人员的绩效，董事会和股东从利润表所反映的收入、成本费用与收益的信息可以评价管理层的业绩，为考核和奖励管理人员做出合理的决策。

(2) 利润表的格式

利润表的格式有两种：单步式和多步式。

单步式是将收入全部列示在上方，费用全部列示在下方，两者的差额就是经营净利润。多步式则依据经营活动的性质，逐步列示每一阶段的经营成果。我国会计制度规定应当采用多步式。表 6.3 列示了一个多步式的利润表。

表 6.3　利润表

行业：
编制单位：　　　　　　　　201　年　月　　　　　　　　单位：元

项　目	行次	本月数	本年累计数
工业企业：			
一、产品销售收入			
减：产品销售成本			
产品销售费用			
产品销售税金及附加			
二、产品销售利润			
加：其他业务利润			
商业企业：			
一、商品销售收入			
减：销售折扣与折让			
商品销售收入净额			
减：商品销售成本			
经营费用			
商品销售税金及附加			
二、商品销售利润			
加：代购代销收入			
三、主营业务利润			
加：其他业务利润			
旅游、饮食服务企业：			
一、营业收入（亏损以"－"表示）			
减：营业成本			
营业费用			
营业税金及附加			
二、经营利润（亏损以"－"表示）			
交通运输企业：			

续表

项　　目	行次	本　月　数	本年累计数
一、主营业务收入			
减：营业成本			
营业税金及附加			
二、主营业务利润			
加：其他业务利润			
施工企业：			
一、工程结算收入			
减：工程结算成本			
工程结算税金及附加			
二、工程结算利润			
加：其他业务利润			
其他行业企业：			
共同项目			
减：管理费用			
财务费用			
汇兑损失（商业企业）			
三(四)、营业利润			
加：投资收益			
营业外收入			
减：营业外支出			
四(五)、利润总额			

4. 现金流量表及其作用

现金流量表是反映企业一定期间现金流入和现金流出的会计报表。

现金流量表的作用如下：

（1）反映企业的现金流量，评价企业未来产生现金净流量的能力；

（2）评价企业偿还债务、支付投资利润的能力，谨慎判断企业财务状况；

（3）分析净收益与现金流量间的差异，并解释差异产生的原因；

（4）通过对现金投资与融资、非现金投资与融资的分析，全面了解企业财务状况。

现金流量表划分经营活动、投资活动、筹资活动，按类说明企业一个时期流入多少现金，流出多少现金及现金流量净额，从而可以了解现金从哪里来到哪里去了，损益表上的利润为什么没有变动现金流量的角度对企业做出更加全面合理的评价。现金流量表如表 6.4 所示。

表 6.4 现金流量表

编制单位：　　　　　　　　年度　　　　　　　　会企 03 表
金额单位：元

项　目	行　次	金　额
一、经营活动产生的现金流量：		
销售商品、提供劳务收到的现金		
收到的税费返还		
收到的其他与经营活动有关的现金		
现金流入小计		
购买商品、接受劳务支付的现金		
支付给职工以及为职工支付的现金		
支付的各项税费		
支付的其他与经营活动有关的现金		
现金流出小计		
经营活动产生的现金流量净额		
二、投资活动产生的现金流量：		
收回投资所收到的现金		
取得投资收益所收到的现金		
处置固定资产、无形资产和其他长期资产所收回的现金净额		
处置子公司及其他营业单位收到的现金净额		
收到的其他与投资活动有关的现金		

续表

项　目	行　次	金　额
现金流入小计		
购建固定资产、无形资产和其他长期资产所支付的现金		
投资所支付的现金		
取得子公司及其他营业单位支付的现金净额		
支付的其他与投资活动有关的现金		
现金流出小计		
投资活动产生的现金流量净额		
三、筹资活动产生的现金流量：		
吸收投资所收到的现金		
借款所收到的现金		
收到的其他与筹资活动有关的现金		
现金流入小计		
偿还债务所支付的现金		
分配股利、利润或偿付利息所支付的现金		
支付的其他与筹资活动有关的现金		
现金流出小计		
筹资活动产生的现金流量净额		
四、汇率变动对现金及现金等价物的影响		
五、现金及现金等价物净增加额		
加：期初现金及现金等价物余额		
六、期末现金及现金等价物余额		
补充资料	行　次	金　额
1. 将净利润调节为经营活动现金流量：		
净利润		
加：资产减值准备、油气资产折旧、生产性生物资产折旧		
无形资产摊销		
长期待摊费用摊销		
处置固定资产、无形资产和其他长期资产的损失（减：收益）		

续表

项　目	行　次	金　额
固定资产报废损失(减:收益)		
公允价值变动损失(减:收益)		
财务费用(减:收益)		
投资损失(减:收益)		
递延所得税资产减少(减:增加)		
递延所得税负债增加(减:减少)		
存货的减少(减:增加)		
经营性应收项目的减少(减:增加)		
经营性应付项目的增加(减:减少)		
其他		
经营活动产生的现金流量净额		
2. 不涉及现金收支的重大投资和筹资活动:		
债务转为资本		
一年内到期的可转换公司债券		
融资租入固定资产		
3. 现金及现金等价物净增加情况:		
现金的期末余额		
减:现金的期初余额		
加:现金等价物的期末余额		
减:现金等价物的期初余额		
现金及现金等价物净增加额		

企业负责人：　　　　主管会计工作负责人：　　　　会计机构负责人：

第二节　文化企业的税务筹划

一、税务筹划基本知识

西方法治国家把纳税视为人的一生不能逃避的事情之一,由此可见纳税的重要性。而企业如何进行纳税筹划,对很多纳税人来讲却是陌生的话题,但对许多企业来说,纳税筹划又是很重要的问题。纳税筹划作为一个新鲜事物,在我们国家的开展是比较晚的。本节将对什么是纳税策划、纳税筹划有什么意义这些问题进行探讨。

(一) 企业纳税筹划的背景及发展

1. 企业忽视纳税筹划的原因

目前,我国的不少企业并不太重视纳税筹划,主要是因为:

(1) 长期的计划经济体制造成了民众纳税观念淡薄。我国已经历了几十年的计划经济体制,在计划经济体制时期,国家不重视税收杠杆作用。这给民众造成纳税不重要、纳税筹划更没有必要的观念。

(2) 我国企业纳税人的纳税观念一直比较淡薄。因此,也相应地影响到企业纳税人对纳税筹划的认识起点不高。

(3) 我国税务机关的征税手段比较落后。企业可以轻而易举地就能通过偷税漏税的手段来获得特殊收益,因此企业自然地根本没必要研究纳税筹划的问题。

我国建立市场经济体制以来,企业对纳税问题有了进一步的认识,基于"君子爱财,取之有道"的准则,企业相应地也开始研究纳税筹划的问题。因此,从我国内外部环境来讲,现在是比较重视纳税筹划问题的时期。

2. 纳税筹划越来越受到重视

目前,重视纳税筹划的主要原因有:

(1) 我国的市场主体逐步成熟。因为纳税已成为企业的一项重要成本支出,企业开始关心成本约束问题。

(2) 企业认为税收负担偏重。我国是流转税和所得税并存的国家,企业在交完流转税以后,还要缴纳大量的所得税。因此,企业非常关心如何节约税收支出,以减轻自己的经济负担,提高企业的经济效益。

(3) 我国的纳税观念与以前相比有了较大的提高。企业开始关心如何学习税法和利用税法,最后自觉地把税法的要求贯彻到企业的各项经营活动中去。

(二) 纳税筹划的概念

1. 纳税筹划的概念

由于纳税筹划是一个比较新的概念,目前对纳税筹划的定义并不统一,但是其内涵是基本一致的:纳税筹划是指纳税人为达到减轻税收负担和实现税收零风险的目的,在税法所允许的范围内,对企业的经营、投资、理财、组织、交易等各项活动进行事先安排的过程。

分析上述概念,可以看出纳税筹划有以下两个特点:

(1) 明确表示了纳税筹划的目的

纳税筹划是为了同时达到两个目的:减轻税收负担和实现税收零风险。如果企业开展纳税筹划活动后,没有减轻税收负担,那么其纳税筹划是失败的;但是,如果企业在减轻税收负担的同时,税收风险却大幅度提升,其纳税筹划活动同样不能成功。

(2) 体现了纳税筹划的手段

纳税筹划需要企业在税法所允许的范围内,通过对经营、投资、理财、组织、交易等各项活动进行事先的合理安排。很显然,纳税筹划是企业的一个最基本的经济行为。

2. 纳税筹划的意义

纳税筹划究竟能给企业带来什么效益呢?从纳税筹划的概念中可以看出:短期内,企业进行纳税筹划的目的是通过对经营活动的安排,减少交税,节约成本支出,以提高企业的经济效益;从长期来看,企业自觉地把税法的各种要求贯彻到其各项经营活动之中,使得企业的纳税观念、守法意识都得到强化。因此,无论从长期还是从短期来看,企业进行纳税筹划都是很有意义的。

3. 减轻税收负担的含义

减轻税收负担包括3层含义:

(1) 绝对减少税负

绝对减少税负表现为税收负担额的直接减少。例如,企业去年交税1 000万元,今年纳税筹划以后交税800万元,其直接减少税负就是200万元。

(2) 相对减少税负

相对减少税负需要把纳税额与企业的各项经营业绩挂钩。例如,如果某企业今年的销售额比去年有了相当大的提高,在这种情况下,绝对数的减少并不能完全反映纳税筹划的效果。所以,通常以税收负担率来衡量是否相对减少了税负。

税收负担率,是指宏观的税收负担率。转化宏观税收负担率,使企业利用税收负担率来分析税收负担问题,具有实际意义。计算方法是用企业当年应纳各项税款的总额(不包括个人所得税)除以企业当年实现的各项销售收入与各项营业收入之和,再乘以百分之百,就得出了企业的税收负担率。企业可以用这个指标计算企业总体的税收负担率状况。可以连续计算几年的税收负担率,也可以用当年的税收负担率指标与其他同行业或国家宏观的税收负担率指标进行比较,就能清楚地看出企业的最佳理想纳税水平的高低。

在遵守税法的前提下,税收负担率高并不代表企业纳税出现异常。在绝大部分的情况下,企业税收负担率高是企业销售业绩增长带来的;换一个角度讲,税收负担率高也说明企业的纳税筹划活动没有开展或者开展得没有效果,因此企业需要进行很好的纳税筹划。

案 例

如果2002年某一家企业纳税是1 000万元,其销售额是1亿元;2003年它的销售额增长到2亿元,经过纳税筹划以后,企业的各项税收共1 500万元,那么该纳税筹划有没有效果呢?

如果从绝对数上理解,企业2002年上交1 000万元,2003年上交1 500万元,税收绝对值增加,但这其中存在相对负担减轻的客观事实。如果2002年企业销售额为1亿元,上缴税收1 000万元,那么企业的税收负担率是10%;2003年销售额为1亿元,上缴税收750万元,企业的税收负担率是7.5%。这样,税收负担率从10%下降到7.5%,属于税收负担相对减轻,企业所进行的纳税筹划也是有效果的。

(3) 延缓纳税

在长期的计划经济条件下,企业一般不在乎延缓纳税,认为通过一切方法,把年初应交的部分税收推迟到年末交,并不能起到节税的效果。这种观点并不正确,因为把年初的税款合法地推迟到年末交之后,企业就取得了把这笔税款作为资金使用一年的价值,从这个意义上来说,纳税筹划也取得了很好的效果。

4. 涉税零风险的含义

减轻税收负担是纳税筹划的第一个目的,纳税筹划的第二个目的是税收零风险。

税收零风险指税务稽查无任何问题。我国企业对税法的理解不到位,普遍存在着税收风险问题,纳税筹划需要把规避税收风险、实现税收零风险纳入进来。企业在接受税务稽查时,会面临着三种不同性质的稽查。

(1) 日常稽查

目前我国的税收征管体制是征、管、查相分离,日常稽查是指稽查部门主要负责的对管辖区域内企业日常情况进行的检查,要求被检查的公司数量一般不得低于一定比例。

(2) 专项稽查

专项稽查是指根据上级税务部门的部署,对某个行业、某个地区、某个产品、某项减免税政策进行全面的清理检查。

(3) 举报稽查

任何单位和个人根据征管法的规定,都可以举报纳税人偷税漏税的行为。税务机关在接到举报以后,采取一些措施对纳税人进行检查,这种检查叫做举报稽查。

涉税零风险是指企业受到稽查以后,税务机关做出无任何问题的结论书。税收风险为零也是纳税筹划的目的之一。

(三) 纳税筹划的基本特点

1. 合法性

合法性是指纳税筹划不仅符合税法的规定,还应符合政府的政策导向。纳税筹划的合法性,是纳税筹划区别于其他税务行为的一个最典型的特点。这具体表现在企业采用的各种纳税筹划方法以及纳税筹划实施的效果和采用的手段都应当符合税法的规定,应当符合税收政策调控的目标。有一些方法可能跟税收政策调控的目标不一致,但企业可以从自身的行为出发,在不违反税法的情况下,采用一些避税行为。

2. 超前性

超前性是指经营或投资者在从事经营活动或投资活动之前,就把税收作为影响最终成果的一个重要因素来设计和安排。也就是说,企业对各项经营和投资等活动的安排事先有一个符合税法的准确计划,而不是等到企业的各项经营活动已经完成,税务稽查部门进行稽查后让企业补交税款时,再想办法进行筹划。因此,一定要让企业把税收因素提前放在企业的各项经营决策活动中去考虑,实际上,也是把税收观念自觉地落实到企业的各项经营决策活动中。

3. 目的性

纳税筹划的目的,就是要减轻税收负担,同时也要使企业的各项税收风险降为零,追求税收利益的最大化。

4. 专业性

纳税筹划的开展,并不是某一家企业、某一人员凭借自己的主观愿望就可以实施的一项计划,而是一门集会计、税法、财务管理、企业管理等各方面知识于一体的综合性学科,专业性很强。一般来讲,在国外,纳税筹划都是由会计师、律师或税务师来完成的;在我国,随着中介机构的建立和完善,它们也将承担大量纳税筹划的业务。

那么企业应当采取何种渠道进行纳税筹划呢?如果企业经营规模比较小,企业可以把纳税筹划方案的设计交给中介机构来完成;如果规模再大一点儿,考虑到自身发展的要求,可以在财务部下面或与财务部并列设立一个税务部,专门负责纳税筹划。从目前来讲,企业最好还是委托中介机构完成这个筹划,这是与我国实际情况相吻合的。因为我国在税收政策的传递渠道和传递速度方面,还不能满足纳税人进行纳税筹划的要求,也许企业得到的税收政策是一个过时的政策,而实际政策已经做了调整。若不及时地了解这种政策的变化,盲目采用纳税筹划,可能会触犯税法,这就不是筹划而可能是偷税。

(四)纳税筹划与其他税务行为的法律区别

纳税筹划的目的之一是要减轻税收负担,而偷税、漏税、抗税、骗税、欠税也都可以减轻税收负担,但它们之间是有合法还是违法犯罪的严格区别的,企业只有分清楚这其中的差异,才能更好地进行纳税筹划,达到减轻税收负担的目标。而这其中涉及的是手段和目的之间的关系,手段合法与否,是评判能否少交税款的一个重要依据。

1. 偷税

偷税是指纳税人采取伪造、变造、隐匿、擅自销毁账簿和记账凭证,在账簿上多列支出或不列、少列收入,从而达到少交或者不交税款的目的。从概念中可以看出,偷税的手段主要是不列或者少列收入,对费用成本采用加大虚填的手段,故意少交税款。

而纳税筹划是在税法允许的合法范围内,采取一系列手段,对这些活动进行事先的安排。我国对偷税行为的打击力度是非常大的,凡是企业偷税额达到1万元以上,并且占当期应纳税的10%以上,根据刑法的规定,这些都构成了偷税罪,要受到刑法的处罚。因此企业一定要把偷税和纳税筹划这两个概念严格地区别开来。

2. 漏税

漏税主要特指纳税人在无意识的情况下,少交或者不交税款的一种行为。那么,如何界定无意识呢?它包含纳税人对政策理解模糊不清或由于计算错误等原因所导致的少交税款。

但是,现在各地税务稽查部门在遇到漏税案件时,往往会认定为偷税。这是因为刑法没有对漏税做出具体的补充规定。如何避免漏税?企业应当加强税法学习,减少对税收政策的误解。

3. 抗税

抗税是以暴力或者威胁方法,拒绝缴纳税款的行为。

抗税是绝对不可取的一种手段,也是缺乏基本法制观念的一种极端错误的表现。

4. 骗税

骗税是一种特定的行为,是指采取弄虚作假和欺骗等手段,将本来没有发生的应税行为,虚构成发生的应税行为,将小额的应税行为伪造成大额的应税行为,从而从国家骗取出口退税款的一种少交税款的行为。

我国对骗税的打击力度非常大。骗税不是某一个单独的企业或机关就可以做得到的,这是一种集体犯罪行为。骗税与纳税筹划也有很大的区别。

5. 欠税

欠税是指纳税人超过税务机关核定的纳税期限而发生的拖欠税款的行为。欠税最终是要补交的。

欠税分为主观和客观等两种欠税：

（1）主观欠税是指企业有钱但不交，这种情况主要发生在一些大的国有企业，它们长期受计划经济体制的影响，认为国有企业是政府的儿子，交不交税无所谓；

（2）客观欠税是指企业想交税，但是没钱交。

欠税与缓交税款不同。现在，我国把主观欠税列入违法犯罪行为，要求客观欠税的企业应当主动向主管税务机关申请缓交，但缓交期限最长不得超过 3 个月。欠税主要表现为纳税人超过税务机关核定的纳税期而发生的拖欠税款行为，而且是最终也必须补交的行为。

6. 避税

避税是指利用税法的漏洞或空白，采取一定的手段少交税款的行为。目前，避税与纳税筹划在很多场合下是有争议的。

避税与纳税筹划之间的界限究竟在哪里呢？现在，有一些专家认为，只要企业采取了不违法的手段少交税款，都可以叫做纳税筹划或合理避税。但这也显得有些笼统，实质上避税是指利用税法的漏洞、空白或者模糊之处采用相应的措施，少交税款的行为。例如，国际间通常的避税手段就是转让定价，通过定价把利润转移到低税地区或免税地区，这就是典型的避税行为。而纳税筹划则是指采用税法准许范围内的某种方法或者计划，在税法已经做出明文规定的前提下操作的；而避税却恰好相反，它是专门在税法没有明文规定的地方进行操作。因此，避税和纳税筹划也是有明显区别的。

以下是几种减少税收支付手段的比较。如表 6.5 所示。

表 6.5　几种减少税收支付手段的比较

减少税收支付的手段	含义	合法与否
偷税	纳税人采取伪造、变造、隐匿、擅自销毁账簿和记账凭证，在账簿上多列支出或者不列、少列收入，造成少交或不交税款的行为	非法
漏税	纳税人在无意识的情况下发生的少交或漏缴税款的行为	非法，往往会认定为偷税
抗税	以暴力、威胁方法拒不缴纳税款的极端错误的违法行为	非法

续表

减少税收 支付的手段	含义	合法与否
骗税	采取弄虚作假和欺骗手段,将本来没有发生的应税行为虚构成发生了应税行为,将小额的应税行为伪造成大额的应税行为,从而从国库中骗取出口退税款的违法行为	非法
欠税	纳税人超过税务机关核定的纳税期限而发生的拖欠税款的行为,分为主观欠税和客观欠税两种	非法
避税	利用税法的漏洞或空白,采取必要的手段少交税款的行为	钻法律的空子
纳税筹划	纳税人为达到减轻税收负担和实现涉税零风险目的而在税法所允许的范围内,通过对经营、投资、理财、组织、交易等活动进行事先安排的过程	合法

准确来说,纳税筹划是纳税人为达到减轻税收负担和实现涉税零风险目的而在税法所允许的范围内,通过对经营、投资、理财、组织、交易等活动进行事先经恰当安排的过程。减轻税收负担包括绝对和相对地减少税负以及延缓纳税。

纳税筹划具有合法、超前、目的、专业等四种特性的特点。纳税筹划与偷税、漏税、抗税、骗税、欠税和避税等六种非法行为具有根本性的区别。

二、文化企业纳税筹划实务

(一)纳税筹划的主要方法

纳税筹划的方法非常多,可以从不同的角度来总结出各种各样的方法。例如,纳税主要是根据收入指标和费用成本指标,通常的筹划方法就是分散收入法、转移收入法、针对费用采用费用分摊法或增加费用法。

从大的方面来讲,纳税筹划的基本方法有以下五种。

1. 充分利用现行税收优惠政策

充分利用国家现行的税收优惠政策进行纳税筹划,是纳税筹划方法中最重要的一种。

(1)税收优惠政策概述

税收优惠政策指国家为鼓励某些产业、地区、产品的发展,特别制定一些优惠条款以达到从税收方面对资源配置进行调控的目的。企业进行纳税筹划必须以遵守国家税法为前提,如果企业运用优惠政策得当,就会为企业带来可观的税收利益。由于我国的税收优惠政策比较多,企业要利用税收优惠政策,就需要充分了解、掌握国家的优惠政策。

我国的税收优惠政策涉及范围非常广泛,包括对产品的优惠、对地区的优惠、对行业的优惠和对人员的优惠等。从税收政策角度来讲,税收优惠政策大体上可以分为以下两种:

① 税率低,税收优惠政策少。这样才能保证国家的税收总量保持不减少;

② 税率高,税收优惠政策较多。这种政策也能够确保国家税收总量的完成,但是存在着大量的税收支出。

我国现在的税收政策大都属于第二种,税收税率高,税收优惠政策多。企业不能改变税率高的法律事实,但可以通过掌握税收优惠政策来自觉地采用一些能最大限度地减少企业纳税负担的纳税筹划方法。

(2) 税收优惠政策举例

我国规定,任何企业在吸纳下岗人员方面都有新的优惠政策,其涉及的行业非常广泛。若企业属于服务性质,假设其吸纳的下岗再就业人员的比例达到公司员工比例的30%以上,且该企业是新办的,那么企业就可以向主管税务机关申请要求免征企业3年所得税。

企业在更新设备时,在国产设备与进口设备性能、质量差不多的情况下,企业应尽量购买国产设备,因为国家有关于购买国产设备免征企业所得税的照顾,外资生产型企业如果购买国产设备,还可以享受退还征收税的优惠政策。

企业在不同地区注册所享受的税收优惠政策也不同。企业在开发区、高新区、沿海经济特区或中西部地区注册,享受的优惠政策也各自不同。

2. 选择最优纳税方案

纳税筹划的第二个方法是在多种纳税方案中,选择最优的纳税方案。企业在开展各项经营活动之前,需要有很多的替代方案。经济学实际上是"选择"的概念,使得资源配置最合理,从而使投入产出比最佳,纳税筹划遵循经济学的一些基本要求,不同的经济活动安排对应不同的交税。在这种情况下,企业应当尽量选择交税最少、收益最大的方案。

案 例

如果民营企业老板或董事个人想买股票,那么他可以有两种选择:第一通过公司的账户把资金打到证券公司的营业部;第二以个人的名义到证券公司开户。在股票上涨、挣到钱的情况下,哪一种方式给他带来的税收收益最大?由于我国现在对个人买卖股票差价的所得,没有征收个人所得税,所以,以个人的名义到证券公司开户的方式所带来的税收收益最大。

如果以公司名义买股票,投资的收益就要补交相应的所得税税款,这样就加大了税负。若预计未来能够挣10万元的股票收益,那么就要补交企业33%的所得税;相反,个人买卖除了缴纳一些佣金和印花税以外,就不用再缴纳其他任何税收。

案　　例

有很多生产企业实行促销,采取的方式很多。企业需要考虑到这些促销方式隐藏着税收问题。有的企业实行批量优惠,客户买的东西越多,企业就会给越大的折扣,这个折扣与企业开票的金额和收钱的金额是吻合的,这种情况下没有税收问题。换一种方式,同样给客户一定的折扣,但带来的税收问题就会不一样。如果客户批量购买以后,企业不变产品价格,折扣是以送礼品的形式给客户,这种方式下,对于促销企业来讲,税负可能要加大;如果企业收的是全款,那么企业增值税的"销项税"要做全部的反映,同时企业赠送给客户的礼品不能在所得税税前列支;如果企业的产品还被视同消费处理,加大了企业的税收负担。

3. 充分利用税法及税收文件中的一些条款

尽量利用税法以及税收文件中的一些特定的条款是纳税筹划的第三种方法。采用这种纳税筹划方法要求企业对国家的税收政策要有充分的了解。

案　　例

某企业把母公司生产的产品移送到外地的分公司,其账面上做了减少库存商品处理,而不是销售。如果国税部门稽查发现,其库存商品减少是从一个机构移向了区外或者县外的另一个机构,那么应当视同为销售处理,补交增值税,甚至还有可能被罚款。企业面临这样的裁定,是因为税务部门根据《增值税暂行条例细则的有关规定》而做出决定。如果企业提供不出相应的文件,就只有被迫接受裁定,但是如果纳税筹划人员或者企业办税人员了解到国家还有一个新的政策来补充这项规定,就可以依据规定办事。1998年国家税务总局有一个文件指明企业在向其分支机构移送货物时,如果由总机构开票,并且由总机构收管,那么总机构向分支机构移送货物时,就不能被视同销售。这里有两个关键点:第一必须是由总机构开票;第二必须是由总机构向客户直接收款。如果这两点都具备,税务部门的认定就需要服从1998年文件的要求。因此企业不但要了解一些税收优惠政策,还要了解一些税收的具体政策。

4. 充分利用财务会计规定

纳税筹划的第四个方法是指企业应当充分地利用财务会计的规定。如果财务会计规定与税法有冲突,根据法律的规定,财务会计规定应当服从税法的调整。那么,利用财务会计规定有什么意义?如果税法做出规定,企业运作就要满足税法的要求;如果税法没有做出规定,税法就要自动地服从于会计的规定。我国目前颁布了新的会计制度,这些新的会计制度如果没有与税法相冲突的,那么税务部门在检查企业纳税的情况下,如果找不到相应的财务政策,就需要服从财务会计规定。

案　　例

企业对外捐赠产品,或赠送一些产品给客户或者本企业的职工,这就视同销售,需要缴纳增值税。但是视同销售以后,就存在着缴纳所得税的账务处理应该怎么做的问题。目前,我国对视同销售所得税的账务处理没有统一的规定,税法没有做统一规定,税收政策也没有做统一规定,这时企业应该利用财务会计的规定,采用优先的方法。财务会计规定有两个方面:第一将企业视同销售的产品按照市场价格调成产品销售收入,然后取得相应的成本;第二由于视同销售没有收到相应的现金流,可以直接做库存商品的减少处理。这两种账户处理方法一直是存在争论的,并没有做统一的规定。这时企业应当争取采用汇总方法,不做销售收入,而做转化相应的成本和减少相应的库存,这样就可以减轻所得税税负。

5. 税负转嫁

纳税筹划的第五种方法是税负转嫁。税负转嫁是一种基本的纳税筹划方法,其操作原理是转移价格,包括提升和降低价格。

案　　例

某生产企业想将自己的产品卖出去,与某知名商家达成协议,并获得允许在商家设置专卖柜,来销售自己的产品。商家对该企业却借机提出了很多苛刻的要求,例如缴纳摊位、展览、广告以及其他等各种费用,但商家在收这些费用时,不能给企业开增值税专用发票,甚至也不开普通发票,只开收据(当然这违反发票管理法的规定)。商家无论给企业开什么票,其后果都会加大生产厂家的税负。这是因为:第一,企业销售价格上升后,生产企业的销项税在增加的同时,不能得到抵扣;第二,如果企业收到一些不合法的票据,不允许企业在所得税税前列支,就加大了生产企业的税负。

(1) 购买方转嫁税负

企业相互之间买卖产品是其最基本的业务之一,但总会出现这样的情况:购买产品方在没有付款给销售方的情况下,要求销售方先开增值税发票,然后根据企业资金的安排情况再付款给销售方,其中就会出现税负转嫁。当销售方把增值税发票开给购买方以后,销售必须要做销项税处理;但是购买方在没付款的情况下,它取得销项税发票时,将商品入库。如果购买方是工业企业,就可以申请抵扣增值税,如果遇上所得税申报期,那么销售方不但要做销售收入,还需要补交其所得税。

案 例

某企业购买一批价值100万元的货物,销售方在没拿回款项的情况下,收到的只是税务局要求补交税款的通知单(17万元的增值税),以及低于33万元的企业所得税。这样,销售方在没有收到钱,产品已经发出的情况下,需要出钱交税,从而加大了税负。购买方通过税负转嫁得到很好的效果:不仅可以用增值税发票抵扣,而且还可以节省销售成本。这样,购买方就达到了少交增值税和企业所得税的目的。这种方式属于税负转嫁。

(2) 销售方反转嫁

企业需要了解税负转嫁的基本原理,采用反转嫁的方法来保证自己的税收利益在正常交易当中不受损失。

关于购买方与销售方之间开具发票的问题,销售方可以采用相应的方法来解决。例如,销售方可以依据国家关于开具增值税发票的有关规定向购买方讲清楚,在没有付款的情况下,不能开票给购买方;也可以通过双方在各项活动中订立一些条款来加以说明。同时,销售方依据收到的货款额来开相应金额的发票,这样就避免了卖出货而没收到钱,然后自己掏钱垫税的情况。

销售方风险比较大,主要面临两种风险:

① 坏账风险。指企业已经卖出货物,没有收到货款,却支付税款,最后收不到货款的情况。这样,企业不仅将产品白送给别人,而且还把税款给了税务局,这些税款还不能追回(根据我国税法的有关规定)。

② 财务风险。由于企业需要先找一笔资金去垫税,在企业资金周转不善的情况下,就会面临财务风险。

企业进行纳税筹划需要具备四个条件:企业规模较大,资产流动性强,企业行为决策程序简化以及与企业长远发展目标相一致。企业进行纳税筹划的方法主要有五种:充分利用现行税收优惠政策;在多种纳税方案中,选择最优方案;充分利用税法及税收文件中的一些条款;充分利用财务会计规定;进行税负转嫁。

（二）文化企业的纳税筹划

1. 法律规定的税率优惠

为了配合国办发〔2008〕114号文件的贯彻执行，2009年3月，财政部、海关总署、国家税务总局联合发布《财政部、国家税务总局关于文化体制改革中经营性文化事业单位转制为企业的若干税收政策问题的通知》（财税〔2009〕34号）、《财政部、海关总署、国家税务总局关于支持文化企业发展若干税收政策问题的通知》（财税〔2009〕31号）两个政策文件，将执行期限定为2009年1月1日至2013年12月31日，明确规定了对转制后的文化企业继续给予税收支持和税收扶持政策。

2. 利用海外市场可以节税

根据财税〔2009〕31号的规定，出口图书、报纸、期刊、音像制品、电子出版物、电影和电视完成片按规定享受出口退税政策；文化企业在境外演出从境外取得的收入免征。

因此，我国的演出企业可以通过开拓国外市场，享受免征营业税待遇，从事新闻出版的文化企业，也可通过向海外产品，享受增值税出口退税政策。

3. 免税、减税分开核算

根据《中华人民共和国营业税暂行条例》（中华人民共和国国务院令第540号令）第九条、《中华人民共和国增值税暂行条例》（中华人民共和国国务院令第538号令）第十六条规定，兼营免税、减税的，应当分别核算免税、减税项目的营业额和销售额，否则，便不得免税、减税。

因此，当一个文化企业既有免税项目又兼营非免税项目时，一定要将免税项目和非免税项目分开进行核算，以便享受国家推动文化产业发展的各项税收优惠政策。

如某演艺有限公司，既从事演出活动又兼售音像制品。

2009年第二季度，该公司共发生演出收入（含境外演出收入）300万元，销售音像制品收入（含向境外销售音像制品收入）50万元，利润为210万元。

假设不考虑城市维护建设税和教育费附加，并无其他纳税调整事项。

而且，该演艺有限公司的境内、境外演出收入分别为200万元、100万元。同时，其在境内外销售的音像制品收入分别为20万元、30万元。

分析可知，若不进行分开核算，则该演艺有限公司2009年第二季度发生的演出收入的营业税为：300万元×3%＝9万元。

应缴纳增值税销项税额为50万元×13%＝6.5万元，应缴纳的企业所得税为：210万元×25%＝52.5万元。

若分开核算，根据财税〔2009〕31号文第三条、第四条的规定，该文化企业在境外演出并从境外取得的收入将免征营业税,享受增值税出口退税政策,即只针对国内的演出缴纳营业税,应缴纳的营业税为:200万元×3％＝6万元。

同样的,该有限公司只需对国内销售音像制品缴纳增值税,即缴纳增值税销项税为:20万元×13％＝2.6万元。

通过分开核算,该有限公司比筹划前节省营业税3万元,少缴纳增值税销项税额3.5万元。

而所得税这部分,由于少缴纳的营业税会增加企业所得税负担,即:(210万元＋3万元)×25％＝53.25万元。

因此,筹划后该企业可以比筹划前少缴纳税收为:(52.5万元＋9万元)－(53.25万元＋6万元)＝2.25万元(假设不考虑增值税对企业税负的影响,如果考虑进去的话,则还会减轻总体的纳税负担)。

4. 呆滞品的节税"时间差"

根据财税〔2009〕31号文第六条的规定,出版、发行企业库存呆滞出版物,纸质图书超过5年(包括出版当年,下同)、音像制品、电子出版物和投影片(含缩微制品)超过2年、纸质期刊和挂历年画等超过1年的,可以作为财产损失在税前据实扣除。

出版、发行企业可充分利用该条规定,增加财产损失的,以减少企业所得税。

案　例

如某音像制品发行公司,在2010年第一季度库存有一批2007年11月份出版的陈旧过期的音像制品,价值(计税成本)是3万元。企业在2010年3月份对这批音像制品低价亏本处理,实现收入1万元,即亏本2万元。

但同时,还需根据财税〔2009〕31号第六条的规定,对发行企业库存呆滞的出版物,如音像制品、电子出版物和投影片(含缩微制品),作为财产损失在税前据实扣除。

5. 高新认定也值得筹划

根据财税〔2009〕31号文的规定,在文化产业支撑技术等领域内,对依据《关于印发〈高新技术企业认定管理办法〉的通知》(国科发火〔2008〕172号)、《关于印发〈高新技术企业认定管理工作指引〉的通知》(国科发火〔2008〕362号)的规定认定的高新技术企业,减按15％的税率征收企业所得税;文化企业开发新技术、新产品、新工艺发生的研究开发费用,允许按国家税法规定在计算应纳税所得额时加计50％的扣除。

这就意味着,从事文化经营的高新技术产业,如采用数字化印刷技术、电脑直接制版技术(CTP)、高速全自动多色印刷机、高速书刊装订联动线等高新技术和装备的图书、报纸、期刊、音像制品、电子出版物印刷企业,通过法定程序获得高新技术认定,可以减按15%的税率征收企业所得税,即少缴纳10个百分点的企业所得税。

但需要提醒企业注意的是,根据国科发火〔2008〕172号文和国科发火〔2008〕362号文的有关规定,申请取得高新技术企业资格的企业,必须在3年中进行年检,如果年检不合格则会取消高新技术企业的资格,那就不能够再享受15%的企业所得税优惠税率。

第三节 文化企业的人力资源开发与管理

一、文化企业人力资源管理概述

人力资源(Human Resource,HR)是指一定时期内组织中的人所拥有的能够被企业所用,且对价值创造起贡献作用的教育、能力、技能、经验、体力等的总称。

戴夫·乌尔里克被誉为人力资源管理的开创者,他最早提出了"人力资源"的概念。在此之前,人力资源被叫做"人事管理"(Human Management)。

乌尔里克认为,现在唯一剩下的有竞争力的武器就是组织,因为那些传统的竞争要素,如成本、技术、分销、制造以及产品特性,或早或晚都能被复制,它们无法保证你就是赢家。

(一)文化企业人力资源的整体特点

1. 人力资源的特征

(1)生理性。人的生理需求是人力资源管理最基本的特征。

(2)能动性。人力资源具有思想、感情和思维,具有主观能动性,这是人力资源同其他资源的最根本的区别。人力资源能够通过接受教育或主动学习,使得自身的各方面素质得到提高,并能够主动地运用自己的知识与能力、思想与思维、意识与品格,有效地利用其他资源推动社会和经济的发展。另外,人力资源还是唯一能起到创造作用的因素。这主要表现在两个方面:一方面是人力资源在社会和经济发展过程中往往能创造性地提出一些全新的方法,推动社会的进步和经济的发展;另一方面是人力资源能够适应环境的变化和要求承担起开拓进取和创新发展的任务,从而使企业更加充满活力。

(3)连续性。物质资源一般经过一次加工、二次加工乃至某些深加工之后,就形成了最终产品，不存在继续开发的问题。而人力资源则不同，开发使用之后可以继续开发。这就要求人力资源的开发与管理要注重终身教育，加强后期的培训与开发，不断提高其知识、技能水平。

（4）再生性。经济资源分为可再生性资源和不可再生性资源两大类。人力资源是一种可再生性资源，这是基于人口的再生产和劳动力的再生产，通过人口总体内的各个个体不断地替换更新和劳动力消耗—生产—再消耗—再生产的过程实现的。这种再生产不同于一般生物资源的再生产，除了受生物规律支配外，还要受人的意识支配，受人类活动的影响和新技术革命的制约。

（5）时效性。人力资源是一种具有生命的资源，它的形成、开发和使用都要受到时间的限制。作为生物有机体的人有其生命的周期，每个人都要经过幼年期、青少年期、中年期和老年期。由于在每个时期人的体能和智能的不同，因而在各个时期的学习能力和劳动能力也不同，这就要求对人力资源的培养要遵循人的成长规律，在不同阶段提供不同的学习与培训项目，对人力资源必须适时开发，及时利用，讲究时效。

（6）时代性。人力资源的数量、质量以及人力资源素质的提高，即人力资源的形成受时代条件的制约，具有时代性。

2. 文化企业人力资源的特点

（1）知识的多面性；

（2）能力的复合性；

（3）思维的创新性；

3. 我国文化企业人力资源的现状

（1）人力资源丰富与文化企业人力资本短缺并存；

（2）文化企业人力资源资本短缺与人力结构不合理并存；

（3）文化企业人才结构不合理与专业化程度不高并存；

（4）文化企业人才资本总体短缺与区域分布不合理并存。

4. 文化企业人力资源的主要组成部分

（1）具有原创能力和技术能力的专门人才，如设计、策划等人员；

（2）将创意思想商业化的人才；

（3）专门研究文化创意产业发展及其规律的人才。

（二）人力资源管理的基本任务与方法

1. 现代人力资源管理与传统人事管理的区别

如表6.6所示。

2. 现代科学管理之父——泰勒

（1）首次将管理者和被管理者工作区分开来（管理者主要在计划，被管理者主

要在执行);

(2) 用科学化的、标准化的管理取代经验管理;

(3) 改善劳资关系以达到提高生产效率的最终目的。

表6.6 现代人力资源管理与传统人事管理的区别

	现代人力资源管理	传统人事管理
观念不同	视人力为资源	视人力为成本
模式不同	主动开发型策略式管理	被动反应型操作式管理
中心不同	以人为中心	以事为中心
方法不同	全过程动态管理	孤立静态管理
工作性质不同	行政事务性工作	涉及组织的战略决策
视角不同	生产效益部门	成本中心
方式不同	人本化管理	控制式管理

3. 人力资源的管理目标

(1) 服务于企业发展战略;

(2) 培训、组织和协调,发挥个体主能动性及员工个人的发展;

人力资源管理既要考虑组织目标的实现,又要考虑员工个人的发展,强调在实现组织目标的同时实现个人的全面发展。

4. 人力资源管理的基本任务

(1) 选人;

(2) 育人;

(3) 用人;

(4) 留人。

5. 人力资源管理的具体内容

(1) 人力资源战略的制定;

(2) 员工的招募与选拔;

(3) 员工培训与开发;

(4) 绩效与薪酬管理;

(5) 员工流动管理;

(6) 员工关系管理;

(7) 员工安全与健康管理。

6. 泰勒科学化管理概念地图

如图6.1所示。

7. 人力资源管理六大模块：

（1）人力资源规划——HR工作的航标兼导航仪；

（2）招聘与配置——"引"和"用"的结合艺术；

（3）培训与开发——帮助员工胜任工作并发掘员工的最大潜能；

（4）薪酬与福利——员工激励的最有效手段之一；

（5）绩效管理——不同的视角，不同的结局；

（6）员工关系管理——实现企业和员工的共赢。

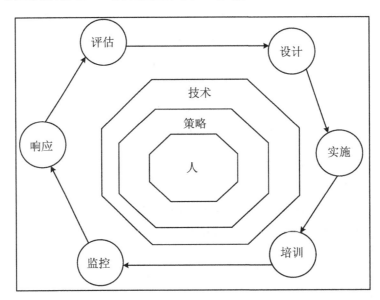

图6.1　泰勒科学化管理概念地图

8. 国外人力资源管理方法六种

（1）"抽屉式"管理

"抽屉式"管理是一种通俗形象的管理术语，它形容在每个管理人员办公桌的抽屉里，都有一个明确的职务工作规范，在管理工作中，既不能有职无权，也不能有责无权，更不能有权无责，必须职、责、权、利相互结合。有如下五个步骤：

第一步：建立一个由企业各个部门组成的职务分析小组。

第二步：正确处理企业内部集权与分权关系。

第三步：围绕企业的总体目标，层层分解，逐级落实职责权限范围。

第四步：编写"职务说明书""职务规格"，制定出对每个职务工作的要求准则。

第五步：必须考虑到考核制度与奖惩制度相结合。

（2）"危机式"管理

美国企业界认为，如果一位经营者不能很好地与员工沟通，不能向他的员工们表明危机确实存在,那么他很快就会失去信誉,因而也会失去效率和效益。

为改变状况,美国企业较为重视推行"危机式"生产管理,掀起了一股"末日管理"的浪潮。

(3)"一分钟"管理

目前,西方许多企业纷纷采用"一分钟"管理法则,并取得了显著的成效。具体内容为一分钟目标、一分钟赞美及一分钟惩罚。

(4)"破格式"管理

在企业诸多管理中,最终都通过对人事的管理达到变革创新的目的。因此,世界发达企业都根据企业内部竞争形势的变化,积极实行人事管理制度变革,以激发职员的创造性。20世纪90年代初起,日本、韩国的企业着手改革人事制度,大力推行根据工作能力和成果决定升降职员职务的"破格式"的新人事制度收到了明显成效。

(5)"和拢式"管理("我就是公司")

"和拢"表示管理必须强调个人和整体的配合,创造整体和个体的高度和谐。它的具体特点是:

① 既有整体性,又有个体性;
② 自我组织性;
③ 波动性;
④ 相辅相成性;
⑤ 个体分散与整体协调性;
⑥ 韵律性(气氛融洽和谐)。

(6)"走动式"管理

这是世界上流行的一种创新管理方式,它主要是指企业主管体察民意,了解实情,与部属打成一片,共创业绩。

二、文化企业人力资源管理实务

(一)文化企业创业初期的人力资源规划

文化企业创办初期,在人力资源规划方面需要做哪些事呢?企业需要开展什么业务?需要成立哪些机构或部门?需要配备什么样的人才?需要配备多少这样的人才?需要的人才的来源在哪里?如何才能引进这样的人才?如何让这些人才在企业能够安心工作并发挥作用?企业在人才方面所做的预算是多少?一般员工的数量、来源、工作分配是怎样的?企业的薪酬福利制度是怎样的?这一系列问题,如果创业初期能够把这些问题思考清楚,并"系统性"的把这些问题归纳到一起来处理,那么企业以后的发展也就少了很多后顾之忧。

(1) 创业初期的人力资源规划,主要应该从业务开展的层面(包含技术、生产、营销等几个主要方面)以及企业整体运营来进行思考,同时结合企业的长远发展来进行规划。

(2) 从人力资源规划的角度而言,这里需要着重提到的就是企业要建立一个比较完善的薪酬分配制度,即利益分配机制,这是一个最基本的游戏规则,先有规则再请人。当然,这里有个前提,就是要设什么部门,设什么岗位,这个岗位的职责是干什么的,请来的人需要完成哪些基本目标或任务,这些东西明确好了,再谈分配制度就是顺理成章的事。

(3) 人力资源规划方面需要考虑的一个重要因素就是企业的业务规模的定位问题。这里有个提前预估,对企业生产能力和销售前景的合理预期是比较关键的,如果预估失准,要么就会造成人力资源的浪费,要么就会造成人员的紧缺。

(4) 关于企业的战略定位,从整体而言,企业人力资源的规划也肯定是受其影响的。可能受制于多方面的因素,很多新创办的文化企业初期往往是没有战略规划的。如果有战略,人力资源规划肯定只是企业整体战略的一部分,相信从事战略规划的专业人才会提出比较全面的分析报告的,在此不做赘述。

创业初期的人力资源规划,需要抓住几个核心要点:企业业务定位、企业规模、企业发展计划、人力资源运行模式等几个方面。

(二) 文化企业人员选聘[①]

1. 人力资源的获取途径

人力资源的来源,一般有内部选拔和外部聘用两个来源。内部选拔是指从企业内部现有人员中选拔。外部选拔可以通过猎头公司、大学毕业分配、人才市场、公开招聘等。

在中国等东方文化国家里,人情关系在企业经营中往往起到很大作用。这种依靠私人朋友关系相互介绍来招聘人才的现象,在中国企业人力资源招聘中非常多见。其主要原因在于朋友、亲戚之间的信任关系。因为人才的能力和品质总是难以直接评判优劣与否,总要经过一段时间的考察,而一旦录用一个人,就很难轻易地将其辞掉,因为企业不但为他付出了成本,还要花时间找新的合适人选,有的时候甚至错过商业时机或者造成较大损失。因此,通过市场招聘不如提拔内部经过长期考察的员工,或者通过可信的朋友相互介绍。在文化圈,由于文化专业人才的水平很难一下子看得出来,这种内部提拔或者通过圈子内同行相互介绍的现象

---

① 王晨.文化企业管理[M].长沙:湖南文艺出版社,2006:154.

就很普遍。

2. 聘用制度

聘用制度是一种企业与员工的合同关系。启用全员聘用制的管理,已经是企业中的常规做法。但是在由一些文化事业单位转变成企业的情况下,全员聘用制在具体实施过程中,要注意东西方差异,合理地将全员聘用制引入中国的文化和制度背景中。例如,在中国,文化人通常不愿意谈及钱的问题,尤其是高级知识分子。这种现象随着市场经济的发展有所改变。在中国计划经济体制下的文化事业单位中,普遍存在一种铁饭碗思想,全员聘用制度有时只不过走一走形式,还缺少真正竞争性的进入和退出机制。因此,在实行全员聘用制过程中,要注意与相应的考核机制、激励机制和竞争机制相结合。在内部人员选拔上,竞争上岗制是科学的用人观,通过竞争能够激活管理层的运作,避免非公平竞争的负面效应。

在一些文化企业中,有的产品是以项目的方式展开的,人员的组合也是采用短期的合同。例如,拍摄一部电影所聘请的导演、演员,或者一台晚会聘请的演员等。而一个演员也可能同时出演两部以上的电影,参与多个项目。这些人员的流动性很强,这是因为他们所拥有的人力资本属于稀缺性资源,一个企业不可能采用长期合同方式承担过高的人员成本,而是改用根据产品或项目生产需要进行短期聘用的方式。对于这些人员的聘用,企业主要是根据市场竞争的结果,选用适合项目的人员来完成项目。不光是演艺业,在设计业、会展服务等行业中,产品通常以特定的项目进行招标,也会存在这种模式。另一种是在软件业中,也有很多临时的编程人员,这主要是一些小的程序,这类编程人员容易在大学生或市场上找到,企业出于成本的考虑,也采用临时聘用的方式。随着文化产业和科学技术的发展,个体文化工作者将会越来越多,诸如个人工作室、游戏软件编程、演员、导演、编剧、经纪人等等,短期雇用的劳务交易方式,也会成为文化企业的一种主要选择方式。

(三)文化企业的人员考核

人力资源的绩效考评是一个非常棘手而并不讨人喜欢的事情。考评者在考评中常常感到忐忑不安和左右为难,不仅仅是考评工作的技术性要求很高,而且考评很可能给自己带来紧张的人际关系和被指责的伤害;而被考评者总感觉考评不向着自己、总是寻找自己的短处而对自己的长处忽视和否决,从而迁怒于组织和领导。

1. 人力资源考核的基本要求

绩效考评的难点和重点就在于制定一个公认的考评标准以及保持考评行动中的公平、公正。绩效考评需要遵循以下原则:

(1)考核的动态性

文化专业人才有一个培育的过程,除了业绩(唱片发行量、票房、市场价格等),

还要看其能力发展的水平和发展潜力等,这包括了对艺术创作者本身艺术水平的评价。例如画家,其一生的创作生涯可能会经历多个高峰期,作为经纪人公司或者画廊,在进行市场运作的时候就要十分的谨慎,有的时候过于重视市场目标,过早地将一个画家推向市场,反而是一种拔苗助长、缘木求鱼的行为,最终会毁掉艺术家的创造力,使其艺术生命夭折。

(2) 考核的全面性

考核不是人力资源部一个部门的事,对员工考核时,他的上级、同事、下属、客户等与这个岗位发生关系的各个环节,都可以对被考评者进行评价,实行全面的综合考核。这在绩效考核中又称为360度全面考核。例如,在一个设计项目团队中项目团队成员的考核可以通过同事和上级评价、外部的客户评价、相关配合部的评价等多方面的考察进行综合评估。

(3) 考核的公正性

考核的标准要客观,易于比较,易于记录,且与所要考核的内容相关。考核的业绩标准要设计得合理,不能超过被考核人的能力,也不能过于容易达到。考核的目的是分析原因,转变观念,调整思路和态度,明确改进方向,而不是针对个人。

考核透明度和有关考评综合结果的信息要反馈给个人,考核的反馈要及时,考核的程序要透明、一致。

2. 人力资源考核的基本步骤

绩效考评的步骤大致有如下几步:

(1) 制定考评计划及标准

考评计划的内容包括谁来考评、如何考评、考评什么、考评结果的对应措施等等方面的问题。对于文化企业来说,文化产品的生产是一项复杂的劳动过程,设计团队合作,难以具体地衡量每个人对产出的贡献率,对员工的考评需要根据其所处岗位的要求和本人的表现,进行多方面的综合评价。

(2) 设计考评工具及相应的表格

绩效考评工具是将考核的标准转化为可以测量和比较的量表,这种量表多半是一种打分的表格,如强迫选择量表、行为尺度评定量表、行为观察量表、混合型标准量表。主要用于考核对象的行为等难以量化的标准。

(3) 观察、记录

考评工作过程中注意观察和记录工作,保全考评证据,一方面对员工的进步或退步可以做出历史的、发展的判断,另一方面也能保证考评工作的公平和全面。

(4) 评议分析

是对考核对象、记录结果以及各个相关人员对其评议结果的分析。

(5) 反馈

就是将考核分析结果反馈给本人,进行沟通,听取本人的意见和考核过程中存在问题的意见,找出业绩差距和能力差距的原因,提出解决的方法和建议。

(6) 考评结果存档

作为下一次考核和奖惩的参照。

(四) 文化企业的薪酬制度

薪酬是一种激励机制,激励机制是人力资源管理的一个重要方面,所以,薪酬设计也就成为公司人力资源管理的重要内容。薪酬设计的目标:一是劳有所得,多劳多得;二是降低流动率;三是吸引高级人才。

员工报酬通常可以分为经济类报酬和非经济类报酬两种。经济类报酬是指员工的工资、津贴、奖金等,非经济类报酬是指员工获得的成就感、满足感或良好的工作气氛等。

企业为了让薪酬更加合理,更加能反映员工的工作业绩,不惜将薪酬结构和薪酬体系制定得非常复杂和繁琐(并且还有继续复杂下去的趋势)。实际上,过于复杂的薪酬管理与过于简单的薪酬管理一样会降低薪酬的激励作用,企业应当考虑在不增加成本的情况下提高员工对薪酬的满意度。

建立薪酬体系之前,首先要对薪酬的外部均衡和内部均衡进行分析,分析的方法是进行薪酬调查和岗位评估,其次要设计恰当的薪酬结构,然后确定薪酬的等级和范围,最后制定薪酬的调整政策。

1. 外部均衡和内部均衡

企业在进行薪酬管理时,要注意薪酬的外部均衡和内部均衡问题。外部均衡是指企业员工的薪酬水平与同地域同行业的薪酬水平保持一致,或略高于平均水平。

内部均衡主要是指企业内部员工之间的薪酬水平应该与他们的工作成比例,即满足薪酬的公平性。

通常,创意生产过程中,创意人员的薪酬需要根据其贡献大小和名声的高低来确定。在创意生产过程中,创意人员承担的责任越大,贡献越大,例如导演、监制,要对影片的生产和投资负全责,其薪酬自然要比演员高,而主要演员由于其戏份重,片酬当然也要相对较高。

另一方面,文化产业中名声是重要的资源,文化产品的生产常常需要注入名声的要素,名声往往代表着一个人的能力和市场号召力,所以,知名导演和演员自然片酬要高。

相同知名度的创意人员之间的薪酬也会存在可比性,通过与外部相同或者相似人员的薪酬比较,平衡内外薪酬上的差别,这是薪酬的外部均衡。同一个文化项目或者同一个企业内,创意人员依据其贡献和名声确定薪酬差别,这是内部的均衡问题。

2. 岗位评估

岗位评估是指通过一些方法来确定企业内部工作之间的相对价值。岗位评估的结果为企业薪酬的内部均衡提供了调节的依据。岗位评估的作用有以下几点:

第一,使员工和员工之间、管理者和员工之间对薪酬的看法趋于一致和满意,各类工作与其对应的薪酬相适应。

第二,使企业内部建立一些连续性的等级,这些等级可以引导员工朝更高的工作效率发展。

第三,企业内部的岗位之间建立起一种联系,这种联系组成了企业整个的薪酬支付系统。

第四,当有新的岗位设置时,可以找到该岗位较为恰当的薪酬标准。

3. 薪酬结构

不仅要考虑员工在企业的服务年限,更要突出企业员工能力的培养和使用,业绩的实现作为重要的评估指标,赋予更高的评估权重。此外,关于薪酬制度,纵向上,一个企业中工资有等级之分。薪酬一般可以分为工资、津贴、奖金等,一般情况下,工资不宜太高,太高会压制积极性;津贴也不宜太高,工资作为生活的保障,岗位津贴体现辛苦程度,奖金则是个人价值与业绩的体现。

(1) 工资

工资主要由基础工资、工龄工资、技能工资和岗位工资等四个工资项目组成、基础工资是指用来维持员工基本生活的那部分工资。工龄工资也称资历工资,它根据员工在企业工作时间的长短来计量,一般一年进行一次调整,它的目的是用来加强员工的稳定性,促使员工更长时间为企业服务。技能工资部分由员工的工作能力来确定。岗位工资则是根据员工的职务(工作内容)来确定的,有的企业为了解决干部"能上不能下"问题,则取消了岗位工资。

上述四种工资在公司员工薪酬中的比例,形成员工工资的基本结构。不同的比例关系,以及根据公司岗位设计确定的不同的层级关系,决定了公司整体工资结构。

(2) 津贴

也称附加工资或者补助,是指员工在艰苦或特殊条件下进行工作,企业对员工额外的劳动量和额外的生活费用付出进行的补偿。津贴的特点是它将艰苦或特殊的环境作为衡量的唯一标准,而与员工的工作能力和工作业绩无关。津贴具有很强的针对性,当艰苦或特殊的环境消失时,津贴也随即终止。例如,对外出参加巡回演出的员工给予一定的误餐补贴、交通补贴等,是根据演出的场次和周期来确定的。

（3）奖金

奖金根据其考核周期和考核内容的不同，可以包括考评奖金、项目奖金和年终奖等多种形式。

考评奖金一般是针对员工岗位职责的基本要求和根据企业业绩指标分解到每个月的业绩目标，按月对员工工作情况进行考核，根据考核结果发放奖金。考评奖金的优点是能够让薪酬与阅读考评挂钩，提高短期激励效果。其缺点是各部门经理对本部门员工的考核标准不同，所以部门之间很容易产生不公平。

项目奖金是根据文化企业的项目运行状况，对项目成员完成某一项专项工作时，发放的项目专项奖金。项目奖金考核的依据就是项目的任务完成情况和项目的业绩目标。项目奖金能够有效地鼓励团队积极地完成项目的任务，达成项目的目标。其缺点是项目组成员可能来自不同的部门，如技术人员从技术部门抽调，市场人员从市场部门抽调，这有可能造成员工只关注项目目标，而忽视了部门目标。因此在设立项目奖金时，其比例和结构应当与部门每月的考评奖金相协调配合。

年终奖，是根据公司全年的业绩完成情况而在年终发放的奖金。年终奖和公司的全年业绩挂钩，鼓励员工更加关心公司的利益。但是，年终奖的发放通常在发放标准和部门间的比例之间不好协调。

（4）长期激励计划

长期激励计划给予员工长期的保障或者激励，包括社会保障金、员工持股、退休金、年金、继续教育、购房贷款等。

社会保障金是根据国家社会保险的政策，给予员工社会养老保险、社会医疗保险、社会失业保险等福利，从而能够使员工在养老、医疗、失业方面没有后顾之忧。

员工持股计划是通过员工购买企业股票的方法，使员工成为企业的所有者，享受企业分红。通常员工持股计划要根据员工工作的年限和贡献确定持股的条件。员工持股计划的优点是可以将员工的利益与公司的利益捆绑起来，在稳定员工的同时，让员工能够站在公司的角度维护公司的利益，努力工作。

退休金计划是通过从个人正常工作时期的收入中提留一定比例，逐年积累下来形成基金，供退休后生活开支的一种方式。在美国，退休金基金收入构成了劳动者退休后收入的主要部分。退休金计划以员工的工作年限为依据确定交款比例，优点是能够鼓励员工长期稳定地在公司工作。

年金是商业人寿保险公司销售的一种投资产品，它可以在一定时期内周期性地给客户提供一系列的支付额。购买年金实质上就是与保险公司签订了一个长期合同来管理自己的资金，为自己将来的退休生活提供一定的辅助收入。年金在退休养老规划中最大的特点是在一定程度上可以缓解长寿可能带来的经济困难。此外,许多国家在税收上对年金也提供一定的优惠。

继续教育计划是由公司提供部分或全部资助让在公司工作一定年限、并且工作成绩在良好以上的员工,进行继续教育,满足员工自我发展的需要。

购房购车贷款(赠款)计划,是由公司提供部分贷款(赠款)帮助那些在公司工作较长年限(比如五年以上)、并且工作成绩在良好以上的员工购房购车。这种方式可以给予员工一定的物质满足,也可以作为员工表现的奖励,增强员工的荣誉感。

第四节　文化企业的无形资产管理与保护

无形资产是指不具有实物形态,而以某种特殊权力、技术、知识、素质、信誉等价值形态存在于文化企业并对文化企业长期发挥作用的非货币性资产。在科技兴国的新形势下,加强无形资产的管理与保护尤为重要。

一、文化企业无形资产管理的现状

(一)科技文化企业无形资产流失严重

目前我国一些拥有高科技产业的文化企业对其无形资产缺乏科学的管理。有的文化企业对其专有技术的保密程度不高,技术资料随意公开,生产工艺程序让人随意观看,将企业的无形资产拱手送人。有的文化企业对其专业技术人员管理不当,让其从事第二职业或充当他人的技术顾问,带走企业的无形资产。

(二)名优文化企业无形资产被随意侵占

在市场经济中,一个文化企业如果拥有一个深受消费者喜爱的名优产品,它就拥有了市场,拥有了效益。但是目前侵权现象非常严重。许多名优文化企业花费大量人力、物力、财力研制的名优产品刚一上市,各种假冒的伪劣产品就蜂拥而上,蒙骗广大消费者抢占市场。现在大街小巷一些小商贩经营的商品中有许多是假冒的名牌产品。这种随意侵权现象使真正的名牌产品发挥不了名牌效应,失去了应有的市场份额,严重影响了名优文化企业的经济效益和发展战略。

(三)无形资产的价值得不到真正的体现

文化企业利用专有技术、商誉等无形资产搞合作经营、对外投资是企业生存发展的重要途径之一。但是有的文化企业在合作经营过程中,不能正确计算、评估自身拥有的无形资产的价值,常常出现低估企业无形资产的现象,造成无形资产的流失。还有的文化企业对其联营单位的产品质量不严格把关,让劣质产品流入市场,严重影响企业的商誉。

二、文化企业无形资产流失的主要原因

(一)对无形资产的管理和保护起步较晚

据有关资料记载,最早提出对知识产权实施保护的法案,可追溯到中世纪的欧洲,但我国到20世纪80年代初期,部分会计理论与实际工作者才开始涉足无形资产的研究领域,逐步提出开发、运用、核算、管理、立法和保护无形资产的问题。目前我国对无形资产的管理水平、管理方法、管理措施同发达国家相比相对滞后,对无形资产管理和保护的法律、法规及政策也不够完善。

(二)对无形资产的管理和保护意识不强

由于我国对无形资产的研究起步较晚,人们对无形资产的认识程度相对偏低,文化企业管理和保护无形资产的意识淡薄,没有把它视同于企业有形资产一样进行管理和运用。有些颇有影响的文化公司对自己使用了多年的品牌不进行注册登记,被别人抢先注册,从而引出一场商标注册案,使那些对无形资产缺乏管理和保护意识的公司陷入难堪的境地。还有的企业允许他人随意参观其生产制作车间,带走专有技术。

(三)对科研人员管理不当

一个拥有专业技术的企业,其技术性大多把握在技术人员的手中,有的企业对这些人员的管理缺乏科学性,任其从事第二职业或充当他人的技术顾问,带走、转移企业的无形资产,削弱文化企业技术实力。

(四)对无形资产核算不严

无形资产中除商誉以外,其他都是可单独计价的,能够同文化企业有形资产一样进行会计核算。但是,目前一些企业,特别是一些小型的文化企业对企业拥有的无形资产没有及时纳入财务核算体系,企业取得转让、摊销无形资产时不正确计价或不及时入账,造成无形资产因无账可查而流失。

无形资产流失的原因错综复杂,因此,加强对文化企业无形资产的管理和保护应从宏观和微观两方面进行探讨。

三、文化企业无形资产的宏观管理与保护

(一)进一步建立健全无形资产保护法

从20世纪80年代初期开始,国家有关部门先后出台了一批涉及无形资产管理和保护的法律、法规、政策,对无形资产的管理和保护起到了重要作用,但由于法律、法规不够完善,还不能适应经济发展形势的要求。因此,应当进一步建立完善无形资产保护法,坚决打击侵权行为,从法律上保护文化企业无形资产的安全。

(二)进一步完善无形资产的核算制度

我国在1993年颁布的会计准则中对无形资产的核算作了一系列规定,但随着经济形势的不断发展、无形资产在文化企业地位的提高及全国性无形资产评估热潮的兴起,专司无形资产开发、运用的评估机构、中介服务机构不断问世,原制度的有关规定已不能满足现实的需要。而且对无形资产核算的有关问题长期存在的争议,如对无形资产摊销、商誉的计价等问题,会计界存在不少分歧。因此,进一步完善制度,督促企业加强对无形资产的核算,防止无形资产的流失,已势在必行。

(三)保护国内名优文化产品

社会经济日益向前发展,人民生活水平大幅度提高,名牌产品已进入寻常百姓家。但是,展望市场中的名牌产品,深入人心的大多是舶来品,国内名牌产品寥寥无几。究其原因,主要是国内缺乏国际知名度的产品和侵权现象严重。因此,国家有关管理部门应加强对国内名优产品的保护和发展,鼓励国内文化企业创名优品牌,坚决取缔假冒伪劣产品,打击走私行为,保护知识产权。

(四)加强对无形资产评估机构的管理

随着对无形资产研究的深入,各种各样的无形资产评估机构、中介机构应运而生。由于这类企业不断增多,在管理上散而乱。有的企业业务水平偏低,评估结果人为因素较多,不具备公允性、可靠性,造成企业无形资产的流失。因此,国家有关部门应加强对评估机构的审批工作,打击非法的评估机构,加强对从业人员的培训、考核,坚持持证上岗,消除文化企业无形资产评估中一切不利因素。

四、文化企业无形资产的微观管理与保护

(一)对员工进行保密性教育

文化企业拥有的专业技术是企业无形资产的财富,在企业生存发展中起着重要

作用。文化企业应教育员工正确处理国家、集体、个人三者之间的关系,保护企业的无形资产。对泄密行为应根据其情节轻重及造成损失的大小给予处罚或法律制裁。

(二)加强对科研人员的管理

文化企业的科研人员掌握着企业大量的技术资料及商业秘密,加强对他们的管理,在很大程度上是加强对无形资产的管理。因此,企业对科研人员除进行必要的教育外,还应相对稳定科研队伍,不能随意调换科研人员,也不应允许科研人员擅离岗位,对外出兼职的科研人员应明确规定哪些可以对外服务,哪些只能对内服务,防止企业无形资产的流失。

(三)设置专门机构进行管理

文化企业对其拥有的无形资产应设立专门机构,配备专业人员进行管理。对专科技术应归档保管,应防泄密。对商标权、商誉等应及时关注市场动态,打击侵权行为,保护企业合法权益(对提高企业经济效益有突出作用的无形资产进行重点保护)。

(四)及时进行会计核算

加强对无形资产的核算是管理和保护无形资产的重要途径之一。因此,文化企业对无形资产的增减变动应及时进行处理,有购入的无形资产,应按实际支付的价款增加企业无形资产;对企业开发的无形资产应及时注册登记,并按评估价入账;对联营投资收入或转让的无形资产应按双方协议价入账。使企业无形资产的增减变动有账可查。

(五)充分利用企业无形资产

无形资产是能给文化企业带来长期效益的特殊资产,企业应充分予以利用,对在用的无形资产应将其价值体现到产品之中,为企业创造更大的经济效益。对闲置的无形资产应开发其使用价值,发挥科技优势,变无形资产为有形资产,为国家、为企业创造更多的财富。

资料链接 6

小微文化企业的税收优惠

近期,国家不断出台扶持中小型企业发展的财税优惠政策,在文化领域,中小型文化企业欲享受新政策带来的实惠,需要准确理解相关税收政策的内容,把握税收优惠适用对象和申报的流程。

整体来看,国家针对中小型企业出台的税收优惠政策主要集中在所得税和流转税两个方面。2014年4月8日,财政部、国家税务总局发布的《关于小型微利企业所得税优惠政策有关问题的通知》(财税〔2014〕34号)规定,自2014年1月1日至2016年12月31日,对年应纳税所得额低于10万元(含10万元)的小型微利企业,其所得减按50%计入应纳税所得额,按20%的税率缴纳企业所得税。

2013年8月1日,财政部、国家税务总局发布的《关于暂免征收部分小微企业增值税和营业税的通知》(财税〔2013〕52号)规定,对增值税小规模纳税人中月销售额不超过2万元的企业或非企业性单位,暂免征收增值税;对营业税纳税人中月营业额不超过2万元的企业或非企业性单位,暂免征收营业税。

上述两项政策对我国数量众多的中小型文化企业影响重大,企业可以从以下几个方面去把握并申请税收优惠。

1. 小微企业与小型微利企业的区别

从表述上来看,所得税减半征收政策针对的是小型微利企业,增值税、营业税免税政策针对的是小微企业。

4月18日,国家税务总局发布的《关于扩大小型微利企业减半征收企业所得税范围有关问题的公告》明确小型微利企业要符合《中华人民共和国企业所得税法实施条例》第九十二条的规定,具体到"小型微利"文化企业的认定标准,也即"年度应纳税所得额不超过30万元,从业人数不超过80人,资产总额不超过1000万元"。

《关于暂免征收部分小微企业增值税和营业税的通知》(财税〔2013〕52号)中提及的小微企业,根据2011年工信部、国家统计局、国家发改委、财政部联合发布的《关于印发中小企业划型标准规定的通知》(工信部联企业〔2011〕300号),文化行业被列入"其他未列明行业"范畴,并规定:"从业人员300人以下的为中小微型企业。其中,从业人员100人及以上的为中型企业,从业人员10人及以上的为小型企业,从业人员10人以下的为微型企业。"然而,根据财税〔2013〕52号文的规定,其适用对象主要采取的是以月度销售额为标准,并未明确上述小微企业的标准是享受免税政策的前置条件。

2. 优惠政策的具体适用

根据新政策规定,小型微利文化企业享受所得税减半优惠政策,不再执行企业申请、税务机关批准的管理方法,统一改为备案方式。

根据国家税务总局发布的《关于扩大小型微利企业减半征收企业所得税范围有关问题的公告》,"符合条件的小型微利企业,在年度中间可以自行享受优惠政策。年度终了进行汇算清缴,同时,将符合小型微利企业条件的从业人员和资产总额情况说明,报税务机关备案即可"。

因此，小型微利文化企业享受所得税减半优惠政策，不再执行企业申请、税务机关批准的管理方法，统一改为备案方式。

新规定将核定征收类型的小微企业也纳入优惠范围，同时明确，符合条件的企业"可以自预缴环节开始享受优惠政策，并在汇算清缴时统一处理"；对于新办的小型微利企业，预缴时累计实际利润额或应纳税所得额不超过10万元的，可以按照减半征税政策预缴税款。

需要注意的是，增值税、营业税免税政策方面，其月度销售额2万元的标准属于免征额范畴，与现行执行的个体工商户2万元的起征点概念不同，如果小微文化企业月销售额超过2万元的标准，要全额按照相应的增值税或营业税税率申报纳税，而个体工商户的起征点意味着，超过2万元的部分方产生纳税义务，这一规定对于月营业额处于2万元临界点的小微文化企业而言，需要谨慎把握。

3. 政策评价

从实际来看，稍有规模的文化企业很难达到税收优惠政策适用条件。国家应该继续扩大上述两项政策的适用范围。

我国中小型文化企业众多，绝大部分均符合上述小微企业或小型微利企业范畴，然而，享受上述优惠政策的实质标准是"应纳税所得额""月销售额"，无论是10万元的年应纳税所得额，还是2万元的月度销售额标准，从实际来看，符合条件的企业在小微企业或小型微利企业中也属于规模偏小的一类，稍有规模的企业很难达到税收优惠政策适用条件。据统计，小微企业免征增值税（营业税）政策实施半年以来，北京市共有209.3万户次纳税人申报免征增值税（营业税），但免征的税额仅有1.14亿元，国家应该继续扩大两项政策的适用范围。

事实上，当前文化企业可以享受的税收优惠政策不限于上述两类，2014年1月8日，科技部、财政部、国家税务总局联合下发《关于在中关村国家自主创新示范区完善高新技术企业认定中文化产业支撑技术等领域范围的通知》（国科发〔2014〕20号），该文件将"高技术服务业"领域中"文化产业支撑技术"的外延大大扩充，符合条件的文化企业可以享受15%的所得税优惠政策，并可申请研发费用加计扣除优惠。根据相关文件，该政策有望扩大到全国范围内适用，届时符合要求的中小型文化企业可以申请高新资格。

此外，我国正在积极推进的"营改增"也较早把部分文化创意服务企业纳入改革范围，其中小规模纳税人文化企业可以按照3%的征收率缴纳增值税，对于年销售额超过500万元的一般纳税人中小型文化企业则可以按照6%的税率进行抵扣纳税，对于进项税额较多的企业，税负也会有明显的下降。

（资料来源：刘天永．小微文化企业如何申请税收优惠政策[N]．中国文化报，2014-04-26．）

第七章 相关政策法规与产业分析

第一节 中国宏观经济分析

文化产业是国民经济发展到一定阶段的产物。文化产业对经济发展水平、技术水平、体制机制、文化消费观念和水平等具有较强的依附性。因此,我们需要对中国宏观经济进行全面分析,为探讨文化产业的可持续发展的路径提供理论指导。

改革开放的实行,标志着我国从此进入了一个全新的发展时期。改革开放30多年来,我国在经济、政治、文化等领域的建设取得了举世瞩目的成就:经济增长速度与结构、质量、效益相统一的良好发展势头初步呈现,文化产品的不断丰富、文化的传承和发展、文化消费水平逐渐提升等文化领域也取得了较大进展,这些成就的取得与体制改革的不断深化、不断扩大的对外开放、新兴产业的迅猛发展和带动等主要因素密不可分。

20世纪80年代初期,我国启动了以市场为导向的经济体制改革,也逐步拉开了新时期政治、经济和文化等方面体制改革和制度创新的帷幕。在经济体制改革领域,优胜劣汰竞争机制的初步形成,市场主体培育成效明显,现代企业制度初步确立,资金、技术、人才等要素市场迅速发展,市场准入制度逐步确立,资源配置机制不断健全,政府职能角色逐步从"办"向"管"转变,社会主义市场经济体制初步建立并在不断完善。文化体制改革也取得了较大进展:转企改制在稳步推进,一批文化企业或企业集团出现,投融资渠道不断拓展,文化遗产保护取得了较大成果,文化产品和文化服务的类型和质量不断提高。体制改革和制度创新在很大程度上解放了生产力,促进了经济、文化的长期高度发展,人民生活水平显著提高。

第三产业发展迅速,并且成为促进我国国民经济发展的重要增长点。2008年,全年国内生产总值为314 045亿元,2012年,初步核算,全年国内生产总值519 322亿元,比上年增长7.8%。其中,第一产业增加值52 377亿元,增长4.5%;第二产业增加值235 319亿元,增长8.1%;第三产业增加值231 626亿元,增长8.1%。第一产业增加值占国内生产总值的比重为10.1%,第二产业增加值比重为 45.3%,第三产业增加值比重为 44.6%。① 如图 7.1 所示。

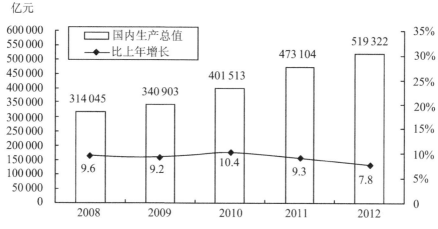

图 7.1　2008～2012 年国内生产总值及其增长速度

资料来源:国家统计局.中华人民共和国 2012 年国民经济和社会发展统计公报.

对外开放不断深化。从 1978 年以来,我国的进出口贸易额逐年大幅增长,2012 年全年货物进出口总额 38 668 亿美元,比上年增长 6.2%。其中,出口 20 489 亿美元,增长 7.9%;进口 18 178 亿美元,增长 4.3%。进出口差额(出口减进口)2 311 亿美元,比上年增加 762 亿美元。② 如图 7.2 所示。

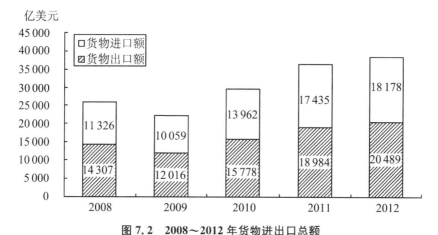

图 7.2　2008～2012 年货物进出口总额

资料来源:国家统计局.中华人民共和国 2012 年国民经济和社会发展统计公报.

---

①② 　国家统计局.中华人民共和国 2012 年国民经济和社会发展统计公报.

进出口贸易总额占GDP的比重也不断上升。外商投资总体呈上升趋势,对外开放程度不断加深,促进了产业技术改造,加快了中国产业结构的优化升级。全球化趋势不断加强,资金、技术、人才等各种资源在全球范围内的自由流动,既给我国经济发展带来了挑战,也带来了难得的发展机遇:市场意识、创新意识的进入、高科技的引入、先进管理理念的引进等,也是促进我国经济和文化发展中的重要的外部因素。

文化的重要性越来越凸显,它兼具精神属性和商业属性,不仅是全球化时代一个国家、民族身份认同的根本标志,也能形成文化竞争力,是争夺民族话语权的重要支撑,文化产业在全世界掀起发展热潮。文化产业具有高附加值、低污染、高产业联动等其他产业无法比拟的优势,因此,也成为新世纪以来我国国民经济发展的重点领域,并且为我国经济发展和产业结构转型提供了新的动力和源泉。

加入WTO之后,我国的文化市场从有限范围的开放转向全方位、立体化的开放。西方文化产业凭借着资金雄厚、管理体制完善、科技先进、市场竞争力强等优势,在世界范围内不断开疆拓土。虽然市场的开放能够在一定程度上激发国内文化企业的市场意识、注重文化创新和品牌塑造、促进文化产业结构的完善,然而,我国文化产业总体上发展水平低、规模小、产业集约化程度低、资源配置较差、市场竞争力弱,弱小的文化产业发展面临着西方发达的文化产业的冲击。在全球化趋势加快的今天,"全球化处于现代文化的中心地位;文化实践处于全球化的中心地位"。[①] 加快发展文化产业、不断满足社会大众日益增长的精神文化需要,提高文化软实力,传承我们的历史文化资源,维护国家的文化安全,就成为政府义不容辞的责任。

第二节　文化产业政策的含义与文化产业政策构成

一、文化产业政策的含义

由于研究角度的不同,"产业政策"在国际上尚没有统一的定义。"产业"作为经济学术语,其内涵和外延也具有复杂性,因此产业政策有广义和狭义之分。广义的产业政策是对一定时期内产业结构变化趋势和目标的设想,同时规定各个产业部门在社会经济发展中的地位和作用,并提出实现这些设想的政策措施。[②] 广义

---

① 约翰·汤姆林森.全球化与文化[M].中译本.郭英剑,译.南京:南京大学出版社,2002:6.
② 邬义钧,邱钧.产业经济学[M].北京:中国统计出版社,2001.

上的产业政策是政府对第一产业、第二产业、第三产业等三大产业在国民经济结构中重要性程度的认知和规定及其相应的政策措施,从而使国民经济结构能够适应国内和国际形势的变化和发展;狭义的产业政策则是指国家为了鼓励或限制某一特定产业发展而采取的政策的总和。① 文化产业政策就是将狭义的产业政策引入到文化产业中而形成的。

究竟何为文化产业政策? 国内学术界尚没有形成统一的观点。综观国内学者对文化产业政策概念的界定无外乎是从以下两种角度进行:

一是认为文化产业政策是文化政策的重要组成部分。由于文化产业的双重性,因此政策的制定应该能够促进其经济和社会"双效益"的实现。陈杰、闵锐武等认为,文化产业政策就是为了促进本国的经济繁荣和文化的可持续发展,综合运用经济手段、法律手段和必要的行政手段,调整文化产业关系,规范文化产业活动而制定的政策。它是从文化产业政策应该能够促进经济和文化的可持续发展,不仅要追求经济效益,还要注重社会效益的发挥和实现。② 胡惠林、毛少莹等学者都认为文化产业政策是文化政策的组成部分。

二是从经济角度出发进行概念界定。著名学者顾江认为:文化产业政策是国家为指导和调节文化产业活动和经济利益所制定的规则和措施,是国家宏观经济政策在文化产业领域的具体体现,是政府间接管理文化产业、促进其健康发展的重要手段。③ 文化产业政策体现为一种经济政策,是国家宏观经济政策的重要组成部分,它强调的是文化产业政策的经济属性。

联合国教科文组织则把文化政策定义为:地方、国家、区域或国际层面上针对文化本身或为了对个人、群体或社会的文化表现形式产生直接影响的各项政策和措施,包括与创作、生产、传播、销售和享有文化活动、产品与服务相关的政策和措施。④

西方发达国家普遍使用的是"文化政策"这种类似的概念,同样,对这一概念的界定也存在着较大的争议。然而,在一些国家的文化产业政策文献中,文化产业政策被表述为:既是一个"文化政策",又是一个"经济政策"。

欧盟制定的文化政策除了提升文化产业发展带来的经济效益之外,还注重发展文化民主、保障公民基本文化权利的实现,更重要的一点是强调全球化时代下的"民族认同"。

尽管学者对于文化产业政策的概念界定不尽相同,但是都认为它是一种倾斜

---

① 汪同三,齐建国.产业政策与经济增长[M].北京:社会科学出版社,1996:37.
② 陈杰,闵锐武.文化产业政策与法规[M].青岛:中国海洋大学出版社,2006:14.
③ 顾江.文化产业经济学[M].南京:南京大学出版社,2007:8.
④ 胡惠林,陈昕.中国文化产业评论:第14卷[M].上海:上海人民大学出版社,2011:428.

政策、一种具有自觉性和主动性的行为,对资源的优化配置、产业的健康发展起到非常重要的作用。由于文化产业兼具精神生产和物质生产的两重性,因此本文认为文化产业政策不仅是一个"经济政策",又是一个"文化政策",它不仅要追求经济效益,更要注重社会效益,不仅要推动文化产业的可持续发展,而且能够为文化的发展、传播等创造一定的良好的条件。

结合以上分析,本书认为文化产业政策是指由国家权威部门制定,旨在扶持、推动、调控、完善文化产业各个组成部分,使其向有序、健康的方向发展并为文化发展、传播等创造一定的良好条件从而实现经济效益和社会效益而制定的一系列政策的总和。

二、文化产业政策与文化产业的发展

文化产业的发展经历了从由国家统一进行财政拨款和统一管理到"文化也是一种生产力"到"文化搭台,经济唱戏"再到将文化产业看作国民经济发展中的重要组成部分、推动文化产业发展成为国民支柱性产业的过程。文化产业政策体系的不断建立和完善是随着政府对文化产业重要性认知的不断深化而逐步建立的。

1998年,联合国教科文组织在斯德哥尔摩召开了文化政策促进发展政府间会议。在这个会议上,提出了一份《文化政策促进发展行动计划》供大会讨论通过。这份《计划》指出:发展可以最终以文化概念来定义,文化的繁荣是发展的最高目标,文化的创造性是人类进步的源泉。文化多样性是人类最宝贵的财富,对发展是至关重要的。因此,文化政策是发展政策的基本组成部分,未来世纪的文化政策必须面向和更加适应新的飞速发展的需要。[①] 2000年末,十五届五中全会上,中国首次正式将发展文化产业作为国策之一。文化产业的发展自此进入国家的关注视野中。

2001年3月,"完善文化产业政策,加强文化市场建设和管理,推动有关文化产业发展"的建议为九届人大四次会议所采纳,并正式被纳入全国"十五"规划纲要,"文化产业"第一次正式进入了党和国家政策性、法规性文件。

2002年11月,党的十六大报告在第六部分"文化建设和文化体制改革"中明确提出要积极发展文化事业和文化产业,第一次把"文化事业"和"文化产业"作为两个不同的概念区分开来,并把文化产业定性为繁荣社会主义文化,满足人民群众精神文化需求的重要途径。"文化事业"和"文化产业"的划分,说明国家对文化产业的本质有了更加深刻的认识,为制定分类指导的文化产业政策并为其实现突破性发展奠定了基础。

---

① 陈卫平.文化政策:市场化的进与退[N].解放日报,2004-07-14(4).

2009年7月22日,国务院常务会议审议通过我国第一部文化产业专项规划——《文化产业振兴规划》,标志着文化产业已经上升为国家的战略性产业。

2011年党的十七届六中全会召开,提出要建设社会主义强国,加快发展文化产业,推动文化产业成为国民经济支柱性产业,之后,一系列规划纲要和文件相继出台,文化产业进入一个关键的战略发展机遇期。

从经济发展的角度来看,文化产业是经济发展的生力军,它不仅是经济发展新的动力引擎,而且促进了经济发展模式的根本转型,为经济的发展提供了持久的且永不衰竭的源泉。

从社会发展的角度来看,文化产品具有特殊性,它虽然绝大部分以物质载体的形式而存在,但是内容才是其根本价值所在,因此它不仅能够创造经济利润,而且以软性形态传播着一个国家的价值观念,维护和传承着一个国家和民族的文化传统,日渐形成在国际舞台上发挥重要作用的文化竞争力。

与此同时,市场的自发调节具有盲目性、滞后性和失真性等缺陷,因此文化产业的健康、有序、持续发展不能仅仅依靠市场这只"看不见的手",再加上我国文化产业还处于初级发展阶段,需要国家通过制定和不断完善产业政策的方式来进行自觉的宏观调控,十六大报告中明确提出,要建立以产业政策为主要调控手段的文化产业宏观管理体制,从而为文化产业的发展创造良好的外部环境,并推动文化产业结构的不断完善和竞争力的不断提升。除了文化资源、人才资源、技术资源等之外,产业政策资源也是整个文化产业发展中不可缺少的组成部分。

三、中国文化产业政策构成

我国文化产业政策的制定是从20世纪90年代开始的,并且在21世纪的第一个十年内,文化产业政策得以大量颁布。数据显示,2004年至2010年,全国文化产业增加值年平均增长速度超过23%,2010年全国文化产业的增加值突破了1.1万亿元,占国内生产总值的比重为2.78%。文化产业的繁荣和发展与大量的文化产业政策的颁布和实施密不可分。

文化产业政策构成是一个复杂的系统,涉及文化产业的各个方面。目前我国文化产业政策主要包括以下几个方面:文化体制改革政策、文化产业市场管理政策、文化产业结构政策、文化产业组织政策、文化产业布局政策、文化产业投融资政策、文化市场贸易政策等。

(一) 文化体制改革政策

制度是产业发展的根本性的支撑,是决定长期经济绩效的基本要素。[1] 通过

---

[1] 胡惠林,施惟达.文化产业概论[M].昆明:云南大学出版社,2005:232.

体制改革和创新取得制度净效益是文化产业发达国家的经验之一。文化体制改革是解放和发展文化生产力、促进文化产业发展的根本途径。体制不健全、改革不彻底是中国文化产业发展的最主要障碍,因此,文化体制改革政策就构成文化产业政策体系中的核心部分。

我国的文化体制改革就是实现计划经济体制向市场经济体制的彻底转变,其中政府管理体制改革是文化体制改革的核心内容。政府管理体制改革即是要积极转变政府职能,使其从"办文化"向"管文化"转变,从微观管理转向宏观管理,着重发挥政府在文化产业发展中的宏观管理和公共服务的职能。

一是理清党和政府与文化企事业单位的关系。改变政事不分、政企不分、直接干预的情况,实行管办分离、宏观管理,做好行政审批,完善市场准入和退出制度,政府通过各种经济、法律、行政手段引导整个产业的发展。

二是坚持文化产业与文化事业两手抓。厘清文化产业和文化事业两者之间的关系,明确哪些是文化产业领域的,哪些是文化事业范围的。文化企业作为市场的主体,政府要为其创造公开、公正、公平的市场竞争环境,注重发挥市场在产业发展中的基础性和主导性作用,而尽可能地避免行政干预;虽然文化事业并不创造直接的经济效益,但是它能为文化产业的发展创造良好的社会文化生态环境、提供基础条件,有助于提高文化产业发展的整体效益。同时也是保证社会大众基本文化权利实现的重要途径,因此政府也要通过财政支持、扩大市场准入允许民间资本进入其中等方式促进文化事业的发展。

三是建立规范而高效的政府管理部门体系。政出多门、各自为政、职能交叉和重复管理等现象是目前政府管理中出现的最主要问题,因此要进一步理顺各个部门的职能明确权力划分,进一步提高管理效率。

四是进一步提高政策的公平性、公正性和公开性。由于我国不同领域里的现行文化管理与文化产业政策主要是由政府的不同行政主管部门制定并以政府的名义发布的,因此,行业和部门的利益保护色彩比较浓重。这样一来,在整个政策的价值规定、功能及政府对社会文化资源的权威性分配中,应有的公共性、公正性和公平性就比较差。而所有这些都是与 WTO 贸易自由化原则、透明度原则、市场准入原则等存在着明显的不一致和内在的规则冲突。①

五是发挥中央政府和地方政府合力。诺贝尔经济学奖得主、新制度经济学的代表人物道格拉斯·诺斯认为,任何制度变迁必须得到"两大行动集团"的推动,"第一行动集团"是强有力的中央政府,"第二行动集团"则是地方政府。② 我国所

---

① 顾江. WTO 下的中国文化产业面临的机遇与挑战[J]. 经济发展评论,2002(4):29-34.
② 傅才武. 文化创新战略的确立与国家文化体系的转型:2007~2009[M]//中国文化创新报告:2010. 北京:社会科学文献出版社,2009:14.

制定的文化产业政策,反映在政策目标选择上,就是具体改革目标的可变性;反映在政策路径的选择上,就是路径选择的多样性;反映在中央与地方的关系上,弹性目标管理同时体现为由中央整齐划一的管理方式向中央放松管制、鼓励地方发挥主动性、探求地方改革道路的试验。由于中央政府的公共资源有限,无法完全满足地方的所有要求,加上国家文化发展的政策工具不充足,如文化法律稀缺、公共文化经费不足、文化绩效考评不到位等为地方政府提供了较大的自由裁量空间,地方政府利用这种'政策缝隙'与中央进行'不良博弈',主要体现为:在'分灶吃饭'财政体制下,地方政府向中央政府转移文化支出责任;地方利用不对称信息,按照地方领导偏好而不是政策目标安排使用国家公共文化资源;强调地方文化的特殊性,要求国家提供更多的公共政策资源,推动公共资源的地方化、部门化和小团体化等。①

任何事物都有其产生、发展和消亡的生命过程与内在规律,文化政策也不例外。但由于文化意识形态的特殊属性,其政策的终止并不像一般部门的政策终止那样简单,其结果涉及文化权力、文化利益的再分配和文化体制的变动。文化政策的终止,主要是关于某种文化观念的终止。② 因此,文化体制改革需要经过一个漫长的过程,在不同阶段需要制定不同的政策从而保证文化体制改革的顺利进行。

(二)文化市场管理政策

文化产业必须要以市场为导向进行产品的创意生产。一切文化经济行为都要在文化市场中进行,文化市场是文化产业发展的基础,健全的市场机制是保证文化产业持续发展的重要保障。

市场主体追求经济效益最大化,是市场经济条件下企业的安身立命之本。然而,文化产业不仅要追求经济效益,还要注重社会效益,因此,这种特殊性必然决定了文化产业的发展不仅要遵循一般的市场规律,还要受到文艺规律的制约,文化产业的市场管理具有双重性。文化市场管理政策主要包括市场竞争机制、市场准入和退出制度、内容审查和管理制度等方面的政策。

健全的市场竞争机制是维系产业生存和发展的重要外部环境,文化企业成为市场主体是推动文化产业良性持续发展的根本力量。由于长期以来我国强调的是文化的意识形态属性,主要依靠政府的财政拨款,虽然其商业属性逐渐被重视,但是文化企业并没有成为真正的市场主体,公平、公正、透明、有序的市场竞争环境也没有真正形成。

---

① 傅才武.文化创新战略的确立与国家文化体系的转型[M]//中国文化创新报告:2010.北京:社会科学文献出版社,2009:22.
② 胡惠林.文化政策学[M].上海:上海交通大学出版社,1999:206.

文化内容是文化产业发展的核心和关键,它从根本上决定着一国文化产业发展的质量和市场竞争力水平的高低,由于文化产品和服务对人们价值观等精神方面的影响,因此需要不断完善内容审查和管理制度,并建立系统而规范的文化产业市场退出制度,坚决打击恶俗、低俗、庸俗等"三俗"产品,并让这些生产"三俗"产品的企业退出市场,真正发挥文化产品在普及科学文化知识、促进公众文化素养提升、满足公众精神文化需求等方面的积极作用。建立健全行业从业人员管理制度。

(三)文化产业技术政策

人类的历史就是技术变革的历史。文化产业的发展和技术密切相关,技术的进步推动了新兴文化业态的出现,为文化产业的跨越式发展提供了最根本的支撑和原动力。因此,促进科技和文化的融合,不断提升文化产业的技术水平,成为提高文化产业市场竞争力和发展潜力的重要措施。但技术的发展同时也给文化产业带来了严峻的挑战。如知识产权保护、新媒体环境下的传播伦理、经营模式和盈利模式等的调整。因此,文化产业技术政策主要包括科技和文化融合政策、知识产权保护政策。

知识产权是文化产业的核心。知识产权保护是文化产业发展的前提,它是所有产业主体利益实现的根本,也是促进和推动文化产业发展必不可少的动力,通过保护创作者利益和创作积极性,保证文化内容的不断创新,从而保证产业发展根本和市场竞争力的不断提升;同时也有利于为建立良好的产业发展环境和构建完善的利益模式。尤其是在全球化的今天,知识产权本身亦成为国际文化贸易中的标的,是国际文化贸易中重要组成部分,因此知识产权政策制定就成为文化产业政策的重要组成部分。

(四)文化产业行业政策

文化产业是一个综合性的系统性的产业集合体,它包含的种类众多,如可划分为文化产业和文化事业,也可划分为新闻出版业、广播影视业、动漫产业、网络游戏业等众多的行业,文化产品的性质也千差万别。因此在制定文化产业政策的过程中,要在考虑行业间共性的基础之上更要重点分析不同行业的特殊性以及文化产品的差异性,进行区别对待、分类指导。与此同时,文化产业的发展也必将呈现出规模化、集约化从而出现文化产业基地或园区的建设热潮,以进一步发挥其集聚效应和孵化功能,因此文化产业行业就成为文化产业政策的具体实施对象,文化产业行业政策也就构成文化产业政策体系的主体。

(五)文化产业投融资政策

文化产业实质上是文化与资本的联姻。资金匮乏成为我国文化产业发展中面临的最主要的现实问题,而文化产业的高风险性也要求积极拓宽宽渠道、多样化的投融资形式,积极发挥不同性质的资本要素在文化产业发展中的作用。文化产业投融资政策的制定和不断完善也就成为我国发展文化产业需要解决的最迫切的问题之一。

(六) 文化市场贸易政策

近年来,随着人们生活水平的不断提高,文化消费逐渐成为日常消费的重要组成部分,与此相应,由电视剧、电影、书籍等文化产品的商业往来带动的文化贸易日渐成为国际经济贸易中的重要组成部分。文化贸易不仅具有重要的经济价值,而且具有重要的社会价值、战略价值。

文化市场贸易政策应该是涵盖文化产品流通网络、文化产品研发外销体系、监管体系、质量评估体系、扶持奖励政策、文化走出去政策等一整套完整的文化市场贸易政策体系。

(七) 文化产业人才政策

人才是产业发展的保障和重要战略资源,文化产业是以人为基点、以人为核心、以人为最终归宿的产业形态,而专业人才的匮乏依然是文化产业发展的主要瓶颈之一。文化产业人才应该具有深厚的文化素养、对文化资源的深入研究能力、对文化产品大的文化内涵高度敏感的能力、对文化市场前瞻性把握和运作的能力和开拓性的文化创造力等。如何鼓励企业参与专业人才的培养、发挥社会资源在复合型人才培养过程中的作用也需要依靠政府的相关政策。

(八) 公共文化服务政策

满足社会大众的精神文化需求是一切文化经济行为的出发点和归宿,文化产业的发展要努力使发展成果惠及全体人民,满足社会绝大部分成员的基本文化需求,保证公民基本文化权益的实现,与此同时,文化事业可以为文化产业的发展提供基础条件,创造良好的社会文化生态环境,有助于提高文化产业发展的整体效益。促进文化事业全面繁荣和文化产业快速发展,关系全面建设小康社会奋斗目标的实现,关系中国特色社会主义事业总体布局,关系中华民族伟大复兴。公共文化政策是文化产业政策的重要组成部分,主要包括文化事业政策和公共文化服务体系建设政策两方面。

(九) 政策执行能力

除了要尽可能保证文化产业政策体系的全面之外,更重要的是各方面政策的针对性、稳定性、连续性、可操作性、前瞻性,以及强有力的政策执行力。

文化产业政策客体在政策文本实施过程中是否可调适以及调适的程度,是政策文本能否执行的关键要素。① 文化产业政策要有一定的灵活性,充分调动中央和地方政策的积极性。

美国学者艾利森认为:在达到政府政策目标的过程中,方案的功能只占10%,而其余的90%取决于有效的实施。② 因此需要政策执行能力保证各种政策的顺利、有效实施。

四、中国文化产业政策现状

经过多年发展,我国文化产业各方面的政策数量不断增加,内容也在不断深化,可以说目前我国的文化产业政策体系的框架已经基本成型。

然而,我们也需要意识到:第一,我国文化产业政策大多集中于新闻出版业、广播影视业、演艺业、动漫产业等主要领域,当然这些领域在转制改企上取得了很大进展,但是一些主要壁垒依然没有真正突破,如分级制度、制播分离制度等;而且其他行业的发展也需要加大政策的扶持力度;第二,文化企业依然没有成为真正的市场主体,鼓励内容创新、市场准入和退出制度、知识产权保护等方面依然存在着较多问题;第三,发展过程中盲目、一拥而上的现象十分常见,整个产业依然处于粗放型的低级阶段;第四,行政管理依然政出多门、效率低下。文化产业政策的不足和缺陷,如政策不健全、缺乏连续性、稳定性,可操作性差,执行力度欠缺,文化资源配置效率低等等。也在很大程度上成为文化产业进一步发展的障碍。如何构建既与WTO规则相适应又符合中国国情和文化产业发展需要的文化产业政策,是未来不断提升文化产业发展水平、提高市场竞争力的一项紧迫性的重要工作。

第三节 "十二五"时期中国文化产业的主要内容和特点

"十二五"时期是全面建设小康社会的关键时期,是深化改革开放、加快转变经济发展方式的攻坚时期,也是促进文化又好又快发展的关键阶段。国家层面的一系列规划纲要相继颁布,明确指出在"十二五"时期,要努力建设社会主义文化强国,推动文化产业成为国民经济支柱性产业,增强文化产业整体实力和竞争力。文化产业真正上升到国家意志层面,也预示着它进入了一个新的关键的发展战略机

---

① 胡惠林.文化政策学[M].上海:上海文艺出版社,2003:151.
② 陈树裕.新编政策学概论[M].北京:中央党校出版社,2005:90

遇期。政府也相继制定和颁布了一系列文化产业政策,来推动文化产业的进一步发展。

一、"十二五"时期中国文化产业政策的主要内容

在十七届六中全会之后,文化产业主管部门相继颁布文化产业发展规划,为文化产业的发展布局谋划;各级地方政府进一步提高了对文化产业的重视程度和发展文化产业的自觉性和主动性,结合党中央的文件精神和地方实际,陆续出台了一系列推动文化产业发展的政策措施,我国文化产业政策体系得以进一步确立。

(一)文化产业发展规划

文化产业发展规划是文化产业发展的蓝图和指针,十二五期间的文化产业发展规划主要有:《中华人民共和国国民经济和社会发展第十二个五年规划纲要》《国家"十二五"时期文化改革发展规划纲要》(2012年2月15日)、《国家基本公共服务体系"十二五"规划》(2012年5月16日)、《国家"十二五"科学和技术发展规划》(2011年7月13日,科技部)、《国家科技与文化融合联合行动计划(2011～2015年)》(2011年7月,科技部、文化部)、《科技创新知识产权工作"十二五"专项规划》(2012年2月20日,国家科技部)、《文化部"十二五"时期文化产业倍增计划》(2012年2月28日,文化部)、《国家文化科技创新工程纲要》(2012年8月24日,科技部、中宣部、财政部、文化部、广电总局、新闻出版总署等联合颁布)、《文化部"十二五"时期文化改革发展规划》(2012年5月10日,文化部)、《"十二五"时期国家动漫产业发展规划》(2012年7月12日,文化部)、《国务院办公厅关于印发少数民族事业"十二五"规划的通知》(2012年7月12日,国务院办公厅)、《文化部"十二五"文化科技发展规划》(2012年9月12日,文化部)、《国务院关于印发服务业发展"十二五"规划的通知》(2012年12月1日,国务院)、《文化部"十二五"时期公共文化服务体系建设实施纲要》(2013年1月14日,文化部)、《全国公共图书馆事业发展"十二五"规划》(2013年1月30日,文化部)、《全国文化信息资源共享工程"十二五"规划纲要》(2013年1月30日,文化部)。

(二)文化体制改革政策

《中共中央宣传部、文化部关于加快国有文艺院团体制改革的通知》(2011年5月11日,文化部)、《国家"十二五"时期文化改革发展规划纲要》(2012年2月15日)、《文化部"十二五"时期文化改革发展规划》(2012年5月10日,文化部)。

(三)文化市场管理政策

《文化市场综合行政执法管理办法》(2011年11月19日,文化部);《国务院关

于同意建立清理整顿各类交易场所部际联席会议制度的批复》(2012年1月10日，国务院)；文化部关于印发《文化市场举报办理规范》的通知(2012年3月16日，文化部文化市场司)；《文化部办公厅关于进一步加强12318文化市场举报监督体系建设的通知》(2012年3月14日，文化部文化市场司)；《文化统计管理办法》(2012年7月23日，文化部财务司)；文化部关于印发《文化市场交叉检查与暗访抽查规范》的通知(2012年7月30日，文化部)；文化部关于印发《文化市场重大案件管理办法》的通知(2012年7月30日，文化部文化市场司)；《文化部关于编发文化市场年度报告加强信息服务工作的通知》(2012年7月31日，文化部文化市场司)；文化部关于印发《文化市场突发事件应急管理办法(试行)》及《文化市场突发事件应急预案(试行)》的通知(2012年8月14日，文化部)；文化部关于印发《文化市场行政处罚案件档案管理办法(试行)》的通知(2012年8月20日，文化部文化市场司)；文化部关于实施《〈内地与香港关于建立更紧密经贸关系的安排〉补充协议九》和《〈内地与澳门关于建立更紧密经贸关系的安排〉补充协议九》有关事项的通知(2012年9月27日，文化部)；《国务院办公厅关于强化企业技术创新主体地位全面提升企业创新能力的意见》(2013年1月28日，国务院办公厅)。

（四）税收政策

《关于继续执行宣传文化增值税和营业税优惠政策通知》(2011年12月7日，财政部、国家税务总局)；《关于继续执行宣传文化增值税和营业税优惠政策的通知》(2011年12月7日，财政部、国家税务总局)；《关于进一步贯彻落实税收政策促进民间投资健康发展的意见》(2012年5月29日，国家税务总局)；《关于交通运输业和部分现代服务业营业税改征增值税试点若干税收政策的补充通知》(2012年6月29日，财政部、国家税务总局)。

（五）文化产业资金管理政策

关于重新修订印发《文化产业发展专项资金管理暂行办法》的通知(2012年4月28日，财政部)；关于印发《中小企业发展专项资金管理办法》的通知(2012年5月25日，财政部、工业和信息化部)；《关于申报2013年度文化产业发展专项资金的通知》(2013年4月12日，财政部)。

（六）投融资政策

《文化部关于鼓励和引导民间资本进入文化领域的实施意见》(2012年6月28日，文化部文化产业司)；《新闻出版总署关于支持民间资本参与出版经营活动的实施细则》(2012年6月28日，新闻出版总署)。

（七）网络文化产业政策

《互联网文化管理暂行规定》(2011年2月17日，文化部文化市场司)；《关于启动网络游戏防沉迷实名验证工作的通知》(2011年7月1日，国家新闻出版总署等八部门联合发布)；《国务院关于大力推进信息化发展和切实保障信息安全的若干意见》(2012年6月28日，国务院)；《全国人民代表大会常务委员会关于加强网络信息保护的决定》(2012年12月28日，全国人大常委会)；《关于做好第八批"中国民族网络游戏出版工程"项目申报工作的通知》(2013年2月17日，国家新闻出版总署)。

（八）动漫产业政策

财政部、海关总署、国家税务总局关于印发《动漫企业进口动漫开发生产用品免征进口税收的暂行规定》的通知(2011年5月19日，财政部、海关总署、国家税务总局)；《文化部、广电总局、新闻出版总署关于国家动漫精品工程申报工作的通知》(2011年7月6日，文化部等)；《广电总局关于推荐2011年度第二批优秀国产动画片的通知》(2011年8月1日，国广电总局)；《文化部关于动漫企业认定工作有关事项的通知》(2011年8月9日，文化部)；《关于评选中国文化艺术政府奖首届动漫奖的通知》(2011年9月30日，文化部、广电总局、新闻出版总署、教育部、工业和信息化部)；《广电总局关于推荐2011年度第三批优秀国产动画片的通知》(2011年10月27日，广电总局)；《文化部关于2012年国家动漫品牌建设和保护计划申报工作的通知》(2011年11月2日，文化部)；《广电总局关于2011年度少儿精品发展专项资金及国产动画发展专项资金项目申请事项的通知》(2011年11月29日，国家广电总局)；《关于扶持动漫产业发展增值税、营业税政策的通知》(2011年12月27日，财政部、国家税务总局)；《海关总署关于执行动漫企业进口动漫开发生产用品税收优惠政策有关问题的通知》(2012年3月23日，海关总署)；《文化部、工商总局、广电总局、新闻出版总署、国家版权局关于开展动漫市场专项整治行动的通知》(2012年4月1日，文化部等)；《"十二五"时期国家动漫产业发展规划》(2012年6月26日，文化部)；《关于组织做好2012年"原动力"中国原创动漫出版扶持项目申报工作的通知》(2012年9月12日，新闻出版总署)；《文化部关于做好2013年动漫企业认定有关工作的通知》(2013年2月28日，文化部文化产业司)；《文化部关于2013年国家动漫品牌建设和保护计划申报工作的通知》(2013年4月2日，文化部)。

（九）演艺娱乐产业政策

文化部办公厅关于印发《营业性演出审批规范》及《营业性演出申报审批相关

文书格式(样本)》的通知(2011年9月5日,文化部);《文化部关于加强演出市场有关问题管理的通知》(2011年12月7日,文化部文化市场司);文化部关于印发《演出经纪人员管理办法》的通知(2012年12月6日,文化部文化市场司);《娱乐场所管理办法》(2013年2月4日,文化部)。

(十)文化遗产政策

《中华人民共和国非物质文化遗产法》(2011年2月25日,第十一届全国人民代表大会常务委员会第十九次会议通过);《文化部办公厅关于推荐第四批国家级非物质文化遗产项目代表性传承人的通知》(2011年7月13日,文化部);《文化部关于加强国家级非物质文化遗产代表性项目保护管理工作的通知》(2011年8月24日,文化部);《文化部关于加强非物质文化遗产生产性保护的指导意见》(2012年2月2日,文化部非物质文化遗产司);《文化部办公厅关于印发〈中国杂技艺术振兴规划(2011~2015)〉的通知》(2012年5月3日,文化部艺术司);关于印发《国家非物质文化遗产保护专项资金管理办法》的通知(2012年5月4日,文化部、财政部);《文化部关于对天津市红桥区回族大刀队等105个国家级非物质文化遗产代表性项目保护单位进行调整、撤销的决定》(2012年9月12日,文化部非物质文化遗产司);《国务院关于开展第一次全国可移动文物普查的通知》(2012年10月1日,国务院);《文化部关于开展2013年度国家非物质文化遗产保护专项资金申报工作的通知》(2012年10月25日,文化部财务司);《文化部办公厅关于部署2013年春节期间文化活动及推荐"春节文化特色地区"的通知》(2012年12月13日,文化部非物质文化遗产司)。

(十一)公共文化服务政策

建立健全公共文化服务体系是"十二五"时期文化产业发展的重点。颁布的政策主要有:《关于推进全国美术馆公共图书馆文化馆(站)免费开放工作的意见》(2011年1月26日,文化部、财务部);《关于加强美术馆、公共图书馆、文化馆(站)免费开放经费保障工作的通知》(2011年3月7日,财务部);《文化部关于做好2011年中央补助地方文化事业专项资金申报工作的通知》(2011年3月15日,文化部财务司);《文化部、财政部关于进一步加强公共数字文化建设的指导意见》(2011年11月15日,文化部文化市场司);文化部关于做好《公共图书馆服务规范》宣传贯彻工作的通知(2012年11月16日,文化部);《公共图书馆服务规范》(2011年12月30日,国家质量监督检验检疫总局、国家标准化管理委员会);文化部、财政部关于印发"公共电子阅览室建设计划"实施方案》的通知(2012年2月3日,文化部、财务部);《文化部关于做好2012年中央补助地方文化事业专项资金申报工作的通知》(2012年3月20日,文化部财务司);《国家公共文化服务体系示范区(项目)创建工作领导小组关于第一批创建国家公共文化服务体系示范区督查情况的通报》(2012年7月3日,文化部财务司);《文化部办公厅关于印发〈全国文化信息资源共享工程2013年度地方资源建设方案〉的通知》(2012年12月7日,文化部公共文化司);文化部关于印发《文化部"十二五"时期公共文化服务体系建设实施纲要》的通知(2013年1月14日,文化部公共文化司);《文化部办公厅关于开展2012年度全国美术馆发展扶持计划相关工作的通知》(2013年1月28日,文化部文化产业司)。

(十二) 艺术拍卖业政策

《文物拍卖企业资质年审管理办法》(2011年1月5日,国家文物局);《文化部办公厅关于诚信画廊复核及第四批诚信画廊评选结果的通知》(2012年7月23日,文化部文化市场司)。

(十三) 广播影视产业政策

《广电总局关于开展打击电视购物领域侵犯知识产权和制售假冒伪劣商品专项行动的通知》(2011年1月14日,国家广播电影电视总局);《广电总局办公厅关于严格控制电影、电视剧中吸烟镜头的通知》(2011年2月12日,国家广播电影电视总局);《广电总局办公厅关于进一步加强电视剧文字质量管理的通知》(2011年2月25日,国家广播电影电视总局);《广电总局办公厅关于停止播放"变通通便胶囊"等44条电视购物短片广告的通知》(2011年5月11日,国家广播电影电视总局);《关于对石家庄市广播电视台违规问题的通报》(2011年9月16日,国家广播电影电视总局);《关于进一步加强广播电视广告播出管理的通知》(2011年10月12日,国家广播电影电视总局);《关于批准ESPN、STAR Sports在2011年度内继续供三星级以上涉外宾馆等单位申请接收的通知》(2011年10月27日,国家广播电影电视总局);关于贯彻《中华人民共和国民族区域自治法》的若干意见(2011年11月3日,国家广播电影电视总局);《〈广播电视广告播出管理办法〉的补充规定》(2011年11月25日,国家广播电影电视总局);《有线广播电视运营服务管理暂行规定》(2011年12月2日,国家广播电影电视总局);《广电总局关于进一步加强和改进境外影视剧引进和播出管理的通知》(2012年2月13日,国家广播电影电视总局);关于发布《广播电视监测台场地技术要求》的通知(2012年3月23日,国家广播电影电视总局);《关于2011～2012年度优秀国产纪录片及创作人才扶持项目申请事项的通知》(2012年3月27日,国家广播电影电视总局);《科技司关于严格管理地面数字电视广播中采用条件接收系统设备的通知》(2012年5月8日,国家广播电影电视总局);《关于加强地面数字电视管理的通知》(2012年7月19日,国家广播电影电视总局);《关于表彰2012年广播电视创新创优栏目的决定》(2012年8月16日,国家广播电影电视总局);《国家广播电影电视总局科技创新奖励办法》(2012年8月24日,国家广播电影电视总局);《广电总局关于印发广播电视节目技术质量奖励办法的通知》(2012年8月28日,国家广播电影电视总局);关于发布行业标准《广播电视SDH数字微波工程安装及验收规范》的通知(2012年9月12日,国家广播电影电视总局);国家发展改革委、国家广电总局关于印发《有线数字电视基本收视维护定价成本监审办法(试行)》的通知(2012年11月12日,国家发改委、广电总局);广电总局停播《棒棒棒》严禁丑闻劣迹者发声出镜(2012年11月28日,国家广播电影电视总局);关于开展广播电视节目制作经营机构和《电视剧制作许可证(甲种)》持证机构2012年度业绩审核工作有关事宜的通知(2012年11月30日,国家广播电影电视总局);广电总局关于发布行业标准《广播电视卫星地球站设计规范》的通知(2012年12月6日,国家广播电影电视总局);关于印发《广播电视事业单位财务制度》的通知(2012年12月28日,国家广播电影电视总局);《国家广电总局电影管理局关于加强海峡两岸电影合作管理的现行办法》(2013年1月17日,国家广播电影电视总局);《广电总局关于实行电视纪录片题材公告制度通知》(2013年2月3日,国家广播电影电视总局);《广电总局关于印发广播电视安全播出奖励办法的通知》(2013年2月5日,国家广播电影电视总局)。

(十四)出版产业政策

关于印发《全国印刷复制行政执法报告评价制度实施办法》的通知(2011年1月11日,国家新闻出版总署);新闻出版总署关于印发《数字印刷管理办法》的通知(2011年1月11日,新闻出版总署);《关于进一步加强出版单位总编辑工作的意见》(2011年3月11日,国家新闻出版总署);国务院关于修改《音像制品管理条例》的决定(2011年3月19日,国务院);国务院关于修改《出版管理条例》的决定(2011年3月19日,国务院);《出版物市场管理规定》(2011年3月25日,国家新闻出版总署、商务部);《订户订购进口出版物管理办法》(2011年3月30日,新闻出版总署出版管理司);《关于实施"十二五"时期(2011~2015年)国家重点图书、音像、电子出版物出版规划的通知》(2011年4月13日,新闻出版总署);《音像制品进口管理办法》(2011年4月20日,国家新闻出版总署出版管理司);《新闻出版业"十二五"时期发展规划》(2011年4月20日,新闻出版总署);《新闻出版总署关于进一步加强中小学教辅材料出版发行管理的通知》(2011年8月17日,国家新闻出版总署);关于印发《关于严防虚假新闻报道的若干规定》的通知(2011年10月19日,国家新闻出版总署);关于印发《国家印刷复制示范企业管理办法》的通知(2011年12月6

日,国家新闻出版总署);关于下发《〈中国标准录音制品编码〉国家标准实施办法》和《音像电子出版物专用书号管理办法》的通知(2012年1月4日,国家新闻出版总署);《关于加快出版传媒集团改革发展的指导意见》(2012年2月27日,国家新闻出版总署);《关于开展打击"新闻敲诈"治理有偿新闻专项行动的通知》(2012年4月18日,国家新闻出版总署等);《关于报刊编辑部体制改革的实施办法》(2012年7月30日,国家新闻出版总署);《关于严厉禁止报刊摊派发行的通知》(2012年9月29日,国家新闻出版总署);关于印发《国家"十二五"少数民族语言文字出版规划》的通知(2012年10月30日,国家新闻出版总署);《关于申报2013年度"经典中国国际出版工程"资助项目的通知》(2012年12月25日,国家新闻出版总署);关于《在元旦春节期间组织出版发行单位开展文化惠民活动》的通知(2013年1月6日,国家新闻出版总署);《关于开展2013年音像出版单位年度核验工作的通知》(2013年2月6日,国家新闻出版总署);关于印发《2013年新闻出版改革发展工作要点》的通知(2013年2月18日,国家新闻出版总署);《新闻出版总署关于开展第四届"三个一百"原创图书出版工程推荐活动的通知》(2013年3月19日,国家新闻出版总署);《关于开展2013年图书质量专项检查活动的通知》(2013年3月27日,国家新闻出版总署);关于《设立外商投资印刷企业暂行规定》的补充规定(二)(2013年3月28日,国家新闻出版总署);《关于开展2013年全民阅读活动的通知》(2013年4月1日,国家新闻出版总署)。

(十五)知识产权政策

《关于办理侵犯知识产权刑事案件适用法律若干问题的意见》(2011年1月10日,最高人民法院);版权局关于印发《版权工作"十二五"规划》的通知(2011年4月20日,版权局);国务院办公厅关于贯彻落实《国务院关于进一步做好打击侵犯知识产权和制售假冒伪劣商品工作的意见》任务分工的通知(2011年12月28日,国务院办公厅);《国务院关于进一步做好打击侵犯知识产权和制售假冒伪劣商品工作的意见》(2011年11月13日,国务院);《国务院办公厅转发知识产权局等部门关于加强战略性新兴产业知识产权工作若干意见的通知》(2012年4月28日,国务院办公厅);《国务院办公厅关于印发2012年全国打击侵犯知识产权和制售假冒伪劣商品工作要点的通知》(2012年5月15日,国务院办公厅);国务院关于修改《信息网络传播权保护条例》的决定(2013年1月30日,国务院);国务院关于修改《中华人民共和国著作权法实施条例》的决定(2013年1月30日,国务院)。

(十六)文化产业走出去政策

文化部颁布《文化部关于促进文化产品和服务"走出去"2011～2015年总体规

划》(2011年4月,新闻出版总署);《新闻出版业"十二五"时期"走出去"发展规划》(2011年4月20日,新闻出版总署);《关于加快我国新闻出版业走出去的若干意见》(2012年1月9日,新闻出版总署);《商务部等十部委共同制定文化产品和服务出口指导目录》(2012年2月1日,商务部等);《商务部办公厅、中宣部办公厅、文化部办公厅、广电总局办公厅、新闻出版总署办公厅关于请组织申报2011~2012年度国家文化出口重点企业和重点项目的通知》(2012年3月28日,商务部等)。

(十七)文化旅游产业政策

《国务院关于进一步做好旅游等开发建设活动中文物保护工作的意见》(2012年12月19日,国务院);《国务院办公厅关于印发国民旅游休闲纲要(2013~2020年)的通知》(2013年2月2日,国务院办公厅)。

二、"十二五"中国文化产业政策解读

在文化产业政策体系基本框架的基础上,"十二五"时期中国文化产业政策不仅数量增加,在深广度都有了进一步的拓展和提升。"十二五"中国文化产业政策具有以下突出特点:

(一)推动文化产业成为国民经济支柱性产业,建设文化强国

2011年10月十七届六中全会审议通过了《中共中央关于深化文化体制改革推动社会主义文化大发展大繁荣若干重大问题的决定》,提出"培养高度的文化自觉和文化自信,提高全民族文明素质,增强国家文化软实力,弘扬中华文化,努力建设社会主义文化强国",并提出了"大力发展公益性文化事业,保障人民基本文化权益","加快发展文化产业,推动文化产业成为国民经济支柱性产业","进一步深化改革开放,加快构建有利于文化繁荣发展的体制机制"等任务及其具体措施,具有重大的战略意义。之后,《中华人民共和国国民经济和社会发展第十二个五年规划纲要》(简称《"十二五"规划纲要》)颁布,作为2011~2015年我国经济社会发展的指针。《"十二五"规划纲要》指出要"推动文化大发展大繁荣"并"提升基本公共服务水平",以保障公众基本文化权利的实现。

推动文化产业发展成为国民经济支柱性产业,建设文化强国,既是进一步提升文化产业整体实力和竞争力的客观要求,也是全球化时代背景下文化地位和作用日益突出、提高国际竞争力、争取更多的民族话语权的必然要求,更是弘扬和传承民族传统文化、提高民族凝聚力、满足人民日益增长的精神文化需求、促进经济结构转型并进一步挖掘经济增长潜力、坚持科学发展的客观要求。自此,发展文化产业上升到国家意志层面,也必将带动其进入跨越式发展的新阶段。

（二）文化体制改革进一步深化

文化体制改革不彻底依然是阻碍文化产业进一步发展的主要障碍，因此深化文化体制改革仍然是"十二五"时期文化产业发展的重要方面。2012年2月15日，《国家"十二五"时期文化改革发展规划纲要》颁布，提出了"加快构建公共文化服务体系"，"加快发展文化产业"，"加快文化体制机制改革创新"，"加强文化产品创作生产的引导"等主要目标，使文化产业"逐步成长为国民经济支柱性产业"。新闻出版业、演出业等体制改革办法发布，推动着文化体制改革进一步深化。

（三）加大文化遗产保护和监管力度

大力发展文化事业，建立健全公共文化服务体系，并将其纳入到国家级重点专项规划战略中，保障公民基本文化权益的实现，努力使文化发展成果为人民共享。

文化遗产是一个国家、民族的历史记忆，文化是一个国家、民族的精神血脉，是全球化时代形成民族凝聚力的根本因素。文化生态的改变给文化遗产的弘扬、传承带来了严峻挑战。2011年《中华人民共和国非物质文化遗产法》的出台在文化建设立法领域具有重大的历史意义，它标志着非物质文化遗产保护上升到了国家意志，进入了依法保护的新阶段，为规范非物质文化遗产保护、建立非物质文化遗产长效保护机制提供了坚实保障。

"十二五"时期，国务院将组织开展第一次全国可移动文物普查，真正摸清家底，全面掌握和科学评价我国文物资源情况和价值，健全文物登录备案机制和文物保护体系，为可移动文物的保护和利用奠定良好基础。

文化部为保护我国杂技艺术颁布了《中国杂技艺术振兴规划（2011～2015）》，对杂技艺术振兴的主要工作和保障条件等进行了全面指导；《国家非物质文化遗产保护专项资金管理办法》对专项资金的分类和开支范围、申报审批和拨付、管理使用和监督等进行了明确规定，从而确保专项资金真正发挥在非物质文化遗产保护中的效用。与此同时，文化部实施对国家级非物质文化遗产代表性项目的动态管理，加强监督和检查，建立警告、退出机制，对国家级非物质文化遗产代表性项目保护单位进行调整、撤销；非物质文化遗产主要依靠传承人得以世代相传，加强对国家级非物质文化遗产项目代表性传承人的认定和支持。文化遗产是文化产业的重要的文化资金来源，它可以通过产业化的形式将资源存量转化为产业竞争力，但并不是所有的文化遗产都可以产业化，能够产业化的文化遗产也是在保护的基础上进行的商业化运作，文化部颁布了《关于加强非物质文化遗产生产性保护的指导意见》，从而为在传统技艺、传统美术和传统医药药物炮制类等非物质文化遗产领域的生产性保护提供指导。

文化事业是文化经济的重要组成部分,坚持一手抓公益性文化事业,一手抓经营性文化产业,推动文化事业和文化产业协调发展,具有重要意义:第一,能够真正推动和谐社会主义的建设;第二,积极发展文化事业,建立健全公共文化服务体系,是坚持以人为本、推进基本公共服务均等化、满足人民精神文化需求的客观要求;第三,文化事业虽然不以盈利为主要目的,但是它有助于提升社会大众基本文化素养并营造良好的文化消费氛围,为建立扩大文化消费需求长效机制、建设文化强国打下良好基础。推进文化事业发展和公共文化服务体系建设是"十二五"时期文化产业发展的重点。

政府先后制定中央补助地方文化事业专项资金、美术馆扶持计划等政策,通过政府财政补贴和鼓励社会力量投入等措施来促进文化基本设施的建设。

公共图书馆、文化馆、美术馆等公共文化设施是开展公共文化服务点的重要场所,2011年1月,文化部和财务部联合发布《关于推进全国美术馆公共图书馆文化馆(站)免费开放工作的意见》,对这些公共文化机构实施无障碍免费开放进行了总体部署和安排,这是在2008年全国博物馆、纪念馆免费开放政策之后的又一个公共文化服务体系建设的重要政策,必将在一定程度上增强公共文化产品和服务供给。2011年12月30日《公共图书馆服务规范》发布,对图书馆服务资源、服务效能、服务监督与反馈等内容进行了明确规定,这是我国第一个规范公共文化的国家级服务标准,也是我国图书馆规范体系中的首个服务类标准,它填补了当前我国图书馆规范体系中服务类标准规范的空白,为检验公共图书馆服务效能、提升公共图书馆管理水平提供了标准和规范。

2012年5月16日,《国家基本公共服务体系"十二五"规划》出台,这是我国第一部国家基本公共服务总体性规划,也是"十二五"期间国家级重点专项规划之一。2013年1月,文化部先后发布了《文化部"十二五"时期公共文化服务体系建设实施纲要》《全国公共图书馆事业发展"十二五"规划》《全国文化信息资源共享工程"十二五"规划纲要》等规划性文件,为进一步建立健全公共文化服务体系构建了蓝图、指明了方向。2012年国务院办公厅还颁布了《少数民族事业"十二五"规划》,指出要着力发展少数民族文化事业和文化产业,并加强少数民族文化遗产保护和传承工作,以满足少数民族精神文化需求。

信息技术日益渗透到人们生活的各个方面,它在公共文化服务体系的建设中占有基础性、战略性的地位,2011年《关于进一步加强公共数字文化建设的指导意见》的发布为"十二五"时期公共数字文化建设提供了宏观指导,之后的相关政策中都将公共数字文化建设作为重要的组成部分,通过公共数字文化建设,不断消除数字鸿沟,并不断提高公共文化服务体系的传播范围和服务能力。

（四）构建文化创新体系

文化部和科技部等相关部门建立联动机制，加大力度推进文化和科技融合，构建文化创新体系。

文化产业的发展与技术进步密切相关，技术的进步为文化产业的跨越式发展提供了最根本的支撑和原动力，文化产业也通过技术表现自身的存在。新兴文化产业在文化产业发展中的引领和辐射作用越来越强。然而，从全球竞争格局来看，我国文化科技发展相对比较滞后，文化核心技术等多依赖进口、文化和科技融合不足，成为制约文化产业核心竞争力提升的主要障碍。推进科技和文化的融合已经成为当代世界文化发展中的一道靓丽风景。加快科技和文化的融合是提升我国文化创新能力、提高文化产业整体质量的客观要求，也是增强我国文化产业核心竞争力的客观要求，是"十二五"时期文化产业发展的重点和核心。

2011年对于我国而言，是文化与科技融合发展理念全面"落地"的一年。2011年7月13日，科学技术部发布《国家"十二五"科学和技术发展规划》，其中提到加强科技与文化融合，开展文化资源数字加工与数据库建设。同月，文化部和科学技术部建立部际工作会商制度，并携手制定了《国家科技与文化融合联合行动计划（2011～2015年）》。2011年十七届六中全会审议通过的《中共中央关于深化文化体制改革推动社会主义文化大发展大繁荣若干重大问题的决定》明确指出，"科技创新是文化发展的重要引擎。要发挥文化和科技相互促进的作用，深入实施科技带动战略，增强自主创新能力。"这是中央第一次将文化与科技融合战略写进中央全会的决议；2012年《关于深化科技体制改革加快国家创新体系建设的意见》颁布，这两个纲领性文件的颁布为加快推动文化与科技的融合发展理念的贯彻和落实提供了政策保障。

根据国家文化和科技融合的要求，《科技创新知识产权工作"十二五"专项规划》（科技部、中宣部、财政部、文化部、广电总局、新闻出版总署等联合颁布）、《国家文化科技创新工程纲要》和《文化部"十二五"文化科技发展规划》等"顶层设计"重要文件相继发布，对文化和科技融合的主要任务、保障措施等方面进行了全面部署。

除了相关政策的颁布之外，为了整合管理资源，科技部、中宣部、发改委、教育部、工业和信息化部、财政部、文化部、广电总局、新闻出版总署、国家文物局、中国科学院、中国工程院等相关部门组成国家文化科技创新工程部际联席会议机制；文化部、科技部等五部门还联合开展国家级文化和科技融合示范基地认定；启动"十二五"国家科技支撑计划"文化资源数字化关键技术及应用示范"、"文化演出网络化协同服务及应用示范"等项目。各地方政府也相继颁布了一系列的政策来推动文化和科技融合。然而，如何通过联动机制真正发挥部门合力，如何真正发挥企业在文化创新体系构建中的主体作用以及如何准确定位文化和科技之间的关系等仍是需要进一步研究的问题。

知识链接

首批国家级文化和科技融合示范基地入选企业名单（排名不分先后）

保利文化集团股份有限公司、杭州宋城旅游发展股份有限公司、北京演艺集团有限责任公司、本山传媒有限公司、中国对外文化集团公司、江苏演艺集团有限公司、上海东方传媒集团有限公司、江苏广播电视集团有限公司、中国国际电视总公司、中国电影集团公司、江苏广电有线信息网络股份有限公司、湖南电广传媒股份有限公司、广东省广播电视网络股份有限公司、江苏凤凰出版传媒集团有限公司、江西省出版集团公司、浙江出版联合集团有限公司、中国教育出版传媒集团有限公司、安徽出版集团有限责任公司、中南出版传媒集团股份有限公司、山东出版集团有限公司、安徽新华发行（集团）控股有限公司、中国出版集团公司、四川新华发行集团有限公司、西安曲江文化产业投资（集团）有限公司、上海盛大网络发展有限公司、完美世界（北京）网络技术有限公司、深圳华侨城股份有限公司、上海东方明珠（集团）股份有限公司、上海征途信息技术有限公司、深圳华强文化科技集团股份有限公司。

（五）文化市场政策更加细化、全面化

"十二五"时期我国文化市场政策的变化主要体现在以下几个方面：

第一，加大对文化市场的规范和执法力度。

2011年11月，文化部颁布《文化市场综合行政执法管理办法》，这是我国第一部专门针对文化市场综合行政执法工作进行管理和规范的部门规章。办法首次以部门规章形式对综合执法机构的委托执法模式予以确认，解决了委托执法模式的合法性问题，系统地对文化市场综合行政执法的定义，文化市场综合行政执法机构的职责和执法人员的条件、执法工作应遵守的程序、执法监督的内容和方式、应当追究责任的情形及责任追究形式做出明确规定，更加细化，可操作性更强。加强对文化交易场所的清理和整顿；印发《文化市场举报办理规范》对文化市场举报的基础保障、工作程序和法律责任等方面进行了规定，并将进一步加强12318文化市场举报监督体系建设，从而保障公民、法人和其他组织依法行使举报权利，规范文化市场举报办理工作，发挥公民、法人和其他组织在文化市场完善过程中的重要作用。颁布《文化市场交叉检查与暗访抽查规范》《文化市场重大案件管理办法》《文化市场突发事件应急管理办法（试行）》及《文化市场突发事件应急预案（试行）》，进一步完善了文化市场相关管理政策。

第二,进一步完善文化统计工作,发挥其在文化领域宏观调控中的基础性作用,并逐步强化文化行政部门的信息服务功能。

文化统计是开展文化领域宏观调控和行业管理的基础。目前我国文化统计工作存在的问题主要体现在以下三个方面:一是统计数据质量还不高。文化统计的范围还不全,质量还不能令人信服,文化统计数据的权威性还没有充分建立起来。二是统计工作还不规范。重复统计、盲目统计的现象时有发生,不但增加了基层负担,还造成了"数出多门",严重影响了部门形象。三是统计力量还很薄弱。部分文化部门和单位没有统计人员,大多数统计人员专业知识比较匮乏且变动频繁。①

2012年7月11日,文化部以部令的形式发布了《文化统计管理办法》,将文化统计工作法制化规范化;文化部《关于编发文化市场年度报告加强信息服务工作的通知》要求各省级文化市场管理部门因地制宜,编撰本地区文化市场门类的年度报告,逐步建立条块结合、开放共享的文化市场信息服务体系,为社会提供准确、系统、权威的文化统计数据,推动文化行政部门职能的转变,不断强化其市场监管、信息服务的功能。

第三,骨干文化企业和中小文化企业"两手都要抓,两手都要硬",逐步构建良性的文化产业生态,并不断强化文化企业在产业创新中的主体地位。

根据《"十二五"规划纲要》中"培育骨干企业,扶持中小企业"的要求,为了提高文化产业的生产活力和市场竞争力,《文化部"十二五"时期文化产业倍增计划》在培育壮大市场主体方面,提出了骨干文化企业和中小文化企业"两手都要抓,两手都要硬"的具体措施。对此,清华大学国家文化产业研究中心主任熊澄宇教授认为,"文化产业的发展需要有一个良性的生态,这样一个生态不能光靠文化航母,还必须要有大大小小的舢板才能构成良性的文化产业生态"。② 中小文化企业是不可或缺的文化市场主体,它在提高文化市场活力方面发挥着重要作用,是文化创新、科技和文化融合的主要力量,然而其也存在着融资难、规模小、市场应对能力较差、可持续发展能力不足等问题,需要政府进行扶持,从而为中小文化企业的发展、壮大及其作用的发挥创造良好的条件,不断推动良性的文化产业生态的形成。

现代管理学之父德鲁克所言,企业只有两项基本职能,那就是创新和营销。创新是企业生存、发展、壮大的动力,创新是企业生存和发展的灵魂。③ 国务院办公厅《关于强化企业技术创新主体地位全面提升企业创新能力的意见》旨在不断强化

---

① 解读《文化统计管理办法》[EB/OL]. http://www.cngaosu.com/a/2012/0906/365718.html.
② 《文化部"十二五"时期文化产业倍增计划》解读[EB/OL]. http://www.gov.cn/gzdt/2012/03/09/content_2087991.htm.
③ 华青. 创新是企业生存和发展的灵魂[EB/OL]. 中国财经报网,2012-04-24.

文化企业在产业创新中的主体地位、全面提升企业的创新能力,从而为提升文化产业的整体质量和市场竞争力打下良好基础。

第五,文化市场进入和退出制度不断完善,文化产业政策逐渐向普惠性政策方向发展。

中国需要制定普惠性的文化产业政策。逐步地从直接的、定向性的产业扶持政策、优惠政策,向普惠性而非定向性的文化产业政策转变。胡惠林先生在《我国文化产业政策文献研究综述》这本书的序言中提出了这样一种观点。笔者认为"普惠性"不仅仅是针对文化产业的所有行业而言,对不同性质的资本形式也要一视同仁。

"十二五"时期文化领域将首次全面向民间资本开放,并秉承国有文化单位和民营文化单位一视同仁的理念,为进一步发挥民间资本的作用创造条件。

近年来,民营文化企业虽然在促进就业、推动当地经济发展、活跃文化产业活力和提高文化产业竞争力和影响力等方面取得了较大成果。但由于长期以来我国文化建设以国家投入为主,民间资本进入文化领域的时间短、规模小,总体上依然存在着诸多影响民间资本进入文化领域的问题,如相关政策还不健全,民间资本进入部分文化领域得不到政策支持;许多环节还存在着若干不合理的限制,民营资本难以和国有资本平等地使用生产要素;地区发展不平衡,部分地区对民间资本进入文化领域依然存在"玻璃门"和"弹簧门";政府公共服务水平还不能完全满足民间资本要求等,这些都有待进一步完善。① 2012 年 6 月 28 日,《文化部关于鼓励和引导民间资本进入文化领域的实施意见》出台,首次明确将文化部管理的文化领域全面向民间资本开放。《实施意见》明确提出,鼓励民间资本积极参与国有文艺院团转企改制、公共文化服务体系建设、文化产业发展、投入非物质文化遗产传承保护、参与对外文化交流和文化贸易等。并且,进一步强调对国有文化单位和民营文化单位一视同仁的要求,对于民间资本进入的方式、方向和扶持政策等也做出了明确指引,为进一步发挥民间资本在活跃文化产业活力、提高文化产业竞争力、满足社会大众精神文化需求等方面的作用。

与此同时,新闻出版总署发布《新闻出版总署关于支持民间资本参与出版经营活动的实施细则》,除了继续支持民间资本投资设立印刷复制企业,从事出版物、包装装潢印刷品及其他印刷品、可录类光盘生产和只读类光盘印刷复制经营活动;继续支持民间资本投资设立出版物总发、批发、零售、连锁经营企业,从事图书、报纸、期刊、音像制品、电子出版物等出版产品发行经营活动;继续支持民间资本投资设立网络出版包括网络游戏出版、手机出版、电子书出版和内容软件开发等数字出版

---

① 解读《鼓励和引导民间资本进入文化领域的实施意见》[EB/OL]. http://www.ce.cn/culture/gd/201207/16/t20120716_23495310.shtml.

企业,从事数字出版经营活动,《实施细则》还明确指出,支持民间资本在党报党刊出版单位实行采编与经营"两分开"后,在报刊出版单位国有资本控股51%以上的前提下,投资参股报刊出版单位的发行、广告等业务,提高市场占有率;支持民间资本投资设立的文化企业,以选题策划、内容提供、项目合作、作为国有出版企业一个部门等方式,参与科技、财经、教辅、音乐艺术、少儿读物等专业图书出版经营活动;支持民间资本通过国有出版传媒上市企业在证券市场融资参与出版经营活动;支持民间资本参与"走出去"出版经营,从事图书、报纸、期刊、音像制品、电子出版物等出版产品的出口业务,到境外建社建站、办报办刊、开厂开店等出版发行业务;支持民间资本投资成立版权代理等中介机构,开展版权贸易业务;支持民间资本投资设立的文化企业通过所在地区新闻出版行政管理部门申报新闻出版改革和发展项目,申请国家文化产业发展专项资金;支持民间资本参与出版产业园区和产业基地建设,在项目安排、资金支持、税收优惠等方面予以国有资本同等待遇。《实施细则》为民间资本从事出版经营活动提供了良好环境和制度保障。

文化产品作为精神生产和物质生产相结合的产物,不仅要注重经济效益,更要注重社会效益的发挥,为社会大众文化素养的提升、青少年的健康成长提供保障和支持。《"十二五"规划纲要》也明确指出要保护青少年身心健康,为青少年营造健康成长的空间。加强青少年文化活动场所建设,创造出更多青少年喜闻乐见、益智益德的文化作品。因此,"十二五"时期将不断规范市场退出机制,加强对广播影视产业、出版产业、动漫产业等文化产业领域的管理,加强对企业的认定,并对不合要求的企业实行整改、撤销等措施,从而使文化企业增强社会责任感,保证文化产品和文化服务的质量。

第六,积极构建文化产业诚信体系。

文化产业是以精神内容生产和提供为核心的产业形式,知识产权是文化产业发展的前提,是构建健全、完善的文化产业利益模式的基础。但是盗版问题严峻、侵权层出不穷而维权困难已经成为制约文化产业整体质量提升的最主要障碍。市场经济是信用经济,构建完善的诚信体系也是实现文化产业知识产权保护不可缺少的道德保障。一方面,它能够使文化企业增强自律意识,自觉遵纪守法,自觉尊重他人创造和劳动成果,维护诚信、健康、公平、有序的市场环境;另一方面,它能够使文化企业提高社会责任感和文化责任感,为社会大众提供更多健康向上的文化产品和文化服务。"十二五"期间,我国将全面推进社会信用体系建设,文化产业也要积极推进文化产业诚信体系的构建,为文化产业的健康发展以及整体质量的不断提升保驾护航。

(六)动漫产业依然是"十二五"时期政策支持的重点领域

指导性文件《"十二五"时期国家动漫产业发展规划》颁布,围绕着推动我国由动漫大国向动漫强国的跨越式发展这一主题,规划从引导原创动漫创作生产、完善动漫产业链条、优化动漫产业布局结构、推进动漫技术创新、实施骨干企业和重大项目带动战略、强化人才支撑、推动动漫产业"走出去"等七方面不仅制定了目标任务,还提出了相关的具体的政策措施,为动漫产业今后一段时期的发展提供了指导。

为促进我国动漫产业健康快速发展,对于动漫产业的政策支持,首先是税收优惠政策,先后颁布《动漫企业进口动漫开发生产用品免征进口税收的暂行规定》《文化部关于动漫企业认定工作有关事项的通知》《关于扶持动漫产业发展增值税、营业税政策的通知》《海关总署关于执行动漫企业进口动漫开发生产用品税收优惠政策有关问题的通知》等对动漫企业享受的税收优惠进行了明确规定,鼓励企业进行自主创新、版权授权及动漫产品出口;第二,通过设立国家动漫精品工程、少儿精品发展专项资金及国产动画发展专项资金、"原动力"中国原创动漫出版扶持项目等方式进行资金扶持。并于2013年举行中国文化艺术政府奖首届动漫奖评选活动,对优秀的动漫产品和机构进行政策和资金方面的奖励和扶持;第三,继续推荐国产优秀动画片,为繁荣动画市场的创作生产、播出等提供良好条件;第四,继续开展动漫市场专项整治行动,规范动漫市场秩序,优化动漫市场环境;2012年首次建立国家动漫品牌建设和保护计划,旨在培育一批具有一定的市场影响力的民族原创动漫品牌,保护动漫知识产权,推动动漫产业的进一步繁荣。

(七)广播影视产业管理更加细化

1. 进一步强化广播影视制作管理

广播影视产业是传统文化产业行业,近年来发展速度不断加快,在人们生活中占据着重要地位,但是质量低下、内容低俗等现象屡屡出现,甚至出现节目造假、丑闻劣迹者在视听节目中发声出镜,造成了极为恶劣的社会影响。广电总局先后发布《广电总局办公厅关于严格控制电影、电视剧中吸烟镜头的通知》《广电总局办公厅关于进一步加强电视剧文字质量管理的通知》《关于对石家庄市广播电视台违规问题的通报》《关于进一步加强广播电视广告播出管理的通知》《〈广播电视广告播出管理办法〉的补充规定》《广电总局停播〈棒棒棒〉严禁丑闻劣迹者发声出镜》等文件,进一步规范影视剧中吸烟镜头、电视剧文字质量、广播电视广告等方面的管理,促使广播影视业树立社会责任感,制作形式多样、积极向上的影视节目,充分发挥其在青少年健康成长、社会大众文化素养提升等方面的作用。广电总局还下发《关于实行电视纪录片题材公告制度的通知》,从2013年起实行实行中央、省(自治区、直辖市)两级汇总、国家广电总局统一公告制度,要求各广播影视局、电视台、电视制作公司在制作电视纪录片前,需先通过广电总局的报送公告程序后才可拍摄,并在电视上播出,从而尽可能减少题材雷同、资源浪费等问题,推动创新和电视纪录片题材的不断丰富、优秀人才的不断涌现。颁布《广电总局关于印发广播电视节目技术质量奖励办法的通知》《国家广播电影电视总局科技创新奖励办法》等进一步鼓励科技创新、科技与广播电视产业大的融合,从而推动广播电视产业的提升。

2. 进一步规范行业标准

广电总局颁布《广播电视卫星地球站设计规范》《广播电视 SDH 数字微波工程安装及验收规范》《科技司关于严格管理地面数字电视广播中采用条件接收系统设备的通知》《广播电视监测台场地技术要求》等行业标准,为广播电视产业的发展提供了统一的行业要求和指导。

3. 加强对有线广播电视、数字电视管理

《有线广播电视运营服务管理暂行规定》对有线广播电视运营服务相关内容进行了规范,《有线数字电视基本收视维护定价成本监审办法(试行)》为提高政府制定有线数字电视基本收视维护费的科学性,对基本收视维护定价成本构成、基本收视维护定价成本核算等进行了明确规定。

4. 加强对境外影视剧引进和管理、加强对海峡两岸电影合作管理

《国家广电总局电影管理局关于加强海峡两岸电影合作管理的现行办法》对引进中国台湾影片、中国大陆与中国台湾合作摄制电影、中国大陆与中国台湾投资改建影院等方面进行了规定;《广电总局关于进一步加强和改进境外影视剧引进和播出管理的通知》指出要加强对境外影视剧引进立项和审批管理以及引进剧续约后再次发行的审批管理,同时要加强引进剧播出管理:播出境外影视剧时要在片头标明发行许可证编号;境外影视剧不得在黄金时段(19:00~22:00)播出。各电视频道每天播出的境外影视剧,不得超过该频道当天影视剧总播出时间的 25%。

(八)演艺娱乐产业政策进一步完善

近年来演出经纪发展迅速,据统计,截至 2011 年,全国共有演出经纪机构 2 600 多家,专职演出经纪人员 23 342 人,中介机构和经纪活动成为促进演出市场繁荣发展的重要因素。①

2012 年文化部颁布《演出经纪人员管理办法》,《演出经纪人员管理办法》在《营业性演出管理条例》和《营业性演出管理条例实施细则》的基础上,遵从演出经纪行业的规律,建立了演出经纪人员的资格认定制度、从业规范并且加强对中国演出行业协会的监督管理,从而进一步完善了演出经纪行业的政策。

---

① 文化部印发《演出经纪人员管理办法》,促进演出市场健康发展[EB/OL]. http://www.ccnt.gov.cn/xxfbnew2011/xwzx/lmsj/201212/t20121213_269038.html.

为了加强对娱乐场所经营活动的管理,2013年2月4日,文化部颁布《娱乐场所管理办法》,对娱乐场所的设立地点、设立条件、歌舞娱乐场所经营、演艺娱乐场所经营等方面进行了明确规定,并且规定文化主管部门行政指导制度、进一步转变政府职能强化公共服务效率,建立娱乐场所文化产品内容审查制度、听证制度以及日常管理规范,为进一步规范对娱乐场所的管理提供了法律保障。

(九)进一步加强网络文化产业管理

互联网技术日渐渗透到社会的各个方面,成为人们获取信息、娱乐、生活等的重要渠道,并且推动着文化产业的跨越式发展,但是它也带来了一系列的问题,如信息安全受到威胁、低俗内容的传播等,因此,需要进一步加强对网络文化产业的管理,2011年新发布的《互联网文化管理暂行规定》由27条内容扩充至34条内容,增加了对网游行业管理的新规定,并且新规定对个别违规行为的处罚金额做出一定的调整中,将互联网文化活动的监督管理工作,明确下放到县级以上人民政府文化行政部门负责。《关于启动网络游戏防沉迷实名验证工作的通知》要求积极推动网络游戏防沉迷实名验证;《国务院关于大力推进信息化发展和切实保障信息安全的若干意见》《全国人民代表大会常务委员会关于加强网络信息保护的决定》等文件先后发布,为加强网络信息保护提供了相关保障。

然而,网络文化产业的健康、可持续发展除了需要国家相关政策的规范外,还需要网络企业提高自律意识,从而保障政策的全面落实并推动产业的良性发展。2012年7月13日中国网络视听节目服务协会理事会通过《中国网络视听节目服务自律公约》,规定网络视听节目服务企业要坚守社会责任、加强技术创新和协作交流、采取版权保护措施、行业共享互助机制等方面进行了规定,进一步完善了行业自律内容,有利于相关企业通过各方面机制的建设来推动产业的可持续发展。

(十)进一步完善新闻出版产业政策体系,为打造新闻出版强国提供保障

《新闻出版业"十二五"时期发展规划》为"十二五"时期我国新闻出版业的发展奠定了基调,提供了方向指导。《国家"十二五"少数民族语言文字出版规划》、"经典中国国际出版工程"资助项目、"三个一百"原创图书出版工程、"中国民族网络游戏出版工程"项目等进一步提出了"十二五"时期新闻出版的重点;同时也要求新闻出版单位积极举行文化惠民活动、开展全民阅读活动促进社会良好文化氛围的营造。

为了进一步推进新闻出版产业转制改革步伐,2011年3月国家新闻出版总署发布《关于进一步加强出版单位总编辑工作的意见》,规定转制后的出版单位都必

须要设立总编辑岗位,并对总编辑的设立条件和岗位职责进行了明确规定,更好地把握出版物内容质量关;《关于加快出版传媒集团改革发展的指导意见》提出通过深化出版传媒集团体制改革、推进战略性改组、积极应用高新技术等途径加快出版传媒集团改革步伐;《关于报刊编辑部体制改革的实施办法》对不同类型单位下的报刊编辑部体制改革提出了相应的具体实施办法;《2013年新闻出版改革发展工作要点》对2013年新闻出版改革的要点工作进行了部署,主要涉及转变政府职能、进行报刊编辑部体制改革、支持出版传媒企业走向资本市场、推动出版企业建立现代企业制度、提高新闻出版公共服务水平等十二个方面,为切实推动新闻出版改革进行了指导。

进一步规范新闻出版产业的出版发行管理。适应社会发展新形势,对《音像制品管理条例》《出版管理条例》进行了修改,2011年3月,国家新闻出版总署和商务部联合颁布《出版物市场管理规定》,对出版物发行单位设立、出版物发行活动管理等方面(包括外商投资、中国港澳台投资)进行了详细规定;《订户订购进口出版物管理办法》加强对进口出版物的管理;《音像制品进口管理办法》加强对进口音像制品的审查和管理;《新闻出版总署关于进一步加强中小学教辅材料出版发行管理的通知》从中小学教辅材料的出版、印刷复制和质量管理、价格等方面明确了规范管理要求;《关于实施"十二五"时期(2011~2015年)国家重点图书、音像、电子出版物出版规划的通知》(2011年4月13日,新闻出版总署);为了适应科技发展带来的音像载体的更新和变化、规范录音制品及音乐录像制品的出版、传播,国家新闻出版总署下发《〈中国标准录音制品编码〉国家标准实施办法》,规定新版中国标准音像制品编码仅在录音节目和音乐录像节目(如演唱会、MV、卡拉OK等)上使用,变制品登记为单曲登记,电影、电视剧等录像节目不再使用ISRC编码,只使用音像制品和电子出版物专用书号(ISBN),并颁布《音像电子出版物专用书号管理办法》以便于进一步规范《中国标准录音制品编码》国家标准实施后对音像制品和电子出版物的管理。《数字印刷管理办法》对企业设立、经营管理和法律责任等进行了明确规定,从而为规范数字印刷的健康发展提供指导;《关于严厉禁止报刊摊派发行的通知》严禁摊派发行;关于《设立外商投资印刷企业暂行规定》的补充规定(二)对中国香港、中国澳门服务提供者投资印刷企业进行了相关规范。

(十一)进一步推动文化"走出去"

推动文化"走出去"是提升我国文化产业影响力、建设文化强国的重要组成部分。党的十七届六中全会提出"创新文化走出去模式,推动中华文化走向世界"这一具体目标。文化部《文化部关于促进文化产品和服务"走出去"2011~2015年总体规划》、新闻出版总署《新闻出版业"十二五"时期"走出去"发展规划》、《关于加快我国新闻出版业走出去的若干意见》、商务部等十部委《商务部等十部委共同制定文化产品和服务出口指导目录》等政策文件的颁布为加速文化"走出去"提供了政策保障和支持。新闻出版总署颁布的《关于加快我国新闻出版业走出去的若干意见》,首次从国家层面对新闻出版业走出去进行全方位布局,也是我国出台的首个新闻出版业走出去专门文件。

第四节　国际文化产品贸易与中国文化产品出口政策

从发达国家的贸易结构变化来看,美国近年来包括影视、音像制品、图书出版在内的视听文化产品出口规模已经超过航天工业出口规模,跃居出口贸易首位,好莱坞大片更是长期占据世界电影市场一半以上份额;而韩国的文化产品出口贸易额早在2004年就已与其汽车的出口额相当;日本动漫及相关产品出口也已经突破100亿美元,日本漫画早已成为日本的一个重要文化品牌,并占领世界绝大部分动漫市场。

可见,文化产品贸易正在成为国际贸易格局中的新贵,对于拉动国民经济增长,改善国际收支等经济目标以及传播各国文化,促进国际文化交流等方面发挥着越来越重要的作用。

一、国外文化产品出口政策

（一）美国

美国文化产业出口以其强大的经济基础和科技实力为后盾,佐以政府的大力扶持、市场的自律以及企业的积极创新等,从而取得了国际上的绝对强势地位。

美国政府不设文化部,不对文化事务进行直接的行政管理,而是通过立法、税收以及相关政策的制定来规范和完善文化产业的发展,积极促进文化产品出口。例如,美国早在1918年就通过了《韦布－波密伦出口贸易法》,该法允许美国国内公司在开发国际市场过程中进行联合,在价格以及国外市场份额的划分上共同协调。这种合作无疑为好莱坞的电影公司进军国际市场起到了积极推动作用。在税收政策上,美国联邦政府对出版物不征收商品销售税,对出口图书还免征增值税和营业税(先征后退)。

二战以后,随着西方各国抵制美文化产品出口,美国开始更多地利用国际政治舞台和国际贸易规则为其文化出口保驾护航。例如,美国曾经成功地运用WTO

仲裁机制打破了加拿大维护本国期刊市场的贸易保护壁垒,也曾多次试图在WTO的谈判中将自由贸易的范围扩大到包括电影电视节目在内的娱乐服务领域。另外,国际知识产权保护的主要法规如《与贸易有关的知识产权协议》《世界知识产权组织版权条约》等也是在以美国为首的西方国家坚持下纳入国际法体系的。将知识产权的国际性保护与贸易直接挂钩,明显更有利于版权产业高度发展的美国。[①]

(二) 日本

在20世纪90年代,日本经济整体陷入低迷的背景下,日本确立了21世纪文化立国的新方略,希望通过发展文化产业培育新的经济增长点,促使其经济再度腾飞。由于意识到国内市场容量有限,日本政府从一开始就十分重视海外市场的开拓。早在1995年,日本在《新文化立国:关于振兴文化的几个重要策略》中就提出应将动漫产品作为日本文化对外输出的重要载体加以扶持。为此,政府专门拨款1 000亿日元(约合80亿元人民币)用作动漫产业的数字化、信息化建设和人才培训,力度非常大。

日本主管文化产业发展和促进文化产品出口的政府部门是经济产业省和文部省,前者主要是从经济和对外贸易的角度负责文化相关政策的研究和制订,后者主要是负责文化产业的管理。为使文化立国战略落到实处,由经济产业省牵头组织调研提出政策建议,包括文部省在内的其他政府部门一起配合实施。

(三) 韩国

由于文化产业初期投入费用大、风险高,因此要使文化产业市场顺利启动,离不开国家的大力扶持和公共资金的投入。韩国能在短时间内实现跨越式的发展,正是因为政府发挥了积极的主导作用,强化政府管理,完善组织管理机制和相关法律法规,培育和规范市场,帮助企业做大做强。

韩国负责文化产业管理的政府主要部门是文化观光部,管理范围涉及文化产业的各个层面。2000年,政府成立了以该部最高长官为委员长的"文化产业振兴委员会",成员由其他相关政府部门官员组成,其职能是制定国家文化产业政策、发展规划和具体方案,并负责监督实施,同时开展文化产业调查研究及其他相关工作。2001年又成立了"文化产业振兴院",其主要任务是在政策、资金、信息、技术、销售、人才等各方面为文化产业提供全方位的综合支持,同时侧重推动重点产业的发展。此外,文化观光部还与其他部门合作建立了一些文化产业的行业中心和协会,旨在形成合力推进文化产业的发展。为了保护知识产权、打击非法复制等违法

---

① 孙中有.美国文化产业[M].北京:外语教学与研究出版社,2007.

活动,韩国政府进一步规范了《著作权法》,修改内容达 70% 左右。另外还制定了《文化产业振兴基本法》《设立文化地区特别法》等综合性法规,为文化产业的健康发展提供有效的法制保障。

我国的文化贸易起步较晚,从 20 世纪 80 年代中期才开始小规模进入国际市场,但真正意义上文化产品出口是 90 年代中后期,伴随着商业电影的崛起和国外文化产品加工贸易的兴起逐渐发展起来的。经过几年的经验积累,在加入 WTO 之后,我国的文化产品出口逐步走上了快车道,成为对外贸易增长较快的部门之一。

二、当前我国文化产品出口的主要特点

近年来,我国文化贸易出口一直呈上升趋势。据海关统计,2012 年中国文化产品出口金额达 217.3 亿美元,较上年(下同)增长 16.3%,呈现出以下特点:

1. 2012 年 12 月份当月出口值环比止跌回升

2012 年,我国文化产品月度出口值总体呈现冲高回落态势,9 月份创下 25.9 亿美元的历史新高后,10 月、11 月出口值环比持续下滑,到 12 月份出现反弹,当月出口 21.2 亿美元,同比增长 35.4%,环比增长 27.5%。

2. 一般贸易主导出口,加工贸易大幅下降

2012 年,我国以一般贸易方式出口文化产品 149.8 亿美元,增长 48.3%,占同期我国文化产品出口总值的 68.9%。同期,以加工贸易方式出口 48.9 亿美元,下降 31.4%,占 22.5%。

3. 欧盟和美国为主要出口市场,对拉丁美洲、东盟和非洲等新兴市场出口增长较快

2012 年,我国对美国出口文化产品 61.5 亿美元,下降 3.8%;对欧盟出口 51.7 亿美元,增长 1.6%,上述两者合计占同期我国文化产品出口总值的 52.1%。同期,对拉丁美洲出口 17.2 亿美元,增长 72.2%,占 7.9%;对东盟出口 15.4 亿美元,增长 1.2 倍,占 7.1%;对非洲出口 13.6 亿美元,增长 1.2 倍,占 6.3%。

4. 私营企业为出口主体,外商投资企业和国有企业明显下降

2012 年,我国私营企业出口文化产品 135.2 亿美元,增长 59.8%,占同期我国文化产品出口总值的 62.2%。同期,外商投资企业出口 68.3 亿美元,下降 19.8%,占 31.4%;国有企业出口 10 亿美元,下降 19.7%,占 4.6%。

5. 广东、浙江和福建出口位列三甲,重庆和江苏出口增长迅猛

2012 年,广东出口文化产品 59.3 亿美元,下降 19.3%;浙江出口 23.6 亿美元,增长 24.3%;福建出口 20.1 亿美元,下降 0.9%;三地合计占同期我国文化产品出口总值的 47.4%。同期,重庆出口 17.1 亿美元,增长 2.8 倍;江苏出口 14.1

亿美元,增长 1.9 倍。

6. 视觉艺术品为主要出口产品

2012 年,我国出口视觉艺术品 142.1 亿美元,增长 52.5%,占同期我国文化产品出口总值的 65.4%。同期,出口印刷品 28.5 亿美元,增长 7.1%;出口视听媒介产品 28.4 亿美元,下降 44.2%。此外,出口乐器 14.9 亿美元,增长 6.6%。

三、我国文化产品出口政策分析

为了推动文化贸易的发展,我国政府已经出台了一系列推动文化贸易的政策措施,如 2006 年为进一步贯彻落实中共中央办公厅、国务院办公厅《关于进一步加强和改进文化产品和服务出口工作的意见》(中办发〔2005〕20 号)文件精神,鼓励和支持文化企业参与国际竞争,推动我国文化产品和服务更多地进入国际市场,出台《关于鼓励和支持文化产品和服务出口的若干政策》,该政策从各个方面为文化产品出口提供了方便。

2012 年,我国文化产业扶植政策密集出台。2 月份,文化部正式发布《"十二五"期间文化产业倍增计划》,明确提出要"力争实现'十二五'期间文化部门管理的文化产业增加值年平均现价增长速度高于 20%,2015 年比 2010 年至少翻一番"。

此后,《"十二五"时期文化改革发展规划纲要》正式出台,根据这份政策文件,中国将积极发展和壮大出版发行、影视制作、广告、印刷、娱乐、演艺、会展等传统文化产业,加快发展文化创意、移动多媒体、数字出版、动漫游戏等新兴文化产业,在国家许可范围内,引导社会资本以多种形式投资文化产业,逐步形成以公有制为主体、多种所有制共同发展的文化产业格局。

此外,中国还将从财政、税收、金融、用地等方面加大对文化产业发展的政策扶持力度。

最近五年,中国文化产业保持了年均 23% 的增长速度,中国计划在"十二五"(2011~2015 年)时期,推动文化产业成为国民经济的支柱性产业。

商务部会同中宣部、文化部、海关总署等部门共同制定了新版《文化产品和服务出口指导目录》,引导并推动对外文化贸易的有序发展。

以上一系列政策法规的制定实施,一定程度上促进了中国文化产品出口的发展,但是仍存在财政支持政策范围偏窄、手段不灵活、金融信贷政策盲点多、各项政策之间的衔接和配套需进一步完善等问题,需要用法律的手段将政府为文化企业提供的服务和扶持固定化,营造一个良好的法制的环境。市场经济某种程度上就是法制经济,必须为文化企业开展对外贸易创建良好的政策法律环境。政府要把握对外文化贸易的国际法律规则情形,建立统一、权威、协调的专门促进文化产品和服务"走出去"的管理机制,加强文化产品和服务"走出去"的制度建设、法律建设和政策导向性建设,维护对外文化贸易相关主体的合法权益。

四、政府促进文化产品出口的政策建议

中国社会经济仍处于向市场经济的转轨时期,相对于国际上成熟强大的文化贸易竞争对手,中国本土的文化企业还相对比较弱小。因此,中国的对外文化贸易发展背景与发达国家存在较大差异,在学习国外先进经验和成功案例的同时,我们还必须根据本国国情,充分发挥政府在文化市场上的引导、扶持和推动作用,政府的主要职责是制定文化产业政策和法规,引导文化产业结构调整,优化产业资源配置,提高集约化经营水平,运用高新技术提高我国文化产品的技术水平,为企业提供公共服务和资金扶持,建立对外文化贸易的统计指标和信息研究系统,不断增强我国文化产业的整体实力和竞争力,帮助企业打造国际知名度,为其进入国际文化市场创造有利条件。

(一)完善和落实文化产品出口的配套政策,营造良好的法制和政策环境

政府要运用多种经济手段支持文化产品出口。在财税政策上,进一步提高部分出口商品的退税率,用贴息方式支持文化企业特别是出口高新技术产品的中小企业扩大出口和开拓国际市场。在金融服务和鼓励政策上,优先安排、重点支持文化企业出口所需流动资金贷款,并对实力强、效益好的出口企业经过评级给予一定的出口信贷的授信额度。进一步改进外贸管理体制,进一步简化文化产品出口环节的管理手续,加快出口商品的通关速度等。政府在资金和税收方面的优惠政策是我国文化企业最热切盼望的。例如,目前我国对文化企业的税收优惠政策是免税 3 年,但往往一个优秀的节目的制作周期就要超过 3 年。国家应该加大对文化企业的政策扶持力度,给予更多的税收优惠,将相关配套政策进一步完善和落实到实处。

(二)注重品牌效应,扶持和资助优秀文化企业走出去

发达国家占领国际文化贸易市场的成功经验之一就是走产业化、集团化、规模经营的道路,从 20 世纪 90 年代初开始,国际文化贸易的主导地位显然不是属于某一个国家的政府,而是属于跨国公司。时代华纳、新闻集团、维亚康姆集团、迪斯尼集团、贝塔斯曼集团等大型跨国集团在电影、电视、报业、音像、图书出版业都已形成了全球性的垄断。这些跨国公司按照自己的运营规则来开发国际文化资源,逐步将其文化产品的内容标准树立为国际性的文化企业标准,后来者和弱小者为了在国际文化市场中占有一席之地,不得不遵循这些大型集团公司所制定的国际化

标准来包装自己的文化资源和文化内容,受到了很多的限制。

当前中国文化贸易首先要选择四大战略,即培育名牌企业、打造名牌产品、创建名牌工程、发挥名人效应,以此把中国文化的国际形象树立起来。要使我国的文化产业与国际文化产业相抗衡,必须形成面向世界市场的大型文化产业集团。由于政府的资源和力量是有限的,所以在发展对外文化贸易的初级阶段,必须集中优势力量,选择行业龙头和优势企业予以重点扶持,组建有规模、有潜力的文化企业集团,提供个性化政策和服务,帮助其做强做大,成为我国文化产品走出去战略发展的中坚力量,在出版、演出、影视、娱乐、图书等方面积极培育新的增长点,形成优势品牌,提升我国文化产品在国际上的影响力和知名度。

(三) 大力扶持文化产业的"软件"方面的出口

如前所述,中国出口的文化商品以游戏、文教娱乐和体育设备及器材等"硬件"为主,虽然在文化硬件领域是世界第二大出口国,但文化"软件"的出口,还是中国的一个薄弱环节。"文化软件"强调的是文化内容和文化服务的创意性和对知识产权的保护,它所带来的高附加值能够增强文化产业的国际竞争力和国家的综合国力。随着各国文化贸易发展的趋势由硬件贸易转向软件贸易,以创意为核心的文化产业的发展正成为增强各国文化贸易竞争力的关键所在。

英国政府在1998年正式推出创意产业这一新概念,指出创意产业是那些发源于个人创造力、技能和天分,能够通过应用知识产权创造财富和就业机会的产业。从它的范围来看,"创意产业"不能等同于我国所指的"文化产业",但是值得我们借鉴之处在于,英国政府成功地利用文化内容和文化服务的创意性,为促进英国经济的繁荣做出了巨大的贡献。支持优秀文化艺术的产业化发展是英国创意产业政策的要点之一。个人和企业的能力、资本、技术等条件有限,如果没有政府部门适当的扶持,优秀艺术品的艺术价值是很难转化为市场价值的。一个好的"创意"不仅可以赋予优秀艺术产品新的生命力,还可以繁荣市场、促进经济发展。我国政府应当积极培育和发展富有创意的文化产品发展,例如影视、演艺、动漫等,这类文化产业一开始就需要大量的投入和人才,一个好的创意如果在这时缺少了政府的帮助和扶持,很可能就会"夭折"在重重阻力之中。因此,不少文化企业提出了"资金前移补贴法",就是希望政府能在文化产品的初期就给予适当的扶持,确保好的创意最终能够做出优秀的产品,最终能够成功走向国际市场,实现文化产品的市场价值,扭转我国的文化贸易逆差局面。

(四) 在文化内容上,在减少"文化折扣"的同时,逐步与国际接轨

"文化折扣"是加拿大学者 Colin Hoskins 等人在《全球性电视和电影》一书中

提出的概念。它是指在国际文化贸易中,文化产品如电视剧、电影会因为其内蕴的文化因素不被它的民族观众认同或理解而带来产品价值的减低。尽管现在全球一体化趋势正日益加剧,但各国文化仍有着相对的独立性和差异性。欧美国家的消费者对中国文化感到陌生,没有形成对中国文化、艺术作品的消费偏好,无论在生活习惯、思维方式还是在价值观念上,中西方的差距目前仍然非常巨大。在国内市场上大受欢迎的文化产品并不一定能在国际上畅销。歌舞伎是日本典型的民族表演艺术,但是他们并没有把它推向国际市场,而是将"文化折扣"最小的动漫产品推向国际,并取得了很大的成功。

中国文化有着悠久的历史传统,博大精深,如果我们仅仅发掘中国文化产品中的传统文化层面,文化资源的丰富就可能成为制约中国文化产品走出去的障碍。实践证明,凡是在国际市场上取得成功的中国文化产品,都是那些在思想观念、主题、类型上与国际接轨的作品。因此,在文化产品开发上,不能一味强调我们自己的价值观和民族特色,要顺应国际文化贸易的大趋势,在创意设计、主题选择、内容创作等方面要增强与国际市场的理念沟通,注意产品内容的本土化与国际化的结合,积极打造既具有民族特色又能与国际"接轨"的文化产品,创造出具有世界公认价值的文化产品。

韩国政府以中国、日本作为他们登陆世界的台阶,这种开拓国际文化市场的基本战略值得我们借鉴。中国的文化企业在立足本土市场的技术上,应当利用文化亲和力的优势,发挥地区性影响,首先开拓朝鲜、日本、新加坡、韩国、菲律宾、越南、马来西亚、泰国等国家和地区,那么中国的文化产品会遇到较小的文化折扣。再加上散居在世界各地的海外华人,以及受到华语文化影响的其他人口,他们是中国文化产品的潜在消费者。这些地区和人口应该成为我国文化产品进入国外市场的第一受众目标。在赢得了这个市场之后,我们才有可能真正进军欧美主流市场。

(五)在渠道上,建立国际市场的营销网络

文化内容固然重要,走出去的渠道也不容忽视。西方发达国家文化产业在长期的跨国贸易历史中,已经建立了相当成熟的国际营销体系,能够专门针对目标国家市场从事文化产品和文化服务的促销和推广,形成了一种适应海外市场特殊性的良性自我调节机制,逐渐形成了在文化贸易中的全球垄断地位。近年,一些亚洲国家也开始探索国际市场的推广和营销策略,取得了突出的成绩。例如,为了更好地推广韩国文化产品,韩国政府在文化出口战略地区,如北京、东京都设立了办事处,建立"前沿据点",进行专门的市场调研、开发和宣传,保证营销投放的精准度。

中国文化产业过去一直是以产定销,市场化程度很低,海内外营销投入都不足。尤其是在海外市场,既缺乏独立高效的营销手段,也缺乏适合市场需求的宣传

和推广，基本没有海外营销的机构和机制，严重制约了文化产品和文化服务的对外输出。传统上，我国演艺企业赴海外演出，一般是单纯将演出劳务外包给国外承办方，这样虽然可以降低风险，但同时也减少了演出的收益。国际化合作的经营方式应是与国外合作方共同投资、费用共摊、风险共担、利润共享，这样虽然会增大企业的风险，但是只有真正地走入国际市场，才能培养起我国文化企业的市场敏感性和独立主体地位。

政府应该为推广我国的文化产品做好宣传和营销方面的服务工作，一方面使我国的文化企业和机构了解国际文化贸易的现况，充分利用中国驻外文化中心的作用，积极向驻在国推介中华文化，为国内文化产品和项目牵线搭桥，进行各国和地区文化环境、媒体结构、广告政策、消费者喜好的调查研究，为企业制定营销策略，提供咨询和服务，使我国文化企业能够准确地了解国际市场风险，从而规避风险。另一方面使国外更好地了解我国的文化产品和服务，加强与海外中介机构的合作，包括国际专业会展机构、专业刊物、经纪代理机构等，与他们建立起高层次的合作伙伴关系。政府牵头组织文化企业参加各种国际展会和大型活动，帮助建立低成本的互联网营销平台，充分利用国际媒体的优势来宣传我国文化产品和文化服务，有助于海外的发行商、经销商、媒体和消费者全方位了解我国文化产品的资讯，扩大推广力度和潜力市场。

政府还应当充分发挥行业协会的重要作用，发挥行业协会在行业管理、职业道德教育等方面的职能，使其充当政府与企业、企业与社会之间的桥梁，逐步将一些不适合由政府行使的职能转交给行业协会，建立行业协会参与行业管理、市场管理的机制，完善自律机制，促进文化行业健康良好发展。鼓励中外行业协会交流与合作，联手共同开拓海外市场。

（六）实施文化人才战略

在人才引进方面，拓宽人才引进的渠道，采取有效措施吸引国内外管理、技术、营销等各类人才。发展对外文化贸易所需的是外向型、复合型的人才，即精业务、懂策划、会管理、善操作、熟悉国际惯例和国际运作的高层次人才。政府应当以优势产业汇集人才，以重点项目吸引人才，以合作方式招揽人才。对于高层次、高素质人才给予必要的优惠条件，为优质人才提供优厚的生活待遇和优良的创业环境。

在人才培育方面，大力培养复合型人才、文化艺术各类专门人才、文化产业经营管理人才。争取从政府专项资金中拨出专门经费，通过委托、定向培养、双向交流等多种途径，选派优秀人才到国内外著名高校、研究机构和文化部门进修、学习，培养一批掌握现代高新技术和经营管理知识的文化人才。

在人才使用方面，加快建立新型人才使用机制与激励机制。建立文化艺术人才库、网络化管理手段,促进文化艺术人才的合理配置和有序流动。推动人才签约制度和绩效分配制度,并以效益评估的方式,对有突出贡献的经营管理人才和文化艺术专门人才予以重奖。在合理利用国内人才的同时,充分使用对外文化贸易所在国的专业人才和华侨的力量,利用国外资源,为推动我国文化产品走向世界做出贡献。

在建设服务型政府的今天,我国政府应充当的是"服务者"的角色,把发展文化产业摆在突出位置,发挥政府的引导和扶持作用,为文化企业建立平等的法律保护和政策支持,提供信息、技术的公共服务和资金扶持,履行有效的市场监管职能,弥补市场失灵的缺陷,进一步加强和改进文化产品和服务的出口工作,推动更多优秀文化产品和服务走向国际市场。

资料链接 7

文化体制改革中经营性文化事业单位转制为企业的规定

为进一步深化文化体制改革,继续推进国有经营性文化事业单位转企改制,特制定以下规定:

一、关于国有文化资产管理

(一)按照政企分开、政事分开原则,推动政府部门由办文化向管文化转变,推动党政部门与其所属的文化企事业单位进一步顺关系。建立党委和政府监管国有文化资产的管理机构,实行管人管事管资产管导向相统一。

(二)经营性文化事业单位转制为企业,要认真做好资产清查、资产评估、产权登记等基础工作,依法落实原有债权债务。资产变动事项经主管部门审核同意后,报同级国有文化资产管理机构审批,并按有关规定办理;其中,涉及重大国有资产变动事项的,应由文化行政主管部门审核后报请党委宣传部门审查把关。国有资产监督管理机构监管企业所属的经营性文化事业单位转制为企业,应当报该国有资产监督管理机构审批,并按有关规定办理资产变动等事项。

二、关于资产和土地处置

(三)经营性文化事业单位在转制过程中,对于清查出的资产损失按规定报经批准后进行核销;切实维护银行合法债权安全,严肃处理各类借转制之名逃避银行债务行为,维护金融安全稳定。转制后财务制度应执行《企业财务通则》,会计制度应执行《企业会计准则》或《小企业会计准则》。

(四)转制为企业的出版、发行单位,转制时可按规定对其库存积压待报废的出版物进行资产处置,对经确认的损失可以在净资产中予以扣除;对于出版、发行单位处置库存呆滞出版物形成的损失,允许据实在企业所得税前扣除。

（五）经营性文化事业单位转制涉及的原划拨土地,转制后用途符合《划拨用地目录》的,可继续以划拨方式使用;不符合《划拨用地目录》的,应当依法实行有偿使用。经省级以上人民政府批准,经营性文化事业单位转制为授权经营或国有控股企业的,原生产经营性划拨用地,经批准可采用国家出资(入股)方式配置;经营性文化事业单位转制为一般竞争性企业的,原生产经营性划拨用地可采用协议出让或租赁方式进行土地资产处置。

三、关于收入分配

（六）转制后执行企业的收入分配制度。职工工资收入与岗位责任、个人贡献以及企业效益密切挂钩,参照劳动力市场价位,合理拉开差距。加强对转制后的国有文化企业收入分配的指导和调控,合理确定工资总额。

（七）国有控股企业和国有独资企业的负责人收入分配按国家有关规定执行,建立并完善国有文化企业负责人薪酬管理机制。

四、关于社会保障

（八）转制后自工商注册登记的次月起按企业办法参加社会保险。转制时在职人员按国家规定计算的连续工龄,视同缴费年限,不再补缴基本养老保险费。

（九）转制前已经离退休的人员,原国家规定的离退休费待遇标准不变,转制后这类人员离退休待遇支付和调整的具体办法,按原劳动和社会保障部、原国家经济贸易委员会、科技部、财政部《关于国家经贸委管理的10个国家局所属科研机构转制后有关养老保险问题的通知》(劳社部发〔2000〕2号)和原劳动和社会保障部、原人事部、财政部、科技部、原建设部《关于转制科研机构和工程勘察设计单位转制前离退休人员待遇调整等问题的通知》(劳社部发〔2002〕5号)相关政策执行。

（十）转制前参加工作、转制后退休的人员,基本养老金的计发和调整,按企业办法执行。在转制后5年过渡期内,按企业办法计发的基本养老金,如低于按原事业单位退休办法计发的退休金,其差额部分采取加发补贴的办法解决,所需费用从基本养老保险基金中支付,具体办法按劳社部发〔2000〕2号文件的相关规定执行。各地在做好社会保障政策衔接的同时,应结合本地实际,采取切实可行的措施,解决好企业与事业单位退休待遇差问题。

（十一）离休人员的医疗保障继续执行现行办法,也可按照所在统筹地区相关规定纳入离休人员医药费单独统筹,所需资金按原渠道解决;转制前已退休人员中,原享受公费医疗的,在享受基本医疗保险待遇的基础上,可以参照国家公务员医疗补助办法,实行医疗补助。

（十二）转制后具备条件的企业可按照有关规定为职工建立企业年金和补充医疗保险,并通过企业年金等方式妥善解决转制后退休人员的养老待遇问题。企业根据国家有关政策规定,为在本企业任职或者受雇的全体员工支付的补充养老保险费、补充医疗保险费,分别在不超过职工工资总额5%标准内的部分,在计算应纳税所得额时准予扣除;超过的部分,不予扣除。

(十三)中央各部门各单位设在地方的出版单位、中央各部门各单位出版单位在地方的派出(分支)机构的人员,转制后按规定纳入当地社会保障体系。

五、关于人员分流安置

(十四)对转制时距国家法定退休年龄5年以内的人员,在与本人协商一致的基础上,可以提前离岗,离岗期间的工资福利等基本待遇不变,单位和个人继续按规定缴纳各项社会保险费,达到国家法定退休年龄时,按企业办法办理退休手续,按转制过渡期退休人员办法享受退休待遇。

(十五)转制时,要按照《中华人民共和国劳动合同法》的规定,自工商注册登记之日起与在职职工全部签订劳动合同。职工在事业单位的工作年限合并计算为转制后企业的工作年限。转制后根据经营方向确需分流人员的,应按照《中华人民共和国劳动合同法》第四十条、第四十一条、第四十二条规定处理劳动关系,对符合支付经济补偿条件的,应依法支付经济补偿。

(十六)转制企业应当切实保障职工的合法权益。转制时,对提前离岗人员所需的基本待遇及各项社会保险费、分流人员所需的经济补偿金,可从评估后的净资产中预留或从国有产权转让收入中优先支付。净资产不足的,财政部门也可给予一次性补助。

六、关于财政税收

(十七)财税部门应认真落实适用于转制企业的现行财税优惠政策。

(十八)原事业编制内职工的住房公积金、住房补贴中由财政负担部分,转制后继续由财政部门在预算中拨付;转制前人员经费由财政负担的离退休人员的住房补贴尚未解决的,转制时由财政部门一次性拨付解决;转制前人员经费自理的离退休人员以及转制后离退休人员和在职职工住房补贴资金,由转制单位按照所在地市、县级人民政府有关企业住房分配货币化改革政策以及企业财务会计制度的规定,从本单位相应资金渠道列支。转制后原有的正常事业费继续拨付,主要用于解决转制前已经离退休人员的社会保障问题。

(十九)为确保转制工作顺利进行,同级财政可一次性拨付一定数额的资金,主要用于资产评估、审计、政策法律咨询等。

(二十)经营性文化事业单位转制为企业后,免征企业所得税。

(二十一)由财政部门拨付事业经费的经营性文化事业单位转制为企业,对其自用房产免征房产税。

(二十二)对经营性文化事业单位转制中资产评估增值、资产转让或划转涉及的企业所得税、增值税、营业税、城市维护建设税、契税等,符合现行规定的享受相应税收优惠政策。

(二十三)党报、党刊将其发行、印刷业务及相应的经营性资产剥离组建的文化企业,所取得的党报、党刊发行收入和印刷收入免征增值税。

七、关于法人登记

(二十四)转制后的企业名称,应当符合企业名称登记管理的规定。原单位名称中冠以"中国"、"中华"、"全国"、"国家"、"国际"等字样的,按有关规定经批准可继续注册使用。

(二十五)转制后须核销事业编制,注销事业单位法人,并依法办理企业工商注册登记。

八、关于党的建设

(二十六)根据中央要求,经营性文化事业单位在转制过程中,要按照党章规定,根据转制后企业的实际情况和工作需要,经上级党组织批准,同步组建、改建或更名党的基层组织,选配好党组织负责人。转制后企业内部的党组织设置,也要随着企业组织结构和党员分布状况的变化,及时进行充实调整,充分发挥转制后企业党组织和党员的作用。转制后企业党组织的领导关系要按照有利于加强党的领导和开展党的工作,有利于促进企业改革和发展的原则确定。

上述政策适用于开展文化体制改革的地区和转制企业。中央所属转制文化企业的认定,由中央宣传部会同财政部、税务总局确定并发布名单;地方所属转制文化企业的认定,按照登记管理权限,由地方各级宣传部门会同同级财政、税务部门确定和发布名单,并按程序抄送中央宣传部、财政部和税务总局。执行期限为2014年1月1日至2018年12月31日。

资料来源:国务院办公厅.国务院办公厅关于文化体制改革中经营性文化事业单位转制为企业和进一步支持文化企业发展两个规定的通知[EB/OL]. http://www.gov.cn/zhengce/content/2014-04/16/content_8764.htm.

资料链接 8

进一步支持文化企业发展的规定

为进一步深化文化体制改革,促进文化企业发展,特制定以下规定:

一、关于财政税收

(一)中央财政和地方财政应安排文化产业发展专项资金,有条件的应扩大专项资金规模,创新资金投入方式,完善政策扶持体系,采取贴息、补助、奖励等方式,支持文化企业发展。

（二）对电影制片企业销售电影拷贝（含数字拷贝）、转让版权取得的收入，电影发行企业取得的电影发行收入，电影放映企业在农村的电影放映收入免征增值税。一般纳税人提供的城市电影放映服务，可以按现行政策规定，选择按照简易计税办法计算缴纳增值税。

（三）2014年1月1日至2016年12月31日，对广播电视运营服务企业收取的有线数字电视基本收视维护费和农村有线电视基本收视费，免征增值税。

（四）落实和完善有利于文化内容创意生产、非物质文化遗产项目经营的税收优惠政策。

（五）对国家重点鼓励的文化产品出口实行增值税零税率。对国家重点鼓励的文化服务出口实行营业税免税。结合营业税改征增值税改革试点，逐步将文化服务行业纳入改革试点范围，对纳入增值税征收范围的上述文化服务出口实行增值税零税率或免税。享受上述税收优惠政策的国家重点鼓励的文化产品和服务的具体范围由财政部、税务总局会同有关部门确定。为承担国家鼓励类文化产业项目而进口国内不能生产的自用设备及配套件、备件，在政策规定范围内，免征进口关税。

（六）在国务院批准的中国服务外包示范城市从事服务外包业务的文化企业，符合现行税收优惠政策规定的技术先进型服务企业相关条件的，经认定后，可享受有关税收优惠政策。

（七）对从事文化产业支撑技术等领域的文化企业，按规定认定为高新技术企业的，减按15%的税率征收企业所得税；开发新技术、新产品、新工艺发生的研究开发费用，允许按国家税法规定，在计算应纳税所得额时加计扣除。文化产业支撑技术等领域的具体范围和认定工作由科技部、财政部、税务总局商中央宣传部等部门另行明确。

（八）经认定并符合软件企业相关条件的动漫企业，可申请享受国家现行鼓励软件产业发展的所得税优惠政策；2017年底前，符合条件的动漫企业，按规定享受增值税优惠政策；经认定的动漫企业自主开发、生产动漫直接产品，确需进口的商品可按现行规定享受免征进口关税和进口环节增值税的优惠政策。

（九）加大财政对文化科技创新的支持，将文化科技纳入国家相关科技发展规划和计划，积极鼓励文化与科技深度融合，促进文化企业、文化产业转型升级，发展新型文化业态。

（十）通过政府购买、消费补贴等途径，引导和支持文化企业提供更多文化产品和服务，鼓励出版适应群众购买能力的图书报刊，鼓励在商业演出和电影放映中安排低价场次或门票，鼓励网络文化运营商开发更多低收费业务。加大对文化消费基础设施建设、改造投资力度，完善政府投入方式，建立健全社会力量、社会资本参与机制,促进多层次多业态文化消费设施发展。

(十一)认真落实支持现代服务业、中小企业特别是小微企业等发展的有关优惠政策,促进中小文化企业发展。

二、关于投资和融资

(十二)对投资兴办文化企业的,有关行政主管部门应当提高行政审批效率,并不得收取国家规定之外的任何附加费用。

(十三)在国家许可范围内,鼓励和引导社会资本以多种形式投资文化产业,参与国有经营性文化事业单位转企改制,参与重大文化产业项目实施和文化产业园区建设,在投资核准、银行贷款、土地使用、税收优惠、上市融资、发行债券、对外贸易和申请专项资金等方面给予支持。

(十四)鼓励国有文化产业投资基金作为文化领域的战略投资者,对重点领域的文化企业进行股权投资。创新基金投资模式,更好地发挥基金的引导和杠杆作用,推动文化企业跨地区、跨行业、跨所有制兼并重组,切实维护国家文化安全。

(十五)进一步促进文化与金融对接,鼓励文化企业充分利用金融资源,投资开发战略性、先导性文化项目,进行文化资源整合,推动文化出口,中央财政和地方财政可给予一定的贴息。

(十六)针对文化企业的特点,研究制定知识产权、文化品牌等无形资产的评估、质押、登记、托管、投资、流转和变现等办法,完善无形资产和收益权抵(质)押权登记公示制度,鼓励金融机构积极开展金融产品和服务方式创新。在风险可控、商业可持续原则下,进一步推广知识产权质押融资、供应链融资、并购融资、订单融资等贷款业务,加大对文化企业的有效信贷投入。鼓励和支持政策性金融充分发挥扶持、引导作用,加大对重点企业和项目的信贷支持。鼓励开发文化消费信贷产品。

(十七)通过公司制改建实现投资主体多元化的文化企业,符合条件的可申请上市。鼓励已上市文化企业通过公开增发、定向增发等再融资方式进行并购和重组。鼓励文化企业进入中小企业板、创业板、"新三板"融资。鼓励符合条件的文化企业通过发行企业债券、公司债券、非金融企业债务融资工具等方式扩大融资,实现融资渠道多元化。

(十八)探索国有文化企业股权激励机制,经批准允许有条件的国有控股上市文化公司按照国家有关规定开展股权激励试点。

(十九)对按规定转制的重要国有传媒企业探索实行特殊管理股制度,经批准可开展试点。

(二十)探索建立符合文化企业特点的信用评级制度。鼓励各类担保机构对文化企业提供融资担保,通过再担保、联合担保以及担保与保险相结合等方式分散风险。探索设立文化企业融资担保基金。

三、关于资产和土地处置

（二十一）发生分立、合并、重组、改制、撤销等经济行为涉及国有资产或产权结构重大变动的文化企业，应当按照国家有关规定进行清产核资，清产核资工作中发现的资产损失经确认后应当依次冲减未分配利润、盈余公积、资本公积、实收资本。

（二十二）对于出版、发行单位处置库存呆滞出版物形成的损失，允许据实在企业所得税前扣除。

（二十三）文化企业改制涉及的原划拨土地，改制后用途符合《划拨用地目录》的，可继续以划拨方式使用；不符合《划拨用地目录》的，应当依法实行有偿使用。经省级以上人民政府批准，国有文化企业改制为授权经营或国有控股企业的，原生产经营性划拨用地，经批准可采用国家出资（入股）方式配置。文化企业改制为一般竞争性企业的，原生产经营性划拨用地可采用协议出让或租赁方式进行土地资产处置。

（二十四）利用划拨方式取得的存量房产、土地兴办文化产业的，其用地手续办理符合《划拨用地目录》的，可按划拨方式办理；不符合《划拨用地目录》的，在符合国家有关规定的前提下可采取协议出让方式办理。

四、关于工商管理

（二十五）允许投资人以知识产权等无形资产评估作价出资组建文化企业，具体按国家法律规定执行。

国有文化企业要加快公司制股份制改造，推进董事会、监事会建设，规范总会计师管理，健全协调运转、有效制衡的公司法人治理结构，形成符合现代企业制度要求、体现文化企业特点的资产组织形式和经营管理模式，确保把社会效益放在首位，实现社会效益和经济效益相统一。

上述政策适用于所有文化企业，凡未注明具体期限的，执行期限为2014年1月1日至2018年12月31日。

资料来源：国务院办公厅.国务院办公厅关于文化体制改革中经营性文化事业单位转制为企业和进一步支持文化企业发展两个规定的通知[EB/OL]. http://www.gov.cn/zhengce/content/2014-04/16/content_8764.htm.

参 考 文 献

[1] 韩俊明,胡晓明.文化产业概论[M].广州:中山大学出版社,2009:51.
[2] 张晓明,王家新,章建刚.文化蓝皮书[M].北京:社会科学文化出版社,2013:73.
[3] 谢晶仁,余洋.中国文化产业发展问题研究[M].北京:世界图书出版公司,2013:156.
[4] 张廷兴.中国文化产业概论[M].北京:中国广播电视出版社,2006:68.
[5] 邹广文,徐庆文.全球化与中国文化产业发展[M].北京:中央编译出版社,2006:174.
[6] 唐晋.大国策:通向大国之路的中国软实力文化产业发展战略[M].北京:人民日报出版社,2009:98.
[7] 张士勇,姜智彬.广告公司经营与管理[M].合肥:合肥工业大学出版社,2006.
[8] 陈少峰,张立波.中国文化企业报告:2012[M].北京:华文出版社,2012.
[9] 杭中茂,霍澜平.现代企业经营管理[M].大连:东北财经大学出版社,2002.
[10] 郑锦扬.艺术概论[M].北京:高等教育出版社,2007.
[11] 丹纳.艺术哲学[M].傅雷,译.合肥:安徽文艺出版社,1998.
[12] 厉无畏.创意产业导论[M].北京:新华出版社,2006.
[13] 顾作义,严永树.发展文化创意产业提高文化创造力:广东发展文化创意产业的启示[J].广东社会科学,2010(1):14.
[14] 周秀玲,王信东.文化创意产业发展模式研究:兼论文化创意产业促进其他产业的升级与发展[J].当代经济,2009(21):24.
[15] 宋文光,杜继勇,许志平.文化创意产业形成的市场基础与发展模式研究[J].北京工业职业技术学院学报,2010,9(1):101.
[16] 胡惠林.文化产业学概论[M].太原:书海出版社,2006:111.
[17] 罗华,方晓萍.创意产业的投融资分析[J].当代经济,2008(1).
[18] 王璐.BOT与TOT:两种投融资方式之比较[J].国际经济合作,2003(4).
[19] 于婷.安徽省文化产业融资模式探讨[J].现代商业,2008(5).
[20] 甘培忠.企业与公司法学[M].北京:北京大学出版社,2001.
[21] 哈罗德·孔茨.管理学[M].北京:中国社会科学出版社,1987:8.
[22] 理查德·L·达夫特.组织理论与设计[M].北京:清华大学出版社,2003.
[23] 王雪莉.影响中国企业组织变革成功因素研究[D].北京:清华大学,2003.
[24] 许玉林.组织设计与管理[M].上海:复旦大学出版社,2003.
[25] 刘仲康.企业管理概论[M].武汉:武汉大学出版社,2005.
[26] 黄津孚.企业管理现代化:理论·轨迹·经验[M].北京:经济管理出版社,2008.
[27] 弗雷德·R·大卫.战略管理[M].北京:清华大学出版社,2008.
[28] 张延波.企业集团财务战略与财务政策[M].北京:经济管理出版社,2002.
[29] 胡淑姣.对我国中小企业财务战略的新思考[J].江苏商论,2004(6).
[30] 黄国良.财务管理时代cfo的职责和素质[J].煤炭经济研究,2004(6).
[31] 樊果芬.企业集团财务管理浅析[J].经济与管理,2004(1).

[32] 财政部注册会计师考试委员会办公室.财务成本管理[M].北京:经济科学出版社,2003.

[33] 爱斯华斯.达摩德伦.公司财务理论与实务[M].北京:中国人民大学出版社,2002.

[34] 张英馥.企业税收筹划问题研究[J].企业经济,2007(10).

[35] 李宝锋.中小企业税收筹划实务分析[J].企业家天地:理论版,2007(10).

[36] 陈爱云.企业税收筹划的运用[J].经济师,2007(2).

[37] 赵希海.企业税收筹划现状及对策分析[J].经济论坛,2007(3).

[38] 秦欣梅.浅议企业税收筹划的应用[J].商情:教育经济研究,2007(2).

[39] 谭莺燕.新所得税法下的企业税收筹划[J].现代商业,2007(29).

[40] 赵静.我国税收筹划的现状及可行性分析[J].内蒙古统计,2007(5).

[41] 邵苗苗,徐振华.探析中小企业税收筹划:有效规避税收筹划风险[J].辽宁行政学院学报,2007(11).

[42] 王泽国.企业如何进行纳税筹划[M].北京:北京大学出版社,2008.

[43] 戴夫·乌尔里克.人力资源管理价值新主张[M].北京:商务印书馆,2008.

[44] 张德.人力资源开发与管理[M].2版.北京:清华大学出版社,2003.

[45] 郑远强.人力资源管理多媒体课件[M].北京:高等教育出版社,2007.

[46] 叶向峰.员工考核与薪酬管理[M].北京:企业管理出版社,1999.

[47] 李小勇.100个成功的人力资源管理[M].北京:机械工业出版社,2004.